2024年湖南省社科

基金重大委托项目

湘学学统与中华道统

朱汉民——著

岳麓書社·长沙

究、穷索这一崇高的理念“道”，也就是中国学人思考宇宙的终极存在与人生的终极意义。所以，寻道、识道的精神历程，往往称之为原道、求道、知道；寻道、识道的精神成果，也往往称之为道学、道脉、道统。在浩如烟海的古代文献中，有无数以“道”为宗旨的论著，同样也有无数以“原道”为使命的论著。为了阐明中国传统“原道”的学术宗旨，这里特别引论两篇以《原道》为名的论著。

第一篇是《淮南子·原道训》。汉初淮南王刘安组织门客编著有《淮南子》一书，其书的首篇就是以“原道”命名。《淮南子》的思想主旨是黄老之学，作者以先秦道家思想为主干，兼取其他诸家学派之长，为汉初的无为之治提供天道论的依据。所以《淮南子·原道训》继承了先秦道家探究、穷索“道”的精神，他们主张通过“上考之天，下揆之地，中通诸理”，就能够从宇宙本源处为人类法则找到最终依据。《原道训》开篇即说：“夫道者，覆天载地，廓四方，柝八极，高不可际，深不可测，包裹天地，禀授无形；原流泉浡，冲而徐盈；混混滑滑，浊而徐清。故植之而塞于天地，横之而弥于四海，施之无穷而无所朝夕，舒之幎于六合，卷之不盈于一握。”作者探究、穷索的这一个“道”，就是宇宙本根之道，它产生万物而又无形无象，并无处不在地存在于天地万物之中。它高不可际，又深不可测，一切人为的聪明、才智、品行的途径和手段，均不能够得道与行道。《淮南子·原道训》希望为政者能够遵循此宇宙之道，作者指出：“万物有所生，而独知守其根；百事有所出，而独知守其门。故穷无穷，极无极，照物而不眩，响应而不乏。此之谓天解。故得道者志弱而事强，心虚而应当。”作者希望人主能够处无为之事，行不言之教，这就是对最高宇宙之道的遵循。可见，《淮南子·原道训》所探究、穷索的终极存在之道，其实就是宇宙自然之道，也就是天道。

第二篇是唐代韩愈的《原道》。如果说《淮南子》的“原道”所探究、穷索的“道”是道家的宇宙之道、自然之道的话，韩愈的“原道”所探究、穷索的“道”则是儒家的人文之道、仁义之道。从魏晋到隋唐，佛老之学对国家、社会产生愈来愈大的影响，两汉时期居于中国文化核心地位的儒学受到严重挑战。从唐中叶到两宋时期，思想界兴起一个复兴儒学的思潮，韩愈是推动儒学复兴的第一人，而他的《原道》也是呼唤儒学之道复兴的先声。韩愈在其《原道》开篇即指出：“博爱之谓仁，行而宜之之谓义，由是而之焉之谓道，足乎己无待于外之谓德。仁与义为定名，道与德为虚位。”如果说刘安的“原道”将对“道”的探究、穷索，引入到一个“高不可际，深不可测”的宇宙自然之道的话，韩愈则将人文之道落实到人类社会生活之中，是士农工贾、礼乐刑政的华夏文明之道。正如韩愈《原道》所说：“其文《诗》《书》《易》《春秋》，其法礼乐刑政，其民士农工贾，其位君臣、父子、师友、宾主、昆弟、夫妇，其服麻丝，其居宫室，其食粟米果蔬鱼肉：其为道易明，而其为教易行也。”由此可见，韩愈从文化主体性意识出发，关注的是华夏文明的人文精神之道，中国人现实生活之道。韩愈的“原道”所探究、穷索的是终极意义的人文之道，也就是具有文明自觉的文化主体性之道。

古代中国有着源远流长的思想历史和学术传统，而“原道”确是其中最核心的部分。在漫长思想历程和学术演化中，“原道”的思想探究与学术思考在不断地开拓着新的学术成果和思想发展，体现了从上古、中古到近古时期学人精神探索、学术发展的丰富历程。上述《淮南子·原道训》与韩愈的《原道》，应该是中国古代文献中非常重要的两篇“原道”之文。[①] 如果比较一下二者思想旨趣，会发现它们的明显差异:《淮南子·原道训》是道家的代表性著作，表达出对自然性天道的强烈关注；韩愈的《原道训》是儒家代表性著作，表达出对人文性人道的特别推崇。《淮南子》的《原道训》与韩愈的《原道》各有自己的学派立场和价值取向，但是各执一端并不能够真正反映华夏文明的精神丰富性，不能够真正代表中华文化之道，故而也就不能满足唐宋以后的传统中国对“道”更高、更深、更新的精神需求。中国人既需要一种维系自己家国秩序的人文之道，也需要一种维系天地秩序的自然之道，还需要一种将自己的人文之道与自然之道整合起来的天人之道。《淮南子·原道训》探究、穷索的是宇宙之道、自然之道，这一具有宇宙本体意义的“道”不能作为解决中华文明家国秩序的终极依据，不能够安顿中国人的精神情感。韩愈的《原道》探究、穷索的是中华人文之道、社会生活之道，这一具有中华文明家国秩序意义的“道”，却缺乏一个中国人安身立命的天道依据，即一个具有理性化哲学的终极存在依据。尽管后来的道学史叙述，往往会追溯到韩愈的《原道》，但是作为道学奠基人的二程却对韩愈颇有微词:“韩退之言‘博爱之谓仁，行而宜之之谓义，由是而之焉之谓道，足乎己无待于外之谓德’，此言却好。只云‘仁与义为定名，道与德为虚位’，便乱说。”[②] 韩愈不能够将仁义之道与宇

---

① 在历史上，除了这两篇《原道》之外，还有一些其他的《原道》文章。如刘勰《文心雕龙》有《原道》篇，刘勰关注的是文道关系的文艺之道，然而文艺之道的依据仍然离不开儒家的人文之道和道家的自然之道。清代章学诚《校雠通义》首列《原道》一篇，探讨学术之道，而其学术研究之道仍然依据于人文之道与自然之道。

②《二程集·河南程氏遗书》卷一九。

宙之道统一起来，故而讲出“道与德为虚位”的“乱说”。

所以，致力于将天之道与人之道、自然之道与人文之道统合起来，就成为两宋时期中华文化复兴、儒学重建的历史使命。宋代儒学的学术成就就是将自然之道与人文之道也即是天之道与人之道统合起来，建立了二者结合的“道学”。宋儒还基于这一天之道与人之道紧密结合的道学体系，将那些能够建构、传承这一道学体系者，纳入中华学术正统的“道统”谱系，建构了一个影响千年的道统论。宋代理学所要建构的是自然法则和人文法则统一的学术体系，体现出中华民族对宇宙与人生的基本态度，表达了中国人“极高明而道中庸”的精神追求。所以，宋代理学产生后，就能够逐渐成为两宋以后中华文化的核心思想，不仅成为宋元明清的思想主流，也成为东亚儒教文化圈的核心思想，延续近千年之久。

本书以《湘学学统与中华道统》为题，为什么要将一个如此重大的题目，置于一个湘学的地域学术史的框架之中？当然，首要的前提条件是湘学人物对中华文化之道探索的不懈学术努力和丰富精神历程，为中华文化之道的重建、传承、发展留下了丰富的思想资源，作出了独特的学术贡献。我们相信，湖湘文化是一种有着深厚思想底蕴和学术深度的地域文化，这种思想底蕴和学术深度的依据就是湘学学统中一以贯之的中华道统。湘学兴起于两宋时期，一方面是一种早期儒学人文思潮复兴的思想运动，同时也是一种探索天人合一终极依据的理性主义哲学思潮。理学奠基和湘学兴起几乎是同步，理学奠基于北宋，集大成于南宋，传承发展于明清时期，而湖南成为这几个重要阶段的学术重镇。从北宋开始，湖湘之地成为复兴、重建中华文化之道的学术基地，湘学学人成为他们那个时代道学建构的开拓者和倡扬者。从周敦颐的《太极图说》《通书》，到胡宏、张栻的性论、天理论，再到王夫之的道器论、人性论、历史论，无不体现出湘学学统对中华文化道脉的历史传承与学术创新。晚清以来，中国面临“三千年未有之变局”，中华文化受到强势西方文化的巨大冲击。湘学在这个时期进一步崛起，成为中华传统文化近代化演进的典范。近代湖湘知识群体一方面主动学习、引进外来体现现代化的器物文化、制度文化、精神文化，全方位推动中华文化的现代化；另一方面又坚守中华文化的天人之道，坚守中华文化那些具有恒常性意义的价值体系，以实现中华文化的主体性重建。那些提倡学习西方近代器物、制度、思想文化的志士仁人，往往是胸怀民族主义的家国情怀、立志大同之道的优秀湖湘学人。他们致力于中华文明现代化建设，以实现中华文化主体性重建。那些在近代史上推动中华文化现代化、开创文化融通以实现中华文化主体性重建的先驱人物，均有着对中华五千年文化的高度自信，这一种文化自信是建立在对博大精深的中华文化之道的深刻体认基础之上。从魏源到曾国藩，从郭嵩焘到谭嗣同，他们无不是关于新的中华文化之道的开拓者和建构者。近代湖南涌现出了更多对中国思想学术的进程有重大影响的学人，他们从思想文化的各个层面上全面关注近代中国，同时，他们仍然将文化精神的依托——“道”的问题，作为首要关注的重大学术问题。特别值得关注的是，辛亥革命与五四新文化运动之后，中国传统知识体系、价值体系进一步发生重大变革，地域性“湘学”不再是主要学术形态。但是，由于湘学学统与中华文化传统的深刻影响，许多优秀的湘人仍然在探究、穷索中华文化之道，并且产生了深刻而重大的历史影响。为了说明湘学学统对近现代思想文化的深刻影响，探讨近现代湖湘文化的卓越思想贡献，本书选取了金岳霖的道形而上学、李泽厚的新内圣外王之道，作为新文化运动以来湖湘地区思想学术的代表。这些专门章节的论述，或许能够引发读者更多的思想观察与学术思考。

由此可见，本书着重研究湘学学统与中华道统的关系，明显地具有多重学术意义与文化意义。

其一，研究湘学学统与中华道统，可以鲜明地展示湘学的思想特色与学术成就。湘学也和其他的地方学术如浙学、闽学、蜀学、赣学一样，只是一个区域的学术传统和地方知识。但是，我们不应该仅仅是从地域性与特殊性来考察湘学传统，还应该从中华文化的角度来考察湘学学统。由于道是中华民族精神的支柱，道论往往是中国古代思想体系、学术传统中的最核心部分，故而挖掘湘学学统中的中华道统，就能够在区域学术传统的历史脉络中揭示湘学的精神追求与理论贡献，能在源远流长的湘学发展脉络中寻求那些千年一贯的精神传统，从而更全面、更透彻地展示这种地方学术史中的中华文化传统意义。

其二，研究湘学学统与中华道统，可以深入思考中华文化传统与现代化的密切关系。历史上一度有一个错误看法：中国现代化过程应该是一个不断批判、抛弃中国传统文化的过程。其实，如果深入考察湘学的近代变迁，会发现在现代化进程中，中华民族一直坚持将中华文化传统与引进外来现代文化结合起来，故而使得这一过程最终体现为中华文化主体性的重建。中国现代化的兴起与发展，离不开中华民族的内在精神动力，这一精神动力恰恰存在于中华文化的主体性。只有从这种中华文化的主体性精神出发，才能真正发现中国现代化动力的文化源泉。中华传统文化之道既是中华民族在漫长历史过程中生存和发展的基础，也成为推动中国现代化的精神动力和文化基因。近代湘学学者就是一批怀有救国救民的士大夫群体，他们的内心一直怀有中华文化的家国情怀、天下有道、大同理想的精神追求，而最终实现中华文化之道。湘学学者既在不断推进中国现代化，同时又致力于中华文化之道的传承和变革。

其三，研究湘学学统与中华道统，可以挖掘湘学传统中的全球性普遍价值，可以使我们在湘学这一地方知识中探求人类普遍性价值。由于中华文化之道的哲学内涵包括了宇宙法则、社会理想、人生意义的终极关怀问题，深入探讨湘学传统与中华道统的关系，能够更加全面地挖掘出湘学的地方知识与中华文化之道的密切关系。笔者曾经邀请美国哈佛大学杜维明教授于岳麓书院讲学，他说：“我最近在考虑一个问题。就是一种地方知识有没有可能发展成为一种具有全球意义的知识，也就是说地方知识的全球意义问题。……在这个地方（指岳麓书院——引者注）所发展的具有长沙特色、湖南特色的这种地方知识，不仅从全国来看有非常重要的意义，而且也有国际的意义，所以它是一种有全球意义的地方知识。”[①] 由于中华文化之道具有化解人类现代化面临的许多严重问题，包括人与自然、人与人、人的心灵与肉体之间的矛盾与冲突，我们相信，中华文化之道的复兴与重建，会给人类的现代生活带来更多的重要的积极意义。而湘学学统具有丰富的道学资源，也许会给我们许多意外的惊喜。

①《文明的冲突与对话》，见朱汉民主编：《岳麓书院千年论坛丛书》，湖南大学出版社，2001 年，第 20 页。

第一章

中华道统探源

追溯中华文化之道的思想渊源与原初形态，人们总会谈到轴心文明的先秦诸子学。因为先秦诸子完成了中华文化之道的建构，达到前所未有的思想深度和哲学高度，并深刻影响了以后两千多年的延续和发展，后世的各种哲学思潮和思想流派均可以在诸子之学那里找到学术之源。但是另一方面，先秦诸子学是中国前轴心文明的集大成，两千多年华夏文明积累的思想文化，到春秋战国时期得到一个重要的升华。所以，作为中国哲学的早期形态的诸子学，其实又源于远古“绝地天通”的巫君时代。追溯中国哲学之源，更应该通过诸子学术的主体——“内圣外王之道”，进而追溯到中国哲学的原初形态。越来越多的哲学史家、思想史家关注这一问题，并作出很有价值的学术成果。[①]

我们希望首先以中华文化之道的原始形态为视角，通过从巫君之术到圣王之道的历程，探寻中国传统哲学的历史根源、原初形态、思想特质。我们认为，由于远古巫君文化的深刻影响，“内圣外王之道”不仅成为春秋战国时期诸子学派的共同追求，

① 可参见李泽厚《由巫到礼　释礼归仁》（三联书店 2015 年版）和余英时《论天人之际》（中华书局 2014 年版）。

同时也深刻影响了此后不同时代的学术思潮和哲学形态。因为从根本上来讲，中国传统学术的本来就是一种内圣外王之道。所以梁启超认为："'内圣外王之道'一语，包举中国学术之全部……其旨归在于内足以资修养而外足以经世。"①

第一节　前轴心文明的圣王之道

与人类其他文明的早期形态一样，中华文明的早期形态也是以巫觋文化为主体。只是，早期华夏文明的巫觋形态具有自己的演化过程、特殊形态和文化特质，进而进一步产生了历史悠久的内圣外王之道的学术形态和思想传统。

探讨中国传统的内圣外王之道缘起有多种路径，"圣"字起源提供了一个特殊的视角，从中可以发现中国的崇圣传统其实具有巫觋文化的历史渊源与文化特质。"圣"繁体作"聖"，《说文解字》解说"聖"字："从耳呈声。"肯定"聖"是表达某人具有听觉超群的能力。然而，"聖"并不是表达一般与听觉能力相关的聪明智慧，而是指这一类人具有一种超凡的巫术能力，他们能够听到神在自己身边耳语而发出的指令。在华夏文明的早期阶段，能够通过耳朵倾听神的声音、并发布他独享的通达神意的人，只能够是具有巫觋身份的部落首领。《淮南子・地形训》记载："轩辕丘在西方，巫咸在其北方。"高诱注曰："巫咸知天道，明吉凶。"为什么巫咸能够知天道？原来他有着特别的听觉能力，能够听到神的声音。王夫之对这一问题曾经作过解释："巫

① 梁启超：《庄子天下篇释义》，《清华周刊》第24卷第18期，1926年，第53页。

咸，神巫之通称。楚俗尚鬼，巫或降神。神附于巫而传语焉。”[1]这一种“神附于巫而传语”的风习不仅仅是楚俗，也是早期华夏民族的习俗。而且，华夏民族早期的巫觋都是部族首领，黄帝、炎帝、颛顼、太昊、少昊、鲧、禹、启等都是著名的大巫，他们都能够听到神的声音。如《淮南子·修务训》载：“禹耳有参漏，是谓大通。”高诱注曰：“参，三；漏，穴也。”《白虎通·圣人》云：“禹耳三漏，是谓大通，兴利除害，决河疏江。”这些说法其实蕴含了久远的历史文化信息，“禹耳三漏”就是巫君的特殊标志，他能够靠自己的特殊听觉能力而“大通”神意，这是他能够兴利除害、决河疏江的必要条件。

“聖”字的来源同样很早，现在从甲骨文、金文中均能够找到其最早的形态。在甲骨卜辞中，就有一个与“聖”相关的字即“耵”，其实它与“聲”“聽”“聖”三字均有密切关系，而此三字又都与巫祝通过耳朵倾听神的声音、具有与神沟通的能力有关。徐中舒主编《甲骨文字典》认为：“乃以耳形著于人首部位强调耳之功用；从口者，口有言咏，耳得感知者为‘聲’；以耳知声则为‘聽’；耳具敏锐之听闻之功效是为‘聖’。”[2]无论是甲骨文还是金文，“耳”“口”二字组合成的“聲”“聽”“聖”三字均与声音、听觉有密切关系，而这一种声音、听觉又与神秘的“大通”“无事不通”的超凡能力、神秘巫术联系在一起。如《尚书·洪范》：“聪作谋，睿作圣。”《孔传》解释说：“无事不通谓之圣。”《易·系辞传》说：“《易》有圣人之道四焉，以言者尚其辞，以动者尚其变，以制器者尚其象，以卜筮者尚其占。”这些文字虽然是东周以后所作，但是确实包含“聖”字本义的历史信息。

---

① 〔明〕王夫之：《离骚经》，《楚辞通释》卷一，中华书局，1959年，第18页。

② 徐中舒主编：《甲骨文字典》卷十二，四川辞书出版社，1989年，第1287页。

正如许多历史学家、考古学家所指出的那样，在远古的漫长历史时期，主宰早期中国精神世界的是“圣王合一”的氏族部落首领，尽管后世将他们尊崇为帝、皇、王、圣等等，但是他们的许多思想光环是后人附加上去的。如果进一步考察历史文献记载的帝王世系，或者是探寻新石器时代的考古遗址，均可发现他们具有巫觋的特殊能力。作为既有通天神力、又有统治权势的首领群体，他们同时是华夏早期物质文明的创造者与精神文明的创造者。华夏民族中“圣”的神力与“王”的权力是如何完全统一起来的？其实经过了一个“绝地天通”的历史演变。

如前所述，“圣”的来源，与新石器时代的巫觋文化有关。但最初的“圣”并不代表一种政治身份，而主要是指具有一种与神沟通的能力的巫觋。如《国语·楚语下》记载：

> 昭王问于观射父，曰：“《周书》所谓重、黎实使天地不通者，何也？若无然，民将能登天乎？”对曰：“非此之谓也。古者民神不杂。民之精爽不慵贰者，而又能齐肃衷正，其知能上下比义，其圣能光远宣朗，其明能光照之，其聪能听彻之，如是则明神降之，在男曰觋，在女曰巫。是使制神之处位次主，而为之牲器时服。”

由于重、黎等统治者的“绝地天通”，使得氏族部落首领垄断了与神沟通的神权，只有少数具有“知”“圣”“明”等特异功能的人，即那些“巫觋”能够与神沟通，而这时所谓的“圣”不仅仅是形容具有与神沟通的巫觋功能，更是专指垄断了神权的氏族部落首领。

“圣”原来只是倾听神的声音、转达神意的一种能力，由于“绝地天通”，故使得“圣”能够与部落首领的身份统一起来，成为所谓“圣王”。所以说，先秦文献中的“圣王”，就成为合通神能力与部落首领权力为一体的“圣王”。陈梦家指出：“王者自己虽为政治领袖，同时仍为群巫之长。”① 作为一种与神沟通能力的圣为部落首领的必备素养，所以王必须成为群巫之首，其通神的能力必须超群。当然，通神的方式可以有许多种，卜筮也是其中十分重要的一种。《礼记·曲礼上》对圣王通过卜筮而与神沟通有过一段论述，由此可见“王”的政治权力为什么一定要有“圣”的通神能力：

> 龟为卜，策为筮。卜筮者，先圣王之所以使民信时日，敬鬼神，畏法令也。所以使民决嫌疑，定犹与也。故曰：“疑而筮之，则弗非也。日而行事，则必践之。”

王者制定的法律、发布的政令需要老百姓能够毫不犹豫地遵循，就需要通过卜筮等沟通神灵，使老百姓能够“日而行事，则必践之”。可见，上古时期的君王之所以必须具有巫觋的特殊能力，因为这是他们能够有效实施国家治理的基本条件。

但是，夏、商时期对神灵的崇拜，西周开始逐渐发生变化。西周朝思想文化虽然在整体上仍然保留对神灵的崇拜，巫觋文化仍然占据了意识形态的主导地位。但是，周王的道德理性精神逐渐提升，他们发现并强调天之命与人之德有内在联系，一方面是为了论证自己取代殷命的合法性，另一方面也是勉励自己遵循民本、德治的原则。他们强调说：“惟不敬厥德，乃早坠厥

① 陈梦家：《商代的神话与巫术》，《燕京学报》，1936 年，第 20 期，第 535 页。

命。”[①]“肆惟王其疾敬德。王其德之用，祈天永命。”[②]在西周统治者看来，自己必须具有“明德”“敬德”的道德理性，才能够得到神灵的福佑，故而他们一步步强化“以德配天”的人文化信仰。周公不断强调这一信念并告诫商人，上帝之所以后来不再福佑夏商，是夏桀、商纣失去保民、敬德的道德理性，导致“天降时丧”“天惟降时丧”。周王以其德行而获得天神的福佑，“圣”的意义由通神能力逐渐转化为德性意志。

春秋战国时期的道德理性进一步强化，圣王恰恰是那些具有坚定道德理性的君主。圣的观念在不断理性化、道德化。一方面，“圣”从巫能够听神语而聪明，逐渐转化为准确判断客观事物而聪明。如战国时期完成的《尚书》提出了“洪范五事”就包括“圣”的睿智聪明：“五事。一曰貌，二曰言，三曰视，四曰听，五曰思。貌曰恭，言曰从，视曰明，听曰聪，思曰睿。恭作肃，从作乂，明作哲，聪作谋，睿作圣。”[③]《礼记·中庸》曰：“唯天下至圣，为能聪明睿知”，“苟不固聪明圣知达天德者，其孰能知之”。《中庸》所谓“聪明睿知”“达天德”，正是延续《尚书·洪范》以“睿”来说明“圣”的理路。《荀子·哀公》以孔子的话对“圣人”也加以规定：“所谓大圣者，知通乎大道，应变而不穷，辨乎万物之情性者也。”另一方面，“圣”就是一种道德精神的高尚与自觉。子贡曰：“如有博施于民而能济众，何如？可谓仁乎？”子曰：“何事于仁，必也圣乎！尧舜其犹病

①《召诰》，《尚书正义》卷十五，《十三经注疏》第2册，北京大学出版社，1999年，第399页。

②《召诰》，《尚书正义》卷十五，《十三经注疏》第2册，北京大学出版社，1999年，第400页。

③《洪范》，《尚书正义》卷十二，《十三经注疏》第2册，北京大学出版社，1999年，第303页。

诸？”（《论语·雍也》）孟子说：“规矩，方圆之至也。圣人，人伦之至也。欲为君，尽君道；欲为臣，尽臣道：二者皆法尧舜而已矣。”（《孟子·离娄上》）战国儒家学者的思想中，圣的德性意义占据主导地位。但是，华夏早期巫觋型的“圣王”，经过轴心时代诸子学的“哲学突破”，建构了德智型的“圣王”，二者之间存在密切联系。王充说：“儒者论圣人，以为前知千岁，后知万世，有独见之明，独听之聪，事来则名，不学自知，不问自晓，故称圣。”（《论衡·实知篇》）其实不仅仅是儒家，其他诸子心目中的“圣人”都是如此。一方面，圣人具有春秋战国以后的理性主义精神，圣人体现出一种聪明睿智、道德自觉的能力；另一方面，“圣”“圣人”又具有“天地通”的特异能力，故而具有能够与神沟通的神秘性。

中华文明的演化，经历了上述从巫觋型圣王到德智型圣王的发展过程，这一过程体现为两个相通的方面。其一，两种不同的圣王有着明显区别。在前轴心文明阶段，巫觋型圣王代表了氏族部落的主体性，氏族部落的一切重大事情均由巫觋做主，因为只有他能够接受神意的指令，他具有与天神沟通的非凡能力。而到了轴心时代之后，圣王已经成为人类具有聪明睿智、道德自觉的杰出代表，圣王之道是人类对宇宙规律性与人类道德性的全面把握，德智型圣王取代了巫觋型圣王。其二，两种不同的圣王有着重要的传承和联系，体现出中华文明的历史连续。先秦诸子所论述的圣王，尽管作了理性精神的提升，凸显了其聪明睿智、道德自觉的意义，但是“圣”具有“通神”的原始意义一直延续下来。如东汉《白虎通·圣人》云：“圣者，通也，道也，声也，道无所不通，明无所不照，闻声知情，与天地合德，日月合明，四时合序，鬼神合吉凶。”这一“通也，声也，道无所不通，明火、治理水患、平定暴乱等在物质文明与政治治理方面的贡献。在这里有一个明显的思维定式，春秋战国时期的思想家均把华夏文明的进步，归结为远古、上古时期的历代圣人、圣王。也就是说，中华文明的历史演进，其实都是圣王推进的结果，圣王是推动传统中国文明进步的主体。

尽管后人肯定“六经”记载了上古圣王之道，但是“六经”原典的文献意义是它们记载了上古时期的圣王之“迹”与圣王之“制”，而不是一种能够主导文明大厦的“道”，即一种凝聚价值体系、思维方式、终极信仰的思想体系与学术体系。圣人通过“言”而阐述一种思想体系、学术体系，这是轴心文明、哲学突破的春秋战国时期诸子们完成的文明使命。

第二节　先秦诸子重建圣王之道

到了春秋战国的轴心文明时期，精神发展、哲学突破成为那一个时代的核心问题。与此相关，诸子百家进一步指出，圣王不仅仅是华夏历史上物质文明的创造主体，更加重要的是他们还是精神文明的创造主体。先秦诸子特别将圣人的巫术能力提升为一种理性精神的睿智与德性，肯定这是他们能够达到与天道合一的根本原因。这一种新的圣人，故而能够成为轴心文明时期效法的最高人格典范，圣人的言说也成为人类必须遵循的最高准则。所以，尽管春秋战国时期诸子思想空前活跃，思想创造力空前发达，但是他们并不认为这是自己的思想创造，而是将自己阐述的学术思想，看作是对上古圣王思想的理解和转述。春秋战国不同诸子学派，普遍将自己发明的不同思想学术归结到圣王的名下。所以，先秦诸子最终完成了华夏文明从巫觋文化到圣王文化的转化，推动一种新的内圣外王之道的全面登场。

《庄子·天下篇》是现存最早总结诸子思想的重要文献，该文对诸子百家的多元性思想，作出了重要的概括和评价。值得注意的是，作为中国历史上第一篇学术史论著，恰恰也是“内圣外王之道”概念的最早出处，同时也是以其作为对诸子思想价值的评判标准。《天下篇》之所以能够以“内圣外王之道”为根本标准评价先秦诸子的学术思想，完全是因为诸子百家都是以探讨内圣外王之道作为自己的学术目标。《天下篇》作者注意到，周平王东迁之后政治上的诸侯割据，导致思想上的诸子多元，作者指出：“天下大乱，贤圣不明，道德不一。天下多得一察焉以自好。譬如耳目鼻口，皆有所明，不能相通。犹百家众技也，皆有所长，时有所用。”（《庄子·天下篇》）作者一方面肯定存在一个完整全面的“内圣外王之道”，它就是天下学者追求的学术目标；另一方面又认为天下学者只是得其一，却偏偏自以为是。所以，作者认为天下诸子均是“不该不遍，一曲之士”，离那一种“判天地之美，析万物之理，察古人之全”即离掌握“内圣外王之道”有明显的距离，所以才导致春秋战国时代的不幸局面，他说：“内圣外王之道暗而不明，郁而不发，天下之人各为其所欲焉以自为方。悲夫！百家往而不反，必不合矣！”可见，诸子各自提出自己的学说作为未来治世之良方，应该就是诸子百家思想多元性的由来。由此看来，《天下篇》认为春秋战国诸子的思想多元，其实并不是一个理想的思想文化状况，而是所谓“内圣外王之道暗而不明”，由此他对这些“一曲之士”无法掌握完备的“道术”深表遗憾。从该篇“道术将为天下裂”的表述可以看出，作者希望能够超越彼此之间的思想差异，最终走向内圣外王之道的整合与统一，肯定这才是理想的最终目标。可见战国时期诸子思想分歧突出，但是希望最终实现“内圣外王之道”的完整和统一似乎是他们的共同目标，两千多年的中国学术史均是为了实现这一目标。

诸子百家究竟在讲什么不同的“内圣外王之道”？为什么他们都追求统一天下“内圣外王之道”，最后又只能够是各执一偏呢？

孔子最早从事私人讲学，孔子及其早期儒学“游文于六经之中，留意于仁义之际，祖述尧舜，宪章文武”。[①] 就是说，孔子及其弟子们整理三代先王的政典而成为“六经”，虽然他们还从这些经典中提升出仁义道德，但是孔子将这一切均归结于尧、舜、文、武等圣王。孔子并不认为自己有何思想创发，而强调自己只是“祖述”尧、舜、文、武的做法和思想，也就是说只有圣王才是思考、践行内圣外王之道的主体，而儒家学者自己不过是“述而不作”的效法者与讲述者。这一思想观念成为儒家后学的普遍共识，儒家学者普遍不标榜自己的思想发明，而是将自己的一切思想结论看作是圣王本有的思想。孔子之后儒分为八，也是由于儒门弟子对圣王之道的不同理解而已。譬如孔子“祖述尧舜，宪章文武”，但是尧舜之道与文武之道有着很大的不同：从价值理想出发，孔子对尧舜有特别崇高的赞誉；从现实出发，孔子主张效法西周礼制，提出“周监于二代，郁郁乎文哉！吾从周”。可见孔子思想兼容尧舜之道和文武之道。

但是，孔门后学却出现了应该效法尧舜还是效法文武的思想分歧。《礼记·礼运》认为，尧舜时代才是代表人类“大道之行”的时代，人们遵循“天下为公”的道德价值，实行传贤不传子的禅让政治制度；而文武之时代表的却是“大道退隐”的时代，人

①〔汉〕班固：《艺文志》，《汉书》卷三十，中华书局，1962 年，第 1728 页。

们遵循“天下为家”的道德价值，实行传子不传贤的家天下制度。儒家面临对上古圣王的不同选择，导致儒家内部形成不同学派。思孟学派更为推崇尧舜之道，认为三代都有流弊，即所谓夏代亲亲而无尊，商代尚尊尊而无亲，周代推崇礼法，百姓贪利取巧。所以孟子强调只有尧舜能够体现出一种爱天下之民的心。《孟子·滕文公》记载：“孟子道性善，言必称尧舜。”郭店简《唐虞之道》就把尧舜禅让与文武世袭对立起来，认为只有推行禅让并施行贤人政治，才能挽救当时的社会危机，实现社会秩序的重建。《表记》等文献也称颂禅让，高扬尧舜而贬抑文武，其实是倡导应该超越文武，而直接取法尧舜。

而荀子学派更为推崇文武之制，故而大讲礼乐制度。在关于远古圣王选择的问题上，他充分肯定“法后王”，即肯定文武之道。荀子一改孟子推崇尧舜之道的政治态度而提出“法后王”：“圣王有百，吾孰法焉？……欲观圣王之迹，则于其粲然者矣，后王是也。彼后王者，天下之君也。舍后王而道上古，譬之是犹舍己之君而事人之君也。故曰：欲观千岁则数今日。”（《荀子·非相》）后来许多学者总结早期儒家之所以分化，一方面认为“圣王之道”是完整而全面的，即所谓“圣人，备道全美者也，是悬天下之权称也”（《荀子·正论》）。另一方面认为儒家后学之所以出现观点、派系的不同，往往因为他们对“圣人之道”的理解局限于某一方面。与此同时，不同儒者对圣人之道的经书往往会有不同偏爱，也往往会导致儒家内部学派分歧。如思孟学派重视《诗经》《尚书》，轻视《礼》学。荀子以《礼》《乐》为本，抨击思孟“不知隆礼义而杀《诗》《书》”。从这些事实来看，上古圣王既是名义上、也是实际上的儒家学派的思想主体，他们在主导着儒家内在思想价值的建构，也深刻影响了儒家学派的思想分化。

其实以上古圣王为思想主体的不仅仅是儒家学派，先秦诸子的其他学派也是如此，也是将自己的思想学说说成是上古圣王的思想主张。这里以其他不同诸子学派为例来谈一谈。

首先看墨学学派，墨子理想的圣王则是他们推崇的兼爱、非攻思想的实践者、倡导者。墨子说："天以为从其所爱而爱之，从其所利而利之，于是加其赏焉，使之处上位，立为天子以法也，名之曰'圣人'。"（《墨子·天志下》）在墨子看来，"圣人"其实也就是"圣王"，这一个"圣王"除了具有兼相爱、交相利之外，还应该具有通鬼神的能力。墨子认为圣王必尊鬼神，其实也是对华夏古国之王具有巫觋通神能力思想的继承。墨子认为："此必上利于天，中利于鬼，下利于人，三利无所不利，故举天下美名加之，谓之圣王。"（《墨子·天志上》）墨子还进一步指出，普通士君子的最高目标，就是达到圣王之道，正如墨子所说的："今天下之王公大人士君子，中实将欲为仁义，求为上士。上欲中圣王之道，下欲中国家百姓之利。"（《墨子·尚贤下》）由此可见，墨子等先秦诸子之所以普遍将自己的思想看作是对圣人之道的表达，恰恰是因为"圣人，以治天下为事者也"（《墨子·兼爱》）。将自己推崇的思想看作是圣王的思想，其实也就是为了肯定这些思想是最正确、最理想、最有效的思想理念。

其次论法家。儒家关注理想的"天下有道"，即天下"应该"是什么；法家关注现实的天下之治，即天下本来是什么。他们理想的圣人其实就是他们这一理念的代表。法家学派将自己推崇法治的政治主张也归结于圣王，商鞅说："圣王者，不贵义而贵法，法必明令必行则已矣。"（《商君书·画策》）他还强调要因时顺宜，更定法律。"圣人之为国也，不法古，不修今，因世而为之治，度俗而为之法。"（《商君书·壹言》）为了区别儒家的"先王""圣王"，韩非子直接称自己的理想圣王为“圣人”，然而韩非子的“圣人”与儒家的“圣人”不同，他说：“今有美尧、舜、汤、武、禹之道于当今之世者，必为新圣笑矣，是以圣人不期修古，不法常可，论世之事，因为之备。”（《韩非子·五蠹》）韩非子心目中的“圣人”，恰恰是强调体现中央集权的专制君主，他说：“事在四方，要在中央，圣人执要，四方来效。”（《韩非子·扬权》）“圣人之所以为治道者三：一曰利，二曰威，三曰名。”（《韩非子·诡使》）可以发现，在韩非子这里的“圣人”，与儒家崇拜的圣人、圣王就完全不同。而且，韩非子认为一味推崇尧、舜、汤、武，可能会产生不利于君主统治的后果，他说：“尧、舜、汤、武，或反君臣之义，乱后世之教者也。尧为人君而君其臣，舜为人臣而臣其君；汤、武为人臣，而弑其主，刑其尸，而天下誉之，此天下所以至今不治者也。”（《韩非子·忠孝》）

将自己学派的思想看作是上古圣王的思想，在战国时期黄老道家那里体现得尤其充分。黄老之学其实是希望将道家的学说推广、运用到国家治理，所以他们同样将自己倡导的道家学说解释为圣王之道。最早提出“内圣外王之道”说法的是《庄子·天下篇》，而这一篇恰恰是黄老道家的著作。《天下篇》评价百家之学，即以“内圣外王之道”为标准。《庄子·天下篇》评价庄子之学，称其虽然能够追求“与天地精神往来”，但在“应于化而解于物”的外王思想方面显然不足。《庄子·天下篇》评价老聃、关尹之学，认为其在内圣与外王两方面均有建树，但是并没有达到“内圣外王之道”应有的高度和深度。《天下篇》接着提出了著名的天下七品说：“不离于宗，谓之天人；不离于精，谓之神人；不离于真，谓之至人；以天为宗，以德为本，以道为门，兆于变化，谓之圣人；以仁为恩，以义为理，以礼为行，以乐为年文明的历史传承和继续发展。中华文明一脉相承的联系也是思想上的，春秋战国时期诸子百家的思想，其实与上古先王的政教传统有着十分密切的内在联系。春秋战国时期诸子传述的“内圣外王之道”，成为中国文化史上具有重要典范意义的思想。

这里重点探讨作为中国传统哲学原初形态的内圣外王之道。从早期华夏先王的文明创造，到春秋战国时期诸子思想的提升，确立并强化了一个既有文明连续性、又有理性独特性的思想学术传统，使得后来两千多年的中国思想家延续着“内圣外王之道”的学术思考和哲学建构。冯友兰在其《新理学》中指出“内圣外王之道”是“中国哲学之精神”，他进而指出，“在中国哲学中，无论哪一家哪一派，都自以为讲内圣外王之道”。既然“内圣外王之道”是中国哲学的原初形态，那么中国哲学就会形成一系列不同于其他民族哲学的特征。简要而言，中国哲学史历经诸子学、经学、玄学、理学等不同原初学术形态，但是历代思想家都是一以贯之地不断阐发“内圣外王之道”。必须指出，圣王之道作为中国传统哲学形态，确实体现出华夏民族的一种理性精神：一方面，这是一种摆脱神灵膜拜、崇尚理性务实的精神；另一方面，这一种理性精神因源于圣王之道，故而又有鲜明的人文化、功利化、道德化的特色。具体而言，中国传统的内圣外王之道，明显具有以下理性特征：

其一，人文理性特征。

巫术活动中的主体圣王是人而不是神，巫术活动的目标是人的实际生活需求，巫术活动的过程往往强调人对实践对象的有效掌控和实际驾驭，而不是对某一种虚幻神灵的盲目膜拜，故而由此萌生出一种与人类生活、生存密切相关的人文理性。在漫长的历史发展过程中，先王的巫术能力逐渐转化为与德性、智慧相关的人文理性能力。由于中国上古三代文明与春秋战国轴心文明一脉相承，三代先王和春秋战国圣人精神一脉相承，推动了中国传统学术的人文理性的历史传承。

所以，先秦诸子从三代先王那里提升出来的思想学术，是具有鲜明人文理性的思想学术。春秋战国时期的诸子不把外在的宗教神灵作为崇拜对象，而是将那些能够领导氏族联盟一道抵御自然灾祸、凝聚共同体的先王作为崇拜对象，包括伏羲、神农、黄帝、尧、舜、文、武等作出文明贡献的圣王。《周易》强化中华思想文化的人文理性的特点，还可以从《周易》义理学得到说明。由《易经》《易传》共同组合而成的儒学经典《周易》，包容了从上古渔猎时代、中经殷商青铜时代，再到春秋战国的轴心文明时期各种各样的文化符号和思想观念。这种三代同堂、共居一书的结果，使得这本书明显表达出中国哲学由巫术操作到人文理性的思想特点。《易经》源于卜筮的巫文化，但是《易经》中包含着如何驾驭吉凶悔吝后果的人文理性萌芽，《易传》对《易经》中包含的人文理性作了有思想深度、哲学智慧的思想提升，故而对后世的易学产生更大的影响。《四库全书总目》概述说："故《易》之为书，推天道以明人事者也。"[①] 经先秦儒家重新诠释的易学中，《周易》成为一部包括天之道、地之道、人之道的普遍原理的最重要哲学著作。后来的《周易》义理学就完全是一种具有人文理性的中国哲学原初形态。如王弼的《周易注》是后世《周易》义理学的代表著作，其学术思想的特点就是人文理性。王弼为《周易》作注时具有"全以人事明之也"的思想特点，他完全是以人事的人文理性精神建构易学的义理，故而对《周易》

①〔清〕纪昀等：《经部·易类》，《钦定四库全书总目》，中华书局，1997 年，第 3 页。

中“所以然之理”的认识，鲜明体现出一种与德性、智慧有关的人文理性。[①]

其二，实用理性特征。

由于上古圣王之术不仅涉及祭祀、卜筮、祈祷、驱鬼等巫术性宗教活动，而且还全面渗透到渔猎、农耕、家族、宗教、政治、军事等各类社会活动并演化为普遍性行为准则。圣王的主要使命和职责，其实是满足和实现氏族联盟、早期古国的经济生产、战胜灾害、社会治理、人伦秩序等，这些都明显具有功利性和实用性目的。当诸子百家以圣王为思想主体从事学术思考时，他们的全部学术都充满政治功利性色彩。他们没有为学术而学术的闲情逸致，而是以一种强烈的经世情怀，从事学以致用、经世致用即以实用为目标的学问。

在中国古代，经学一直是传统知识谱系中的主流，是一切文化人必须系统学习的基本知识。但是儒家经典本来就是一般的历史文献，它们能够由一般的历史文献上升为经典，就是为了解决社会政治的现实问题，它要满足确立政治法典、形成社会规范、指导国家治理等一系列社会政治的实用目的。所以，和现代学人将经学看作是一种纯学术不同，传统经学并不是一门纯粹的学术，通经致用完全是历朝历代研究经学的最终目的。尽管经学内部派别各异，各有不同的学术思想特色和成就，但是能否经世致用一直是评价经学价值的根本标准。所以，中国传统哲学也往往以有用性作为衡量知识价值的标准，任何思想学说不仅必须能够指导人们的生产和生活，更加迫切的是必须具有满足社会需求的实际功用。

① 参阅拙著：《玄学与理学的学术思想理路研究》第 6 章第 2 节，中国社会科学出版社，2012 年，第 217 页。

其三，实践理性特征。

实用理性和实践理性容易混淆，其实二者有鲜明区别：实用理性强调客观社会功利的优先性与合理性，而实践理性强调主体理性原则的优先性与合理性。用中国传统哲学的话语说，实用理性以“用”为理性原则，而实践理性以“体”为理性原则；用西方哲学话语说，实用理性以工具合理性作为依据，而实践理性以价值合理性为依据。一般而言，实用理性的应用范围一般十分广泛，而实践理性往往凸显价值领域的伦理道德的重要性。特别是中国传统哲学具有的人文理性趋向，进一步强化了以道德伦理为核心的实践理性。圣王之道的长期演变发展，衍化发展出一种由心性通达天道的实践理性，明显不同于西方超越自然感性的实践理性。中国传统哲学具有实践理性的思想特色，从哲学源头上就与古希腊重视逻辑思辨的哲学有明显区别。

从圣王之术到圣王之道的演变发展，逐渐促成一种实践理性的形成和发展，最终发展出中国传统哲学重视实践理性的思想特色。巫术化的圣王之术之所以灵验，源于圣王内在通神的灵性；理性化的圣王之道之所以能够通达天地化育万物，源于圣王包括德智在内的内在本性。早期儒家经典论述的圣人具有非凡能力，往往体现出集通神灵性与人文德性为一体的特点。所以，由圣王之道发展而来的中国传统哲学，形成了以道德理性之“体”为根本、以价值合理性为依据、以强调心性为根本的主体性精神的实践理性。中国传统哲学思考问题的出发点主要不是那个独立于人的对象世界，哲学的最高境界是通过尽心知性而达到参赞天地、化育万物的目标。传统经学也不是概念化、逻辑化的知识体系，而是指导家国天下范围中道德实践的理性原则。程颐强调自己在《周易传》的义理必须体现实践理性精神，这一义理既具有“体”的形上意义，同时又与生活实践紧密关联。《外书》载：“先生（尹和靖）尝问于伊川：‘如何是道？’伊川曰：‘行处是。’”① 易道本质上是行动准则而不是客观知识。“义理”并不是一种与人无关的所谓客观知识，也不是主体的思维形式与逻辑推演，而是人源于心性的实践理性法则，并直接与人的吉凶祸福后果相关。儒经中有许多重要概念，也是要求学生如何去“做”而不是如何从逻辑上定义。如《论语》中许多弟子问孔子什么是“仁”，而孔子的诸多回答则不是定义上的，因为他并不要求学生定义“仁”的概念，而是指导学生在不同的社会情境中应如何实践仁，包括“克己复礼为仁”“己欲立而立人，己欲达而达人”“己所不欲，勿施于人”，都是一种实践理性的法则，这种法则源于自己内在心性，故而孔子说“为仁由己”。孟子将这一种思想发展为尽心、知性、知天，由内在的恻隐之心可以上达于天道。所以，中国传统哲学的实践理性，总是呈现出一种以内在心性为“体”、具有价值合理性的主体理性精神。

第四节　中华之道的主要特征

中华之“道”不同于“逻各斯”“理念”“上帝”“梵”，它独具特色地表现出下列基本特征。

第一，天人一体。

在人的精神世界中存在两个王国：一个是规律性王国，就是这里所说的自然法则；一个是目的性王国，就是所谓的人文理

①〔宋〕程颢、程颐：《传闻杂记》，《河南程氏外书卷第十二》，《二程集》，中华书局，2004 年，第 432 页。

想。但是在中华民族的文化精神里，规律性王国与目的性王国是合一的，自然法则与人文法则是一体的。这样，作为中华文化精神之原点的“道”就具有自己的独特表现形式。

“道”首先是自然法则，即是古人所说的“天道”，日月周旋、寒暑更替、春播秋收等自然规律的体现，均属于“天道”。其次，“道”又可以指人文法则，即古人所说的“人道”，仁义礼智、洒扫应对等社会准则，均属于“人道”。然而，在中国古代的精神世界中，往往不把“天道”与“人道”割裂开来，而是强调天人一体，也就是说无论是“天道”，还是“人道”，它们均是同一个“道”。

不像西方文化将自然与人文二重化为两个不同的世界，中国文化坚持天、人本为一体。为什么人道就是天道呢？这可以从中国独特的宇宙生成论来理解这个问题。中国古代很早就形成了一种天道运行、万物化生的宇宙生成论。道家固然很早就提出了这种天道运行而成化万物的宇宙论模式，有“道生一，一生二，二生三，三生万物”的宇宙论，故而天地间的人、物均是天道的体现，都是遵循天道的宇宙法则，天道即是人道。而儒家同样是从天道的宇宙论而引申出人道的人文法则，《周易·系辞传》提出：“有天地然后有万物，有万物然后有男女，有男女然后有夫妇，有夫妇然后有父子，有父子然后有君臣，有君臣然后有上下，有上下然后礼义有所错。”（《周易·序卦传》）这里肯定了夫妇、父子、君臣之间的礼义均是来自天道的宇宙论。这一点，在宋儒那里得到了更加系统的体现。理学开山周敦颐在其著名的《太极图说》中，提出了一个宇宙论的模式：无极→太极→阴阳→五行→万物化生。最后他进一步确定，圣人所定的“中正仁义”的人文法则来之于无极、太极，是天道化生的结果。

天道的宇宙生成模式是天人一体的宇宙论根据，而确认天道与人道是同一个“道”则需在天、人所遵循法则中寻求同一性。一方面，必须在作为自然法则的“天道”中确认其人文意义。如《周易·象传》所云：“天行健，君子以自强不息。”“地势坤，君子以厚德载物。”《易传》的作者在天道的刚健、地道的柔顺等自然法则中，找到了“君子以自强不息”“君子以厚德载物”的人文法则。在这里，天道原来就是人道。另一方面，则是在人文法则中体会、发现其天道的意义。孟子所说的：“尽其心者，知其性也。知其性，则知天矣。存其心，养其性，所以事天也。”（《孟子·尽心上》）人充分发挥自己的恻隐、善恶、辞让、是非之心，无非是要遵循仁、义、礼、智的人文法则，但是，这一法则又是天命的必然要求，具有天道的必然意义。在这里，人道也就是天道。

中国传统文化中的理想人格，就是那种将人道与天道统一起来的人格。儒家推尊这种人为“圣人”“大人”，他们提出“夫大人者，与天地合其德，与日月合其明，与四时合其序，与鬼神合其吉凶”（《周易·文言传》）。这种“大人”的人格，其生活日用及人文观念之道，同时也是天地、日月、四时、鬼神的自然之道，故而达到了天人一体的境界。道家的理想中的“真人”“至人”，也是这种达到天人一体境界的人。庄子认为：“天与人不相胜也，是之谓真人。”（《庄子·大宗师》）所谓“天与人不相胜”，也就是天道与人道完全同一而不会相互干扰，达到这种境界的是“真人”，这种境界也就是“天地与我并生，而万物与我为一”（《庄子·齐物论》）。这正是天人一体的最高境界。

第二，体用一源。

中国文化往往将世界划分为形而下的现实世界（“器”）和形而上的超越世界（“道”），《周易·系辞传》就明确提出了这种对应的观点：

是故形而上者谓之道，形而下者谓之器。

“道”是形而上者，又称之为“体”；“器”是形而下者，又谓之为“用”。但是，中国文化从不将“形而上者”与“形而下者”、“体”与“用”割裂开来，而是强调“形而上者”与“形而下者”是一个世界，“体用一源”就成为中国文化之道的显著特色。

所谓“体用一源”，就是指形而上的道体从不会离形而下的器用而独立存在，亦即，道体只能存在于器用之中，并通过器用而发挥作用，他们坚持认为，“形而上”与“形而下”的划分并不是指有两个独立的世界，这一点，宋儒有明确的说明：

形而上为道，形而下为器，须著如此说。器亦道，道亦器。①

至微者理也，至著者象也。体用一源，显微无间。②

“器亦道，道亦器”则并非指“道”与“器”没有分别，而是指道、器不可分离，器中有道，道体现于器。它们渊源一致，一体而没有间隙。既然道器一体、体用一源，那么，中国传统文化就是一种既倡明道体，又注重器用的文化。二程主张：“经所以载道也，器所以适用也。学经而不知道，治器而不适用，奚益

①〔宋〕程颢、程颐：《二先生语一·端伯传师说》，《河南程氏遗书卷第一》，《二程集》，中华书局，2004 年，第 4 页。

②〔宋〕程颢、程颐：《周易程氏传·易传序》，《二程集》，中华书局，2004 年，第 689 页。

哉？”[①]由于道器合一、体用一源，故而“知道”与“适用”也是一体而不可分的。

“体用一源”的思想，使中国的文化精神表现出鲜明的特色。一方面，中国人的精神领域中一直保持着一种对终极存在的精神依托，作为中国文化的主干的儒家文化虽不是宗教，却因信仰这种超越存在而体现出很强的宗教功能。“道”作为这种超越性存在而显得玄妙，扬雄说：“夫玄也者，天道也，地道也，人道也。”[②]朱熹甚至提出，在天道面前，人们必须具有面对上帝一样的恭敬虔诚的态度。这表明，中国人确实有着对终极存在的信仰。另一方面，由于“形而上之道”总是要体现于“形而下之器”中，“体”总是在“用”中得以实现，所以，中国文化总是体现出重现世、讲功用的世俗精神，作为文化精神体现的“道”，有着很现实的功利性和世俗性。总之，“体用一源”的表达形式，体现了中国文化之道既具超越性又具现实性的鲜明特色。

第三，古今一贯。

中国文化有着很强的历史性，这一点，特别体现在“道”的观念上。余英时曾提出：“由于中国古代‘哲学的突破’是以‘王官之学’为其背景，而且‘突破’的方式又复极为温和，因此诸家论‘道’都强调其历史性，即与以往的文化传统之间的密切联系。”[③]从比较文化史的角度看，印度人、犹太人、古希腊人的历史观念均比较淡薄，与中国文化之道对历史的强烈关注形成鲜明差异。

---

①〔宋〕程颢、程颐：《二先生语六》，《河南程氏遗书卷第六》，《二程集》，中华书局，2004年，第95页。

②〔汉〕扬雄：《卷第十・玄图》，《太玄集注》，中华书局，1998年，第212页。

③余英时：《士与中国文化》，上海人民出版社，1987年，第46页。

在春秋战国时期，诸子百家，学术争鸣，各家各派均提出了自己的学说，并各自有自己所服膺和推崇的“道”。但是，他们不把这些学术、道的发明权归于自己，而是毫无例外地将其归于远古、上古时期。儒家明确表示自己的学说来之于三代时期的圣王，自己是“述而不作”（《论语·述而》）；墨家亦声称自己的学说也是“祖述尧、舜、禹、汤之道”（《墨子·尚贤上》）；至于十分有超脱精神的道家，亦将自己的“道”归于神农、黄帝，“世俗之人多尊古而贱今，故为道者必托之于神农、黄帝，而后能入说。乱世暗主，高远其所从来，因而贵之”（《淮南子·修务训》）。先秦诸子将“道”归于远古和上古，与中国古代思想文化源于当时的巫史文化有关。巫史是中华民族的第一代文化人，他们的宗教的、历史的职责，使得他们的文化遗产中具有浓厚的宗教情怀和历史意识。他们的思想观念及其《诗》《书》《礼》《易》《春秋》等原典成为先秦诸子的思想源头。《庄子·天下篇》认为诸子蜂起就是“后世之学者，不幸不见天地之纯、古人之大体，道术将为天下裂”的结果，如果推其渊源，则“皆原于一”，即三代圣王之“道”。

西汉儒学定于一尊之后，儒家逐渐垄断了对“道”的解释权。但是，他们关于“道”的历史意识仍是十分强烈。汉儒早就继承原始儒家将“道”归之于三代圣王的观念，唐宋以后儒家学者中盛行的“道统论”，更是强化了“道”的历史性。他们列出了一个由伏羲、尧、舜、禹、汤、文、武、周公、孔、孟至宋儒周敦颐、二程、朱熹的道统系列，以表明宋儒所传之道源远流长，可上溯到上古的圣王。《宋史》编者还专列《道学传》，以明确道贯古今的悠久历史。

以“道”贯古好说，而以“道”言今却难。因为在中国文化人还能参与到“道”的大化流行之中去，践行并弘扬道。当然，人能够弘扬和实现道的条件则是意识。“道”是客观自在的实体与法则，而人则是有意识的主体存在，人必须借助于自觉的意识才能够体道，与道融为一体。“道”的自觉意识，主要体现为两种重要的形式：理性之道与信仰之道。

本来，人们对世界的规律性、目的性的认识，均是建立在人的理性的基础之上的，因而，要体认这个作为世界的规律性、目的性的终极依托，亦不能离开人的理性。中国人从产生“道”的观念，到其进一步演化和发展，均是与对“道”的理性思考联系在一起的。而这种理性的直接体现，就是以理性、逻辑与语言为基础的知识体系。

中国古代的天道观出现在西周晚期，它是基于对三代天帝的人格神产生怀疑时而产生的一种理性精神，这种理性精神力图从自然、社会历史本身中去寻找宇宙的普遍法则和价值源头。所谓“盈而荡，天之道也”（《左传》庄公四年），“礼以顺天，天之道也”（《左传》文公十五年），可见，“道”“天道”的观念与先秦理性的崛起是同步的。先秦所产生的理性精神，最后又凝聚在《诗》《书》《礼》《易》《春秋》的原典之中。“六经”是中国古代庞大的知识系统的基础，它本身就是包括天文、地理、动植物、数学、历史、政治、语文、哲学等各种门类的知识在内的知识体系，它成为中国古代文化人接受本民族文化的基本典籍。但是，历代的学者都强调，以“六经”为代表的知识体系的核心是“道”：

圣人也者，道之管也。天下之道管是矣，百王之道一是矣；故《诗》《书》《礼》《乐》之归是矣。《诗》言是其志也，《书》言是其事也，《礼》言是其行也，《乐》言是其

和也，《春秋》言是其微也。(《荀子·儒效》)

尽管“六经”各有特点，《诗》言其志、《书》言其事、《礼》言其行、《乐》言其和，《春秋》言其微，但是，它们所建构的知识体系最终都可以归结为“道”。而“道”作为宇宙法则和人文理想，亦必须通过这一语言、文本的载体而体现出来，章学诚说：“夫子曰：‘下学而上达。’盖言学于形下之器，而自达于形上之道也。”[①] 他所言的学“形下之器”，主要是指“六经”，他曾有“六经皆器”之说，亦是强调“道”只能存在于形而下之“器”中。

但是，用知识理性来统一“道”与人的关系，亦有其严重的局限与困难，并难免陷入观念的悖论之中。“道”作为自然的、人文的法则，它是宇宙的、无限的、形而上的超越存在；而经学则是依靠人为制作文学符号（“名”）构造起来的，它是人为的、有限的、形而下的知识体系，这个有限的知识体系如何能够保证体现出无限的形而上之“道”？况且历代的文化人、经学家又各执一偏，有的热衷于考据之学，有的偏好辞章之学，有的究心于义理之学，他们将经学的知识系统分化为各种不同的科目与派别，同时又各执一端而相互攻讦，如何能够承诺他们的片面学问能够体现出无限的形上之道？

所以，早在先秦，道家就对知识理性是否能把握“道”持怀疑和否定的态度。老子的名言是：“道可道，非常道；名可名，非常名”，“道常无名”。(《道德经》第一、三十二章）庄子亦认为“道不可言，言而非道”。(《庄子·知北游》)既然“道”是无法言说的，

① 〔清〕章学诚：《原学上》，《文史通义校注》，中华书局，1985年，第147页。

道”的遵循中开拓人文世界；又包含着对现世生活的人文意义，要求在日用伦常的“人道”中领悟天道的伟大和神圣。

儒家之道固然是建立在知识理性和人文追求的基础上，但是确实又离不开情感与信仰。儒家坚持强调，“道”就存在于宇宙大化、人伦日用的过程之中，所谓“《诗》云：‘鸢飞戾天，鱼跃于渊。’言其上下察也。君子之道，造端乎夫妇，及其至也，察乎天地”（《中庸》第十二章）。“道”就存在鸢飞鱼跃的大自然之中、夫妇人伦的生活实践之中。“得道”不仅仅是从理智上理解“道”，更是通过自己身心实践去体悟“道”，参与“道”的化生，让自己融合到浩浩大化、生生不已的宇宙过程之中，从而获得情感的满足和精神的安顿。

第二章
湘学的定义与原道

中华传统学术文化博大精深，既体现为不同时间形态而波澜迭起的学术思潮，又体现为不同空间形态而风姿各异的地域学术传统。而本书重点讨论湘学学统与中华之道。湘学是中华传统学术文化的地域化形态之一，我们首先讨论几个问题：什么是本书讨论的“湘学”？湘学的主要特点和贡献是什么？湘学是如何探究中华之道的？

第一节　湘学的定义

本书首先要解决的问题是什么是“湘学”？关于“湘学”的定义，学界一直存在多种看法。但是本书讨论的“湘学”定义是比较普通的，即“湘学”是湖南地区所形成的传统学术文化。“湘学”的“湘”是指湖南行政区划的地域空间，此“学”是指具有学理意义的传统学术思想。

湖南的文化历史源远流长，各个历史时期发展不平衡，并且各具历史特点。从文化发展的水平和特点来说，这个地区的历史文化发展主要有两大高峰。第一大高峰形成的时间是春秋战国至秦汉时期，湖南地区产生了辉煌的文化成果，其作为文化高峰的标志是出现了屈骚等浪漫主义的艺术文化。由于湖南在周代为荆州南境，春秋战国时属楚国，故而学术界将这段时期的文化称为“荆楚文化”或“楚文化”。在当时，“楚人地，南卷沅、湘，北绕颍、泗，西包巴、蜀，东裹郯、邳”[①]。楚文化作为一个相对完整而独具特色的文化圈，其地域范围远远超过今日的湖南地域。湖南地区文化发展的第二大高峰是两宋至明清以来，其文化标志是天人之道的学术文化和政治文化。由于唐、宋以后该地常常称“湖湘”或“湖南”，更由于此时湖南地区的文化形成了一些新的特质，所以学界把这段时期的文化称为“湖湘文化”，湖湘文化的核心是学术思想，也就是所谓的“湘学”。

湘学是一个特指的学术文化概念，主要是指唐宋以后形成的湖南地区的知识传统。学界一般是以两宋时期的周敦颐、胡氏父子作为湘学的开端。他们的学术是湘人之学或产生于湘地之学，同时也是具有学理意义的知识体系与学术思想。后来许多学人在论述湖南的地域文化和学术传统时，常常将屈原、周敦颐并举。钱基博曾将楚之屈原和宋之周敦颐称为湖南的“两巨子”，“一为文学之鼻祖，一为理学之开山，万流景仰，人伦模楷，风声所树，岂徒一乡一邑之光哉！”[②] 其实，屈原和周敦颐恰恰是湖南的不同历史阶段区域文化的两个代表人物。屈原是战国时期的一位伟大诗人，他的文化成就既是楚文化的骄傲，也是中国文化的骄傲。他的代表作品《九歌》《天问》《离骚》《招魂》等，是在充满浪漫神话传说的楚文化背景中产生出来的，又使得楚文化的

① 何宁：《兵略训》，《淮南子集释》卷十五，中华书局，1998 年，第 1060 页。

② 钱基博：《近百年湖南学风》，岳麓书社，2009 年，第 1 页。

光彩更加辉煌夺目。因此，屈原是楚文化的代表和标志，从屈原身上，反映着楚文化的主要形态——文学艺术中的浪漫主义神奇幻想等特色。而周敦颐是宋代理学的开山祖，由他开启的理学学术，成为宋明时期影响深远的文化思潮，不仅使得中国古代的断代文化——宋元文化发生了一个新的转折，也预示着湖南的地域学术文化——湘学的生成，并决定了湘学的形态最初是一种理学型的学术文化。

周敦颐的出现，对湘学来说，具有某种象征的意义。正像他的《太极图说》《通书》象征着理学的兴起一样，他作为一个学术成就卓越的湖南学人，亦象征着湘学的兴起。此后，湖南一跃而为理学重镇，被学者们称为“理学之邦”。从开创理学到总结理学的数百年间，湖南涌现出了许多文化名人，他们大多是理学家，除了开创宋明理学的周敦颐是湖南人外，总结宋明理学的王船山也是湖南人。南宋时还在湖南形成了与闽学（朱熹）、江西学（陆九渊）、婺学（吕祖谦）并称的湖湘学派（胡安国、胡宏、张栻等）。记载湖南学术思想史的《湘学略》一书，首以“濂溪学略”（周敦颐）开篇，接着有“衡麓学略”（胡安国、胡寅、胡宏）、“南轩学略”（张栻）、“岳麓学略”（胡大时等）、“船山学略”（王夫之），这些人都是学术史上有影响的理学家。可见，湖南很快就涌现出一大批著名的理学家，他们开创了区域性的学术文化，并决定了这种学术的内涵和特质是一种理学为主导的学术文化。

湘学的形态在宋代就完全形成，南宋后期理学家真德秀对此有一段精详的论述：

> 窃惟方今学术源流之盛，未有出湖湘之右者。盖前则

> 有濂溪先生周元公，生于舂陵，以其心悟独得之学，著为《通书》《太极图》，昭示来世，上承孔孟之统，下启河洛之传。中则有胡文定公，以所闻于程氏者，设教衡岳之下，其所为《春秋传》专以息邪说、距诐行、扶皇极、正人心为本。自熙宁后，此学废绝，公书一出，大义复明。其子致堂、五峰二先生，又以得于家庭者，进则施诸用，退则淑其徒，所著《论语详说》《读史》《知言》等书，皆有益于后学。近则有南轩先生张宣公寓于兹土，晦庵先生朱文公又尝临镇焉。二先生之学源流实出于一，而其所以发明究极者，又皆集诸老之大成，理义之秘，至是无复余蕴。此邦之士登门墙，承謦欬者甚众。故人材辈出，有非他郡国所可及。①

可见在宋代，理学已经大盛于湖南，并形成了以理学为主体的湘学。以后，历经元、明、清各个朝代，这种知识传统与区域特点一直保存下来，得以延续、发展。明清以来，中国学术文化界曾有实学思潮、汉学思潮的兴起，但是湖南的士大夫们仍笃宗理学，津津乐道于“理学之邦”的学术传统。所以，尽管乾嘉汉学风行天下，“湖南尤依先正传述，以义理、经济为精闳，见有言字体音义者，恒戒以逐末遗本。传教生徒，辄屏去汉唐诸儒书，务以程朱为宗”②。

湘学为何形成于宋代呢？屈骚等浪漫主义文学艺术的形成，

① 〔宋〕真德秀：《劝学文》，《西山文集》卷四十，《文津阁四库全书》第1178册，商务印书馆，2006年，第452页。

② 〔清〕罗汝怀：《绿漪草堂文集》卷首，《续修四库全书》第1530册，上海古籍出版社，2002年，第523页。

是由于南国的原始神话、图腾崇拜、历史传说等源远流长的楚文化背景。那么，两宋以后湖南能形成探讨宇宙人生的大本大源的湘学的历史条件是什么呢?

这必须联系到中国文化演变的大背景来考虑。两宋之时，中国文化发生了一系列重大的演进：第一，理学思潮的兴起；第二，中国文化重心南移的完成；第三，儒学地域化的出现。中国思想文化的发展演进是湘学得以形成并大放光彩的根本原因和条件。

首先，是理学思潮的兴起。继先秦诸子、两汉经学、魏晋玄学、隋唐佛学之后，两宋时期兴起了理学思潮。理学作为一种新兴的学术思潮，其主要特点在于对中国传统思想文化的综合。它以复兴先秦儒学为旗帜，要求重新解释儒家经典，力图使儒家文化在新的历史时期得以振兴。另一方面，它又大量吸收、综合了佛、道两家的宇宙哲学和思辨方法，将其补充到儒家学说中去，将儒学发展为一种具有高深哲理的思想体系。由于理学能够振兴儒学、发展儒道，适应了中国古代社会演变发展的需要，故很快成为一种占统治地位的意识形态，一直延续到晚清时期。可见，自两宋以后，理学已经成为中国传统社会后期占主导地位的思想文化，理学的形成本身也是中国思想文化向更高层次综合发展的体现。

其次，两宋之时完成了中国文化重心的南移。晋唐以前，中国的经济、政治、文化的中心均在北方。代表中国文化主体的中原文化本来就产生于北方，自晋唐以后特别是两宋之时，中国的经济重心南移，而文化也随之南移。加之北方的一些游牧民族不断地骚扰，占据中原，出现了两晋的永嘉之乱、唐代的安史之乱、宋代的靖康之乱，中原地区战火不绝。这一切，迫使中原地区士子纷纷南下。于是，向来居于中国政治、经济、文化中心的北方的地位逐步下降，而南方在经济、文化方面逐步崛起。到了两宋之时，南方的经济、文化十分发达，已经超过了北方。尤其是到了靖康之乱以后的南宋，那些有名的文人学者均在南方从事文化教育活动，浙江、江西、湖南、福建等省成为文化最为发达的地方，产生了许多著名的学派，建立了许多著名的书院。北宋形成的“四大书院”（岳麓书院、白鹿洞书院、嵩阳书院、睢阳书院）在南方和北方各两所，而“南宋四大书院”（岳麓书院、白鹿洞书院、象山书院、丽泽书院）即已全部移到南方。这时，文化重心南移的格局已经完全形成。

最后，儒学地域化的出现。湘学的形成是在两宋时期，它的出现并不是一个孤立的现象，而是在这段时期内中国出现了一个重要的学术史现象，即儒学演变为一个个具有地方特色、历史传承的地域学派，即所谓的“儒学地域化”。两汉时期儒学亦很鼎盛，但汉代儒学兴盛的契机是汉武帝“罢黜百家，独尊儒术”，汉代儒学就成为一个自上而下的国家意识形态，它首先通过国家的学术中心和教育中心——太学，以研究和传播儒学。这一点，就从根本上决定了汉代儒学的地域色彩不强。而宋代复兴儒学的思潮则是一种自下而上的学术文化思潮，宋学不是通过中央或地方官学，而主要是通过地方的书院来开展学术研究与传播。一批批立志于重振儒家价值信仰、重建儒学知识体系的新儒家学者集聚于各个地域的不同书院中，潜心著述、授徒讲学，于是，一个个具有各自学术传统、思想特色的地域学派就形成了。在北宋时期，有孙复的泰山学、周敦颐的濂学、张载的关学、二程兄弟的洛学、邵雍的百源学、司马光的涑水学、苏氏兄弟的蜀学；到了南宋，则又有朱熹的闽学、胡氏父子及张栻的湘学、陆九渊的象山学、吕祖谦的婺学、陈亮的永康学、薛季宣等的永嘉学等等。各个地域的儒学学派均有各自的学术师承、学术基地、学术传统。

在理学学术思潮的兴起、中国文化重心南移及儒学地域化这一大的文化背景之下，湘学开始形成并崛起。理学思潮的兴起，标志着一种更具有综合性的新儒学的文化形态的出现；而文化重心南移和儒学地域化，必然使这种以儒家为核心、综合释道的学术形态在南方繁衍、发展，并决定了湘学主要是一种以儒家思想为核心的地方学术形态。当江南各省的理学得以蓬勃发展之日，也是儒家文化迁移、渗透于南国并形成地域特色之时。两宋以后，有称福建为“海滨邹鲁”者、称湖南为“荆蛮邹鲁”“潇湘洙泗”者，皆反映了以“邹鲁”“洙泗”为标志的儒家文化在江南各省的深入渗透，使原来扎根于黄河流域的儒家文化开始在江南扎根。

第二节 湘学的特征

湘学作为一种独特的地域学术形态的特质在哪里呢？这是从事地域学术研究者普遍感兴趣的问题。湘学的形成是一个建构的过程，经过数百年的演化，形成了一个相对稳定的结构。如果对湘学展开分析，可以发现它的内部所包含的基本要素及其特征。综合湖南宋元明清各代的思想观念、学术风尚、人才特色、教育理念，可以发现湘学具有下列一般性特征。

（一）推崇理学

湖南的学术思想、文化教育，在以前一直处于冷落寂寥的状态。宋明理学产生后，湖南一跃而为“理学之邦”。理学开山周敦颐是湖南人，并在湖南讲学。尤其是南宋以后，胡氏父子、张栻于湖南创办书院讲学，形成了以“湖湘”称名的地域学派。加之他们的弟子又在湖南各地讲学，传播理学，这样，理学不仅作为学术思想而受到士大夫的广泛崇奉，它还渗透到日用伦常、社会习俗中去了。如后人评价湖湘弟子在地方传播理学的影响时说：“彪氏虎臣父子及周氏奭之讲明正学，皆其卓卓尤著者。流风余韵，景仰至今。我朝一道同风，家弦户诵。湘上儒雅之风，固已蒸蒸日上矣。”[①] 正由于湖湘学派广泛深入的影响，数百年以来，湖南一直标榜理学为“正学”，并以其激励、劝勉湖南的士子。这些士大夫、官吏以理学劝学时，尤重视以湖湘学统激励士子。宋理宗时，汤汉就以湖湘学统劝勉衡阳学子，他说：“衡之士，欲知学之本乎！则有文定胡公与敬夫张子之书具存，其所以绍濂洛之统，启苏湖之传，真间世之师也，学者宜尽心焉。”[②] 他要求在湖湘学者的著作中探寻为学的根本。理学家真德秀安抚湖南时，专作《劝学文》，要求湖南士子潜心理学，他也主要从湖湘区域学统方面勉励士子，以湖南著名理学家周敦颐、胡安国、胡寅、胡宏、张栻等人的成就，证明湖湘学统源远流长，他说：“窃惟方今学术源流之盛，未有出湖湘之右者。……故人材辈出，有非他郡国所可及。”[③] 由此可见，胡、张等理学家创办书院、形成学派，使湖南形成崇尚理学的传统，这是湘学推崇理学的区域方面的原因。

上述区域方面的原因，又导致湘学的区域特点。当全国的学术思潮、文化教育发生重大变化时，湖湘地区仍谨守张栻、朱熹

①《风俗》，清同治版《湘乡县志》卷二。

②〔清〕饶佺：《先贤堂记》，《乾隆衡州府志》第 2 册，岳麓书社，2008 年，第 631 页。

③〔宋〕真德秀：《劝学文》，《西山文集》卷四十，《文津阁四库全书》第 1178 册，商务印书馆，2006 年，第 452 页。

学统。明中叶以后，阳明学派兴起，王阳明及其弟子们也在湖南讲学，但又受到传统的湖湘学风的制约和影响。王夫之、顾炎武、黄宗羲为清初三大儒，惟有王夫之成为宋明理学的总结者，以至于人称“其为学也，由关而洛而闽，力诋殊途，归宿正轨”[①]。清乾嘉以后，注重考据训诂的汉学风行天下，当然，汉学思潮也影响到了湖南，甚至有一些湖南学者研治汉学很有成绩。但他们绝不会像吴、皖等地的汉学家那样，把汉学和理学对立起来，相反，他们仍坚持以义理之学为本，肯定理学和汉学之统一。王九溪是乾隆年间一个汉学家，但是他仍然坚持以性理之学训诲诸生，在他手订的《岳麓书院箴九首》中，仍以“存诚养志”“变化气质”等告诫诸生，他说：

力学何为，变化气质。气质有偏，好恶斯辟。惩忿窒欲，式砭其疾。严肃整齐，下手要术。[②]

这个“考古最悉”的汉学家以理学的“变化气质”为教育的根本目的，正是崇尚义理之学的湘学传统的体现。道光年间创办的湘水校经堂是湖南汉学的主要基地，但创办者吴荣光认为校经堂的学术主旨是汉宋并重，主张“奥衍总期探郑（玄）许（慎），精微应并守朱（熹）张（栻）”[③]。贺长龄、贺熙龄兄弟皆以重经济之学称世，但他们仍将理学置于最重要的地位，以至于人称其

①〔清〕唐鉴：《衡阳王先生》，《唐鉴集》，岳麓书社，2010 年，第 326 页。

②〔清〕王九溪：《王九溪先生学箴九首》，《长沙岳麓书院续志》卷一，《岳麓书院志》，岳麓书社，2012 年，第 560 页。

③〔清〕吴荣光：《湘南述别四首》，《长沙岳麓书院续志》卷三，《岳麓书院志》，岳麓书社，2012 年，第 607 页。

“笃宗理学，以导养身心为主”，或称之为“理学真儒”。[1] 曾国藩等人以经济、训诂、辞章称世，但是，曾国藩本人则坚持义理之学是其他一切学问的根本，他说：

为学之术有四：曰义理，曰考据，曰辞章，曰经济。义理者，在孔门为德行之科，今世目为宋学者也。考据者，在孔门为文学之科，今世目为汉学者也。辞章者，在孔门为言语之科，从古艺文及今世制义诗赋皆是也。经济者，在孔门为政事之科，前代典礼、政书及当世掌故皆是也。

人之才智，上哲少而中下多；有生又不过数十寒暑，势不能求此四术遍观而尽取之。是以君子贵慎其所择，而先其所急。择其切于吾身心不可造次离者，则莫急于义理之学。[2]

曾国藩的主张典型地体现了崇尚理学的湘学传统。湘军集团的主要将领均是儒生出身的文人学者，包括左宗棠、胡林翼、罗泽南、郭嵩焘等均是封疆大吏，但又推崇理学，以理学治军，是一代理学名臣。罗泽南还在军务繁忙中撰写了许多重要的理学著作。

（二）强调经世致用

注重经世致用，向来就是湘学传统的重要特色。湖湘学派是一个具有强烈经世倾向的理学家群体。胡安国持《春秋》经世

① 李肖聃：《湘学略·二贺学略第十三》，《李肖聃集》，岳麓书社，2008 年，第 58 页。

②〔清〕曾国藩：《诗文·劝学篇示直隶士子》，《曾国藩全集》第 14 册，岳麓书社，2011 年，第 486—487 页。

说，通过注释《春秋》宣传康济时艰、抗金复国的政治主张；胡宏的《知言》亦以重济世为特色，声称要振兴“经济学”；而张栻及其弟子也皆以抗金救国、经邦济世的成就而闻名一时。湖湘学派这种经世致用的特色，发展为一种区域性的学术传统。

明清以后，湖湘人才层出不穷，他们大多以经世致用的主张和成就称世。王夫之是著名学者，但他以抗清复明为头等大事，在举兵起义、出仕南明的政治斗争失败以后，才潜伏下来，通过研治学术来表达自己的经世致用之志。晚清以来，全国政治斗争日益尖锐复杂，湖南也是如此。尽管各方面的政治主张悬殊，而注重经世致用则是湖湘学人的共同特点。陶澍、魏源、贺氏兄弟等人在近代史上卓有名声，是由于他们提倡改革弊政，“师夷长技”，积极参加现实的政治、经济、军事等方面的活动。曾国藩、胡林翼等人为首的湘军集团所以在近代史上闻名一时，不是因为他们推崇理学而有什么学术成就，而是因指挥湘军作战、兴办洋务等政治活动。湖南涌现出了一大批政治家、革命家、军事家如唐才常、沈荩等先进人物；在资产阶级革命运动中，又有黄兴、蔡锷、陈天华、宋教仁、禹之谟等革命家；到了现代，又有无产阶级革命家蔡和森、毛泽东等。这都是由于经世致用的湘学传统的影响，使得湖南学人热衷于投身社会政治活动，最终成为有影响的政治家、革命家。这一切，皆足以体现经世致用的湘学传统。

（三）主张兼容并蓄

湘学有一个十分鲜明的学术特征，就是倡导不同学术思想、学术派别的相互吸收与融合，从而形成了一种在学术观点上兼容并蓄的特征。

湘学的崛起与理学思潮的兴起是同步的。理学思潮的兴起本就是为适应中国传统文化综合发展要求，从而建构了一种以儒学为主体，兼收佛学、道家与道教、玄学、诸子学在内的新儒学，故而湘学的崛起同时也具有了这个特点。湘学的奠基人——周敦颐之学，就体现出兼容并蓄的特点。他之所以能为儒家伦理而完成“推本太极”的任务，显然离不开大胆吸收、引进道家、佛家的宇宙理论和修养方法，用“无极”“主静”等思想和范畴来建构新的学术思想体系。可见，周敦颐之学的产生，本就是学术文化兼容并蓄的产物。湘学的兼容并蓄，还体现在儒学内部对各家各派的吸收和融合上。南宋时期，学术争鸣空气很浓，各派学者各执己见，出现学派林立的局面，有以理为本的考亭学派，以心为本的象山学派，以历史文献学见长的婺学派，倡导事功的永康、永嘉学派。在各种学派中，以胡氏父子、张栻为代表的湖湘学派则具有兼容并蓄的特点。胡安国是《春秋》之学的大家，他的学术成就是由于他“遍览诸家”①、“遂集众传”②的结果，即所谓“事按《左氏》，义采《公羊》《穀梁》”③，而不局限于义理一派。张栻之学则和当时的各家各派均有兼容关系；他和朱熹是最亲密的“道友”，其学术交流最为密切；他又重视“心”的修养功夫，和陆九渊之学又十分接近。特别是胡宏、张栻均重视“经济之学”，并被后人称为理学经世派，故又和浙东事功学派有一致之处。由于湖湘学派具有兼容并蓄的特点，湖湘弟子不囿成见，遍访名师，如张栻弟子、胡宏之子胡大时，除师从张栻外，

①〔宋〕胡寅：《先公行状》，《斐然集》卷二十五，《斐然集·崇正辩》，岳麓书社，2009年，第519页。

②〔宋〕胡寅：《先公行状》，《斐然集》卷二十五，《斐然集·崇正辩》，岳麓书社，2009年，第519页。

③〔宋〕胡安国：《叙传授》，《春秋传》卷首，岳麓书社，2011年，第7页。

还拜永嘉学派陈傅良、考亭学派朱熹、象山学派陆九渊为师。这种情况在湖湘弟子中比较多见。

到了清代，整个学术界的空气发生很大变化，讲义理的宋学被认为是空疏、无用，只有重考据训诂的汉学才是学术主流。与此同时，从明清之际到道光以后，经世之学亦受到学术界的极度重视。在这个学术背景下，湖南的学术界仍一直保持兼容并蓄的学术特征。一方面，湖南学者仍保持对程朱理学的尊崇，宋学仍被湖南学界奉为正宗；另一方面，湘学群体中也涌现出了许多具有诂经考史专长的学者，在经学研究方面颇有成就。湖南学者并不像其他地方的学者那样将汉学与宋学对立起来，而是主张两者各有所长，应该兼容并包。如湖南的汉学学术教育基地——湘水校经堂，就遵循“汇汉宋于一涂”原则，和阮元的诂经精舍、学海堂很不一样。曾国藩等人被认为是清朝著名的理学家，但是他对考据之学亦很重视，他将知识学问分为四门，包括义理之学、考据之学、辞章之学、经济之学，主张这几门学问各有所长，宜兼而学之。

到了近代以后，湘学的兼容并蓄的学术风格发生了很大的变化，那就是坚持以中学为主体的同时，努力兼容西学。魏源首倡师夷之长技，主张学习西方先进的科学技术，他所编的《海国图志》，就曾大量地介绍西方的地理、历史、科技、政治、风俗等，这部著作在当时产生了很大的影响。以后，曾国藩、左宗棠、郭嵩焘倡导洋务运动，将“师夷之长技”的思想付诸实践，他们在中国建立了最早的军工厂，并首先建议，实施派遣留学生到西方去学习近代科技知识。郭嵩焘在出使欧洲时，把对西学的学习由科技扩展到政教。维新运动兴起后，湖南学人眼界更是大大扩展，他们已将学习西学的内容扩展到哲学、政治、伦理、教育、科学、技术、经济等各个领域。当时的时务学堂就是湖南兼容中西学问的中心。总之，在湘学形成和发展的千年历史中，兼容并蓄的特点得到了鲜明的体现和充分的发展。

第三节　湘学的原道意识

中华大地的不同区域在历史上均形成了一些具有区域特性、前后传承的学术思想、学者群体与知识传统，人们往往将唐宋以后湖湘地区的学术思想、学者群体与知识传统称为湘学。虽然湘学是宋代儒学地域化的产物，但由于宋代儒学在受到佛老之学的挑战而致力“性与天道”的本体论建构，所以湘学在产生过程中就一直具有强烈的原道意识。而这一点，恰恰是湘学能够在中国学术史上大放光彩的重要原因。确实，湘学在中国的学术史上的重要贡献之一，是其对道的求索与理论建构。湘学不仅总是以道为最高学问，而且因其强烈的原道意识，既代表着中华民族探索宇宙之道的精神历程和思想贡献，又特别鲜明体现出天人合一之道的学术思想体系，故而引起学界的强烈关注和瞩目。

湘学传统中的强烈原道意识是如何形成的呢？当然有时代思潮的重要影响，同时也与湖湘大地深远的思想渊源有密切联系。这里，首先从湘学的源头分析。湘学的真正形成，是在中国学术文化发生重大变迁的两宋以后。如果我们追溯湘学的渊源，一方面可以通过唐宋以后中国文化重心南移，从而追溯到中原儒家文化这个重要源头，它们构成了湘学的重要价值内核。另一方面，我们在追溯湘学的源头时，还可以追溯荆楚文化及湖湘之地的流寓学者的源头，这些学人对宇宙自然的无穷想象、对自然之道的不懈追求，亦构成了湘学原道的思想源头。

正如第一章所述，中国古代所建构的“道”的观念和信仰，应该说是渊源于三代及远古时期的宗教观念、神话传说，道家之道更是与楚文化的宗教、巫术、神话等精神文化有着重要的渊源关系。春秋战国时期，湖南为楚地，代表楚文化的各种鬼神、巫风、神话的观念和习俗，使人们对天地自然、神秘经验充满着丰富的想象，也充满着求索的激情。这种对天地的求索精神、对自然的丰富想象，构成了对宇宙起源、天地构成的思考，并逐渐形成了中国文化之道的理念。屈原所写的辞赋，就体现出这种由楚文化的神话想象、宗教观念到对天地的上下求索、对宇宙的理性思考的演进。细读屈原的《九歌》，可以发现许多湖南地区的神话传说（如湘君、湘夫人）、巫术歌舞等。

特别值得一提的是，屈原的著名诗篇《天问》，相传是他被流放到湖南等地时的作品。在《天问》的诗篇中，屈原对于天地、自然、社会、历史提出了一系列充满怀疑与求索精神的质问。这些质问，体现了求索天道的精神：

遂古之初，谁传道之？
上下未形，何由考之？
冥昭瞢暗，谁能极之？
冯翼惟像，何以识之？
明明暗暗，惟时何为？
阴阳三合，何本何化？
圜则九重，孰营度之？
惟兹何功，孰初作之？

从这些质问中可以看到，屈原的心中充满着对宇宙起源、天地变化、自然法则、人文精神等一系列重大问题的怀疑和深思。这些质问和思考，鲜明地表达了屈原对道的精神追求，以及对获得道的精神支撑的渴望。明代湘学巨子王夫之感悟屈原在《天问》中已包含着对天道的领悟。他在解释上述问题时说：

> 以上皆问天地幽明之故。原好学深思，得其所以然，为吉凶顺逆之原本，而为习而不察者诘，使察识而不自锢于昏昏之内也。……冲气以为本，阴阳以为化，天道人事尽于此也。①

王夫之认为屈原已经获得了对天道的领悟，他只是在以昭著的天道启迪人间，他还说：“（屈）原以造化变迁，人事得失，莫非天理之昭著，故举天之不测不爽者，以问懵不畏明之庸主具臣。是为天问，而非问天。篇内言虽旁薄，而要归之旨，则以有道而兴，无道则丧。”② 在屈原的《天问》中，已经包含着对道的理性思考。这一点，恰恰深刻地影响了包括王夫之在内的湘学传人。

西汉著名学者贾谊，也是湘学的重要思想源头。贾谊在朝廷受到权臣的打击，曾被谪为长沙王太傅。他居住长沙多年，后被称为“贾长沙”。贾谊和屈原在身世上一样，同因遭贬谪而流落湖湘之地，同时，他们同样运用赋的写作来表达自己的思想感情。贾谊在写作形式上仿屈原的《九歌·怀沙》，在湖湘之地写下千古名篇《吊屈原赋》：“恭承嘉惠兮，俟罪长沙。侧闻屈原兮，

①〔明〕王夫之：《天问》，《楚辞通释》卷三，中华书局，1959 年，第 47 页。

②〔明〕王夫之：《天问》，《楚辞通释》卷三，中华书局，1959 年，第 46 页。

自沉汨罗。造托湘流兮，敬吊先生。”[①] 屈原的《怀沙》曾被史家认为是怀念祖先故地长沙，贾谊的《吊屈原赋》则是他流放长沙时凭吊屈原而作，屈贾和湖湘大地的文化有着重要的渊源关系，故而湖南、长沙常被称为“屈贾之乡”。

同样值得注意的是贾谊的原道意识。汉文帝五年（前 175），他任职长沙王太傅时，曾撰有著名的《鹏鸟赋》。他借鹏鸟的口气，深入思考了宇宙天地的无穷变化和宇宙法则的必然趋势。他和屈原一样，对天道的演化及其规律有强烈的兴趣：

> 天不可预虑兮，道不可预谋。
> 迟速有命兮，焉识其时！
> 且夫天地为炉兮，造化为工；
> 阴阳为炭兮，万物为铜。
> 合散消息兮，安有常则？
> 千变万化兮，未始有极！

屈原在一系列对宇宙天地的发问中表达了对宇宙的思考和肯定，而贾谊则通过直抒胸臆直接表达了他的原道观念，他对天道、造化、阴阳、万物的深入求索，体现了他追溯宇宙大道的内在冲动和理性追求。

和屈原不同的是，贾谊已经将这种对宇宙天地的无穷追问和思考，化为一种以“道”为本的思想体系和知识体系。贾谊在《鹏鸟赋》中已提出“天”“道”是宇宙天地间的必然法则，他在其他著作中对此作了深入的思考和探讨。湖湘之地道家学说原

① 〔汉〕司马迁：《屈原贾生列传第二十四》，《史记》卷八十四，岳麓书社，2016 年，第 595 页。

来就很盛，长沙马王堆出土的《道德经》就证明了这一点。贾谊在对“天地”“造化”的思考中肯定这一切应归于“道”“德”，他认为“道”是宇宙的本始与法则，他说：“物所道始谓之道，所得以生谓之德。德之有也，以道为本，故曰‘道者，德之本也’。”① 他认为“道”作为宇宙的本始和法则，和具体的器物不同，它是无形无象的，即“道者无形”。这个“道”体现在每个具体的人物之中即为“德”，由“德”又派生出各种具体的法则，“德生理，理立则有宜，适之谓义”②。那么，一切德、理、义，最后均归于宇宙本体之道。贾谊还认为，此“道”不仅是天道，亦是人道，他认为：“故天下者，非一家之有也，有道者之有也。故夫天下者，唯有道者理之，唯有道者纪之，唯有道者使之，唯有道者宜处而久之。”③ 这个“有道”，是伦理道德的“道”，属于人文法则。可见，贾谊所云的“道”，是天人一体的“道”。

到了唐代，又有著名的学者柳宗元、刘禹锡二人流放于湖南。湖湘之地求索天地的原道气息深深地感染着柳、刘二人，他们承传屈贾，继续在穷根究底地追溯天道。柳宗元在流放湖南永州之时，根据屈原的《天问》，专门作《天对》的名篇，试图回答屈原对天地自然、人文社会中的各种疑问。柳宗元通过答问，阐述了他关于宇宙生成、自然演化的思想观念，他认为宇宙是由运动着的元气所构成的，他说：

本始之茫，诞者传焉。鸿灵幽纷，曷可言焉！曶黑晰

①〔汉〕贾谊：《道德说》，《贾谊集·贾太傅新书》，岳麓书社，2010 年，第 98 页。

②〔汉〕贾谊：《道德说》，《贾谊集·贾太傅新书》，岳麓书社，2010 年，第 98—99 页。

③〔汉〕贾谊：《修政语下》，《贾谊集·贾太傅新书》，岳麓书社，2010 年，第 114 页。

眇，往来屯屯，庞昧革化，惟元气存，而何为焉！[①]

他以元气论来解释宇宙的产生、自然的演化，以解答天地自然这些根本问题。柳宗元的天道观，主要是针对两汉时期盛行的神秘主义的"天人感应"学说，所以他提出的元气论是要证明天地自然的运行与社会人事的是非得失是不相关联的，即所谓"天人不相预"。柳宗元在强调了元气自然的独立自在之后，又充分肯定了人道的主观自为，他说：

余今变祸为福，易曲成直。宁关天命，在我人力。[②]

力足者取乎人，力不足者取乎神。所谓足，足乎道之谓也，尧、舜是矣。[③]

他认定人道是一种无关天命的"人力"，也就是说，它取决于人的意志与理性的力量。这种力量与具有神秘色彩的"神""天"没有关系，"圣人之道，不穷异以为神，不引天以为高，利于人，备于事，如斯而已矣"[④]。它们实际上就是人们必须履行的仁义等人文法则。"圣人之所以立天下，曰仁义。仁主恩，义主断。恩者亲之，断者宜之，而理道毕矣。"[⑤] 总之，柳宗元对天人之道的追根溯源，深化了对天道与人道的认识，同时也包含着对天人之

①〔唐〕柳宗元：《天对》，《柳宗元集》卷十四，中华书局，1979 年，第 365 页。

②〔唐〕柳宗元：《愈膏肓疾赋》，《柳宗元集》卷二，中华书局，1979 年，第 67 页。

③〔唐〕柳宗元：《非国语上・神降于莘》，《柳宗元集》卷四十四，中华书局，1979 年，第 1272 页。

④〔唐〕柳宗元：《时令论上》，《柳宗元集》卷三，中华书局，1979 年，第 85 页。

⑤〔唐〕柳宗元：《四维论》，《柳宗元集》卷三，中华书局，1979 年，第 78 页。

道的更加理性的认识。应该说，他的“天人不相预”的观念，对于宋代建构新的理性主义天道观有积极意义。

和柳宗元是朋友，同样流放于湖南的刘禹锡，亦深入思考天道，并与柳宗元共同探讨了天人之道的问题。刘禹锡在读了友人柳宗元的《天对》以后，亦认为天道与人道是有区别的，他说：“天之道在生植，其用在强弱；人之道在法制，其用在是非。……天之所能者，生万物也；人之所能者，治万物也。”① 天道是自然法则，它是非主观所能干预的客观必然性；人道则是人文法则，它是人的目的性所能决定的是非准则。可见，刘禹锡的道论与柳宗元有一致的一面，但是，他并不赞成柳宗元的“天人不相预”的观念，他认为天道与人道之间还有相统一的一面，故而天人之间可以“交相胜，还相用”。他说：“天，有形之大者也；人，动物之尤者也。天之能，人固不能也；人之能，天亦有所不能也。故余曰：天与人交相胜尔。”② 在这里，他肯定了天与人之间能够“交相胜”，这是由于他又意识到天、人之间具有统一性，他以万物普遍法则的“数”来贯通天人，他说：“大凡入乎数者，由小而推大必合，由人而推天亦合。以理揆之，万物一贯也。”③ 由于“数”能够将天人贯通起来，这样就使人“能执人理，与天交胜”。由此可见，刘禹锡在关于天人之道的思考中，提出了“天与人交相胜”的思想，具有突出的理性主义理论特征。柳宗元、刘禹锡对天人之道的理性主义思考，以及强调儒家伦理是人道的价值核心、希望弘扬儒家之道的文化使命，均对两宋时期复兴儒学、重建儒家的道德形而上学产生深刻的影响。

---

①〔唐〕刘禹锡：《天论》，《刘禹锡集》卷第五，中华书局，1990 年，第 68 页。

②〔唐〕刘禹锡：《天论》，《刘禹锡集》卷第五，中华书局，1990 年，第 67—68 页。

③〔唐〕刘禹锡：《天论》，《刘禹锡集》卷第五，中华书局，1990 年，第 72 页。

从以上所简述的屈原、贾谊、柳宗元、刘禹锡的原道思想可以看到，在真正形成湘学的地域性思想学术的传统以前，楚文化对天人关系的求索，以及一系列流寓湖湘之地的著名学者对“道”的关怀，他们潜心思考、深入探讨宇宙大本大原的天道，这些原道的思想学术构成了湘学的源头。

湘学是两宋之后开始形成，并具有区域文化特征的学术思想。湘学作为湖南的地方知识传统，它的最初形态和主要特征是理学，这个学术体系中包含着关于道论的核心内容，并充满着原道的精神。从湘学的奠基、发展、演化的千年历程中，我们可以发现一个重要的事实，就是湖南学人对宇宙法则、人文理想等大本大原问题的强烈关注。那些著名的湘学学者，总是具有强烈的原道意识，并且在道论方面作出了卓越贡献。

湘学为什么具有这种根深蒂固的原道精神？除了前面所提到湘学原道的思想渊源之外，还与湘学自身的形态有关。湘学在宋代形成，这种学术形态就和宋学密切相关。宋学又被称为“道学”，因为这种学说以求道为其根本宗旨。宋儒所求复兴的“道”，当然首先是先秦儒家倡导的人文法则，即所谓的“人道”。但是，先秦儒学过于强调现世的社会政治和伦理道德，而缺乏高深而精致的形而上之道作为精神支撑，而汉唐儒学的训诂考据及粗陋的天人感应又不足以建构这种“道”的信仰。因此，宋儒以“原道”为旗帜，将儒家伦理的人文之道与终极存在的天道统一起来。所以，宋儒的“道学”从内容上来说是复兴儒家道德价值之“道”，但从其学术形态上来讲又是人道与天道的合一之“道”。

理学思潮兴起于两宋时期，理学的基本使命，就是在儒家天道信仰发生动摇、佛道宗教信仰盛行天下的时候，能够振兴纲常伦理，重建儒家对道的信仰。理学家们重建道的信仰，仍然依靠两种方式：第一，依靠理性的思辨与逻辑的论证，建立起理气心性的知识化体系；第二，依靠生活体验与心灵觉悟，要求在日用伦常中获得对终极存在的经验证明。

这里主要从学术体系的建构，来看理学家如何以理性思辨、逻辑论证为手段，建立起一种理性主义的道论体系，这种理学思想体系，构成了宋明儒家在儒学发展史上的思想特色和学术地位。这一点，也能解释湘学形态的原道意识。

第一，理学在学术体系上论证了自然法则与人文法则的同一。中唐时期的韩愈曾倡导“原道”，本是为了召唤人们重新确立对儒家之道的信仰。到了“北宋五子”那里，儒家之道才上升为宇宙的终极存在。理学家们论证了“道”与“天”的同一，因为在孔孟时代，“道”与“天”尚存在二元化的分裂迹象，“道”与“天”的最高主宰之间存在隔阂，前者系人伦，后者系天命。汉儒董仲舒提出的人“法天而立道”，也只是认为“道”的人文法则效法于天，与先秦的看法大体相近。但是到了宋儒这里，“道”才能够与“天”绝对同一。宋儒用“理”这个重要的概念，使“道”与“天”成为绝对的同一体。一方面，“理”是一种人们在日用伦常中时时刻刻均会碰到、必须与之打交道的人文法则；另一方面，“理”就是“天道”，它就是宇宙的最高主宰。这样，人文法则的“理”就取得了“天”的宇宙主宰者的意义。尽管“理”没有人格含义，“不是有人在上震怒”，但是它的至上权威、绝对主宰的特性，使得它能够成为像先秦的“天”那样是一种令人敬畏的对象。朱熹在其《敬斋箴》中谈到人面对“天理”的态度要“敬”，做到“正其衣冠，尊其瞻视，潜心以居，对越上帝。足容必重，手容必恭，择地而蹈，折旋蚁封。出门如宾，承事如祭，战战兢兢，罔敢或易”。显然，“天理”必须成为人们信仰的对象，才有可能保持这种面对上帝一样的恭敬、虔诚的态度。

第二，理学不仅论证了自然法则与人文法则的同一，在此前提下，又进一步强调了宇宙本体与伦理主体的同一。这一点，正是宋明理学确立天人合一之道的重要特点。孔孟等早期儒家学者早就充分意识到，“心”作为一种道德主体的意识状态与过程，具有建立道德准则、追求道德完善的超越力量，具有上达于天道的能力。宋明儒家进一步强调“心”与“天道”的同一，也就是充分肯定主体自我与天理的同一。他们强调，所谓“心”，其根本特点是具有自我意识的主体，心与天理的同一，也就是自我与天理同一。当然，这个“自我”应是指终极存在的“真我”。谢良佐说：“与天为一，无往而非理也。穷理则是寻个是处，有我不能穷理。人谁识真我？何者为我？理便是我。”[①]“理便是我”是指宇宙本体通过“我”而呈现出来，所以，理学家总是将“心”与“理”绝对等同起来，明确肯定“心”与“理”是一种绝对同一的关系。这样一种“至当归一”“不容有二”的心，其本身也就是“天道”。宋代心学一派明确主体的“心”与宇宙法则的“理”是同一的，理学一派亦有相同的观点，同样肯定“心”与“理”是一种同一的关系，朱熹说：“理即是心，心即是理，有一事来，便有一理以应之。”[②]也就是说，作为人的主体性标志的“心”具有“理”一样的绝对主宰、终极本体的地位，因为“心”与“理”本来就是同一个最高主宰、终极存在，这才是

①〔清〕黄宗羲撰，全祖望补修：《上蔡学案》，《宋元学案》卷二十四（第2册），中华书局，1986年，第922页。

②〔宋〕朱熹：《论语十九》，《朱子语类》卷三十七，《朱子全书》第15册，上海古籍出版社，安徽教育出版社，2002年，第1372页。

“天人合一”的天理论的本旨。

尽管理学内部存在不同的学派，建构了不同的思想体系，但是，他们的学术体系却确认了一个共同的天人合一之道的信仰，即确立了道是一个合自然法则与人文法则、宇宙本体与主体精神为一体的终极存在。这一终极存在是新儒家学者原道的结果。从客观而言，它是外在的、普遍的宇宙法则；从主观而言，它是内在的、个体的主体性精神。所以，理学的根本宗旨是原道，即建构新的天人合一之道。

由此可见，两宋兴起的新儒学思潮就是一种原道的思潮，它自身就包含一种根深蒂固的原道精神。由于湘学一产生就是这个学术思潮的产物，所以，湘学就必然表现出强烈的原道意识，湘学与原道有了一种不可分离的结合。湘学的奠基人周敦颐，因为儒家伦理穷源探本而著《太极图说》，从而也成为宋明理学的开山祖；湘学的发展者胡宏、张栻，他们和朱熹一道综合前代的理学思想，使理学发展到集大成阶段；湘学的巨子王夫之，系统地总结了宋明理学的思想精华，他不仅终结了宋明理学，同时也开启了中国文化之道的历史转型。在湘学传统的影响下，近代著名的湘学人物魏源、曾国藩、郭嵩焘、谭嗣同等一代学术大师亦在承传湘学原道的精神传统，希望在天地之势发生剧变的关键时刻，沿着前代学术前辈的思想轨迹，重新为步入近代化的中国文化或文化中国建构新的大道。

湘学通过一系列原道的精神追求得以弘扬和发展，湘学凭借着原道，从而建构了自己的思想体系与学术形态，终于拓展了自己的学术视野，开掘了自己的思想深度，因此而取得了中国思想学术史上瞩目的成就。道亦凭借着湘学，在不断提升我们的思想境界和学术境界，我们越来越接近那作为终极存在的宇宙大道。

第三章

湘学的历程与学统

湘学即湖湘传统学术，是中国丰富多彩的区域性传统学术形态中的重要一支。湘学经历了一个产生、演变、发展的漫长历史过程，并在此历史过程之中形成了湘学学统。湘学研究的历史也已很久，早在南宋湖湘学术兴盛之时，湘学就开始成为学界思考、讨论和研究的对象与话题，并留下许多的文献与论著。由于湘学历史长，学派、人物和著作众多，研究者较多采取对湘学具体人物及其学派的研究，而较少对湘学作综合性的研究，尤其是将它与中国传统学术关系作总体把握。

本文主要讨论湘学的源流与学统问题，我们首先探讨湘学的演变发展过程，在此基础上考察湘学学统的历史建构，并以此展开对湘学的综合性研究与思考。

第一节　湘学的渊源

湘学是什么？此“湘”是指湘人或产生于湘地的学术，此“学”是指具有学理意义的知识体系与学术思想。所以，学界一

与政区相关的文化区符号，能得到普遍公认也是到较晚之后，屈原的作品向来是被纳入到另一个区域文化——楚文化，即楚学系统之中。由于上述原因，屈、贾的作品既然不是标准的“学”，也就不可能构成地方性知识体系传承的“学统”。

由此可见，在湘学和湘学学统的脉络中，屈、贾等人的著述及思想应该属于“渊源”的性质，而并非湘学之“大宗”或成型的形态（叶德辉认为湘学“成于三闾”）。这样就可以明确屈、贾等人在湘学脉络中的定位，即我们肯定屈原、贾谊等流寓湖湘的文人学者给这块被认为是蛮荒之地的湖湘带来了以文字、书籍为载体的各种知识与观念，这些知识、观念具有鲜明的地方性特征，并对后来的文人学者也产生一定的影响，因而应该将它们纳入到湘学学统的脉络中来，将其看作是湘学的源头。同时，我们也要指出，屈原等人在湖南地区留下的著述还不是真正学理化的知识体系和学术思想，更没有形成以学术思想为基础的学派、学统，所以不能将屈原、贾谊的著述看作是成型的湘学形态。

第二节　湘学的成型

我们一直认为，湘学作为一种区域学术形态出现于学术文化界，绝不是一种孤立的文化现象，而是与中华学术文化的重大发展、转型密切相关。学术界已经公认，从中晚唐开始，中国思想文化界发生了一系列重大的演变与转型，包括儒学复兴思潮的出现，学术文化下移导致的地域化儒学形态的繁荣，中华文化重心南移而导致的江南文化教育的发达等。正是在这一重大的文化变革中，地域化的湘学形态得以成型。

有学者认为，完全成型的湘学形态是南宋湖湘学派。确实，在湘学史上，最早以独立的、区域的学术形态活跃于学术界，并获得相关命名的是南宋胡氏父子和张栻。在儒学区域形态十分成熟的两宋时期，胡、张创建的儒学学派被朱熹称为“湖湘学”或“湖南学”。而总结宋元学术史的大家全祖望说：“绍兴诸儒，所造莫出五峰之上。其所作《知言》，东莱以为过于《正蒙》，卒开湖湘之学统。”[①] 全祖望引吕祖谦之语从而肯定了胡五峰的学术成就，并充分肯定了他“开湖湘之学统”[②] 的地位。但是，湖湘学派的出现是唐宋之际中国学术文化发生重大演变与转型的成果之一。如果我们进一步考察“唐宋转型”以来在湖南从事学术研究与传播并产生了重大影响者，我们就要从胡、张的湖湘学而进一步上溯至北宋的周濂溪，甚至还可以进一步由北宋的周濂溪上溯至晚唐的柳宗元。“柳完元—周敦颐—胡、张”的湘学构成的学术脉络，既能够充分展现唐中叶以来中国文化演变发展的基本进程与发展脉络，即中唐以后的儒学复兴（柳宗元）、北宋的新儒学奠基（周敦颐）、南宋的新儒学集大成（胡宏、张栻）。同时，这一学术又主要是在向来被视为蛮荒之地的湖湘地域衍化、发展出来的，具有地方性知识的特点。

下面，我们按照上述几个阶段来讨论湘学成型的问题。

第一阶段，中唐以后的儒家复兴时期，以柳宗元为代表。学界均肯定，宋代新儒学思潮应该追溯至八、九世纪之交的韩愈、柳宗元。他们所倡导的儒学复兴运动、“古文运动”，推动了一场

---

①〔清〕黄宗羲撰，全祖望补修：《五峰学案》，《宋元学案》卷四十二（第 2 册），中华书局，1986 年，第 1366 页。

②〔清〕黄宗羲撰，全祖望补修：《五峰学案》，《宋元学案》卷四十二（第 2 册），中华书局，1986 年，第 1366 页。

思想文化领域的重大变革。但是，我们应该充分注意到，柳宗元在儒学复兴运动中，其新的学术思想与湖湘地域的关系，注意到其学术思想的地域性背景。唐宋之际的新儒学运动，是一种由儒家士大夫个人发起的自下而上的学术文化思潮，因而地域性是其重要特点。而柳宗元在这一时期的学术论著，均是在边僻的湖南永州地区完成的，他是唐宋以来较早从事地域性儒学建构的儒学学者。近年来一些学者已经注意到这一点，如陈弱水先生认为，柳宗元“在永州放逐的十年，是他一生唯一致力于学思写作的时期。在这段时间，他在知识界的声誉日隆；虽然身处南荒，也有不少青年士子远来求教”①。毫无疑问，柳宗元在湖南的十年治学、讲学活动，对湖湘地区的儒学建构与传播产生了重大影响。他致力于“言道、讲古、穷文辞”的活动不仅具有地域学统的建设意义，同时也大大推动了中唐以后中华大地的儒学复兴运动。所以，我们可以将晚唐的儒学复兴运动领袖人物柳宗元作为湘学的先驱者。

第二阶段，北宋理学创建，以周敦颐为代表。中唐以后韩愈、柳宗元只是倡导复兴儒学，但是，儒学要复兴则必须完成重建工作，作为理学宗师的周敦颐则是这一儒学重建的开山祖。周敦颐之所以称为理学开山、道学宗主，主要有两个原因。其一，学术体系的原因，周敦颐留下了《太极图说》《通书》等著作，为儒家创建了既可统一意识形态，又可安身立命的身心性命之学；其二，学术授受的原因，二程从学周敦颐后，成为理学的奠基人，四传而至朱熹。南宋以后，周敦颐受到后学前所未有的推崇，正如《宋史·道学传》所说：“至宋中叶，周敦颐出于舂陵，

① 陈弱水：《柳宗元与中唐儒家复兴》，《唐代文士与中国思想的转型》，广西师范大学出版社，2009 年，第 250—251 页。

乃得圣贤不传之学。作《太极图说》《通书》，推明阴阳五行之理，命于天而性于人者，了若指掌。”[①]周敦颐不仅是理学的开山祖，也是湘学的奠基人。周敦颐是湖南道县人，在濂溪故里出生长大，尽管他十五岁后离开湖南去了开封，但他在中年时期先后至湖南的郴州、邵州做官，同时研究、传播学问。他创建了宋代重要地域性学派之一的濂学，“濂”就是取自他故乡“濂溪”之名。周敦颐在当时的影响并不大，但对南宋湖湘学派产生很大的影响。因此，后来讨论湘学的学者，均是将周敦颐列为湘学的重要学者，或作为湘学的奠基人。

第三阶段，南宋理学的集大成阶段，出现一大批湘学学者，其中尤以胡安国、胡宏、张栻为代表。从学统授受而言，胡、张均是二程之学的传人，而周敦颐是二程的老师，故而也是濂学学统的承传者。湖湘学的代表人物大多不是湖南人，胡安国、胡寅、胡宏一家是福建人，张栻是四川人。但是，由于他们的主要学术活动、形成学派皆是在湖南，所以历史上称之为湖湘学派。最早为此学派命名的不是别人，而是和他们有密切交往的朱熹。朱熹经常和弟子们评论胡安国父子、张栻及其弟子的理学思想，并将他们统称为“湖湘学者”“湖南学”“湖南一派”等。据《朱子语类》载：

> 问：“先生答湖、湘学者书，以‘爱’字言仁，如何？”[②]

---

①〔明〕陈献章：《宋史·道学传序》，载〔宋〕周敦颐：《周敦颐集》附录一，中华书局，2009 年，第 85 页。

②〔宋〕朱熹：《性理三》，《朱子语类》卷六，《朱子全书》第 14 册，上海古籍出版社，安徽教育出版社，2002 年，第 260 页。

因论湖、湘学者崇尚《知言》。[①]

因说湖南学先体察。[②]

湖南一派，譬如灯火要明，只管挑，不添油，便明得也即不好。[③]

可见，还是在南宋初，湖湘学即作为一个独立的学派而在学术界产生了一定影响。朱熹所提出的“湖湘学”或“湖南一派”的命名，得到了后世一些学术史家的进一步肯定和沿袭。黄宗羲、全祖望在编纂学术史名著《宋元学案》时肯定并沿袭了朱熹的“湖湘学”称谓。黄宗羲在《武夷学案》黎明传中，有“湖湘学派之盛，则先生（指黎明）最有功焉”[④]之说，明确了“湖湘学派”的命名。在《南轩学案》中，黄宗羲还有“湖南一派，在当时为最盛”[⑤]的说法，即沿袭朱熹“湖南一派”的说法。全祖望为《五峰学案》作案语时，提出“其所作《知言》，东莱以为过于《正蒙》，卒开湖湘之学统”[⑥]。他们均肯定了湖湘学派在理学史上的存在及其历史影响。在湘学史上，他们最为显著的有两点。其

① 〔宋〕朱熹：《程子门人》，《朱子语类》卷一百一，《朱子全书》第 17 册，上海古籍出版社，安徽教育出版社，2002 年，第 3396 页。

② 〔宋〕朱熹：《程子门人》，《朱子语类》卷一百一，《朱子全书》第 17 册，上海古籍出版社，安徽教育出版社，2002 年，第 3404 页。

③ 〔宋〕朱熹：《程子门人》，《朱子语类》卷一百一，《朱子全书》第 17 册，上海古籍出版社，安徽教育出版社，2002 年，第 3404 页。

④ 〔清〕黄宗羲撰，全祖望补修：《武夷学案》，《宋元学案》卷三十四（第 2 册），中华书局，1986 年，第 1191 页。

⑤ 〔清〕黄宗羲撰，全祖望补修：《南轩学案》，《宋元学案》卷五十（第 2 册），中华书局，1986 年，第 1611 页。

⑥ 〔清〕黄宗羲撰，全祖望补修：《五峰学案》，《宋元学案》卷四十二（第 2 册），中华书局，1986 年，第 1366 页。

一，这是一个著名学者的群体，不仅著名理学家多，代表性学术著作也很多，包括胡安国的《春秋传》、胡宏的《知言》、张栻的《论语解》《孟子说》《南轩易说》等；其二，这个学派首次以“湖湘学”“湖南学”“湖南一派”的地域性学派的名称流行于当时及以后的学术界。所以，黄宗羲在总结宋元学术史时说：“湖南一派，在当时为最盛。”正由于南宋湖湘学派具有上述特点，许多学术史家就直接以湖湘学派为湘学学统的奠基者，如全祖望就认为胡宏“开湖湘之学统”。

究竟应该如何看待这三个阶段的关系呢？我们似乎应该将湘学的成型纳入唐宋时期学术发展演变的大背景之中，因为区域学术形态的成型是与中华学术文化的发展息息相关的。唐宋学术文化的总体趋势是由来自民间的儒学复兴到新儒学的创建和完善，柳宗元、周敦颐和胡张湖湘学的演变正体现了唐宋时期中华学术文化发展的几个阶段，其实，这也是湘学形态从肇始到奠基、成熟的过程。一般而言，后来学者均肯定了周敦颐、胡氏父子、张栻在湘学史上的重要地位。如南宋后期著名理学家真秀德在概括宋代的湖湘学术源流时，以周敦颐之学为首，以胡安国、胡致堂、胡五峰为中，以张栻及朱熹为近，来表达湖湘学术“人材辈出，有非他郡国所可及”[①] 的繁盛。应该说，真德秀的说法受当时的“道统”说影响较大，故而将湖湘学统追溯至道学开山祖周敦颐。应该说，无论是从道学体系建构而言，还是从道统论的主流学说而言，将周敦颐作为湘学奠基人都是有一定历史依据的。

---

①〔宋〕真德秀：《劝学文》，《西山文集》卷四十，《文津阁四库全书》第 1178 册，商务印书馆，2006 年，第 452 页。

第三节　湘学的发展

如果说楚汉是湘学的渊源，唐宋是湘学的成型，那么，从明清到民国初则是湘学的大发展时期。清代湘学发展的第一个标志，就是湘学学者本土化的全面完成。从楚汉到唐宋，能够在湖湘大地留下有影响的学术思想、学术著作的，基本上以外来寓居湖南的士大夫、文人学者为主体。无论是楚汉时期的屈原、贾谊，还是唐宋时期的柳宗元、刘禹锡、胡安国胡宏父子、张浚张栻父子、真德秀、魏了翁等等，他们均是寓居、流放于湖湘之地的外来学者，周敦颐是少有的例外，但他十五岁即离开湖南赴开封，后来回湖南做官的时间并不长。但是，明清以来，湖南地区涌现出大量知名学者，推动了湘学发展到罕见的高峰，并一直延续到民国初年。明清时期的湘学学者均是湖湘本地人，其中大多数又主要是在湖南接受教育、从事学术研究，因此，他们的教育背景、学术背景具有更加鲜明的湖湘地域性色彩。譬如，宋以后湖南教育开始发展，书院教育尤其发达，故推动了湘学本土化的完成。明清时期的湘学学者大多在湘学学统特别坚实、湘学学风十分浓厚的岳麓书院、城南书院、石鼓书院等接受教育，这些书院的山长、主讲都有很强烈的承传、弘扬湘学学统的学术理想，湖湘学人就是在这种学统背景下成长起来的，加之这些学人相互之间又有着十分密切的学术交往和影响，从而使得明清时期本土的湖湘学人迅速成长壮大，成为中国传统学术中一支很有学术实力的群体。

明清以来湘学成熟与发展的第二个显著标志，就是这段时期湖湘地区高水平的学者、学派、论著等在规模、数量上大幅地增加，特别是晚清至民国初期，呈现群星灿烂的局面。明清之际王夫之是当时的三大儒之一，而其学术的深度与广度，则在顾炎武和黄宗羲之上。清初刘献廷读了船山的部分著作后指出，王夫之“其学无所不窥，于六经皆有发明。洞庭之南，天地元气，圣贤学脉，仅此一线耳”[①]。他一方面充分肯定了船山之学代表了湖湘之地的“圣贤学脉”，并已经达到“无所不窥”“六经皆有发明”的高度；但另一方面，他又认为湖湘之地学术不盛，“仅此一线”。他说此话是清康熙年间，而到了清道光以后，情况就发生了很大的变化。这个时期出现的今文经学派以魏源为首、理学经世派以曾国藩为首，特别是光绪以后的洋务思潮、维新思潮、革命思潮以及五四以后的新文化运动中涌现出大批新学学者、学术成果，使湖湘地区的学术发展到一个前所未有的高度。虽然，从清朝到民国时期，这些学人、学派、学术思潮有着非常不同的思想观念、知识体系，但是，他们都表现出共同的湘学学统及其学术旨趣。

明清以后湘学发展的第三个显著标志，就是这些本土学者能够根据历史演变、时代发展的要求与时俱进，从而成为引领新兴学术思潮的代表。明清之际到民国初年，这正是中国传统社会变迁最为急剧的时期，同时也是学术思潮变革最为显著的时期。只有走在时代前面的学人，才能够预见社会的发展趋势，继而创造新的知识与思想，从而引领学术思潮的变革。清朝、民国初年的湘学能够大显于天下，为近代学人所推崇，实由于湘学在与时俱进中引领着不断演变、发展的学术思潮。如明清之际的社会剧变中产生了一种反省传统文化的人文主义思潮（有学者称“启蒙思潮”），而王船山作为湘学的杰出代表，就是这一人文主义思潮中

①〔清〕刘献廷：《广阳杂记》，载〔明〕王夫之：《船山全书》第16册，岳麓书社，2011年，第519页。

最具影响力的人物之一。他不仅系统地吸收、总结了中国传统学术文化，又根据历史发展的需求，从经学、史学、政治学、哲学、伦理学等各个知识领域，做了合乎新时代的、具有人文主义精神的创发。清代道光以后，中国开始面临“三千年未有之变局”，如何从知识领域作出新的创发，走上民族自强、人民幸福的道路？湘学在这个时期表现得尤为精彩。魏源的“师夷之长技以制夷”就表现出对一种新知识的呼唤，他的《海国图志》更是全面拓展了中国知识界的眼界，更新了知识结构。此后，中国知识界不断演进发展，并产生许多新的学术思潮，其中均有湘学代表人物走在前列。

近代以来，湘学走向发展与成熟，但同时也面临一种区域学术形态的解体，这似乎体现出“物壮则死”的生存辩证法。其实，湖湘区域学术形态的产生，本是传统儒学地域化的产物，是中国传统学术的地方性知识形态的体现。但是，中国近代过程首先是文化观念与知识形态的近代化，而这种新的知识形态其实就是从西方引进的各种自然科学技术知识，以及按西方知识学分类的哲学、政治学、教育学、心理学、社会学、法学、经济学等方面的人文社会科学知识，这两类知识形态均是以西方的文化观念、思维方式为背景而完成的知识建构。民国以后当湖南的学者渐渐成为这些不同学科领域的专业学者，如杨昌济、李石岑、谭戒甫、金岳霖成为哲学专家学者，杨树达、余嘉锡、黎锦熙成为语言文字学专家学者，李剑农、陈衡哲、向达等成为历史学专家学者，还有更多的是经济学、法学、教育学、数学、物理学、化学以及各种工程技术的专家学者，他们的学术成就体现出湖南学人对中华乃至人类学术文化的贡献，但是，他们所形成的学术成果的地域性文化背景、区域学术传统的意义越来越淡薄，而它们作为专业性、普适性的知识形态的特点则日益明显。

在民国时期的专家学者中，那些从事自然科学、技术工程的专家学者，他们的知识形态与“湘学传统”没有多少关联；同样，那些从事经济学、法学、社会学等社会科学的学术形态，与“湘学传统”的联系也比较少。当然，这些湖南学人的内心深处可能仍有湘学旨趣的影响，这些应用科学与传统经世之学有一些联系。相对而言，那些文、史、哲等人文学科领域的学术形态，天然地与传统湘学有比较多的联系，无论是学术形态，还是学术旨趣，均受湘学传统影响较大，可以将其看作近代化以后转型中的湘学形态。

这里以杨昌济为例。杨昌济于光绪年间就读于岳麓书院，深受湘学学统的影响。民间初年，他又留学日本、英国，学习西方的哲学、伦理学，其学术思想又获得西方知识学的洗礼。因此，他回国后从事学术研究、高等教育时，其学术形态既有传统湘学的特点，又有西方哲学的背景。特别是其学术旨趣、教育理念，则更加鲜明地体现出湘学学统的特点。青年毛泽东在湖南一师读书时留下的《讲堂录》中，记载有杨昌济的讲课内容。从这些原始的课堂笔记中可以发现，杨昌济的学术旨趣、教育理念体现了湘学学统的深刻影响。一方面，他以湖湘理学传统思想学术的代表人物，包括宋代的周敦颐、朱熹、张栻，明清以来的王船山、曾国藩的学术理念传授学生；另一方面，他本人的学术思想、教育思想也体现出浓厚的湘学旨趣，如他强调“不行架空之事”“不谈过高之理”[①]“有豪杰而不圣贤者，未有圣贤而不豪杰者也”[②]。这些言论均体现出鲜明的湘学旨趣特色。至于其伦理学及哲学学

① 毛泽东：《讲堂录》，《毛泽东早期文稿》，湖南人民出版社，2013 年，第 525 页。

② 毛泽东：《讲堂录》，《毛泽东早期文稿》，湖南人民出版社，2013 年，第 531 页。

术形态，更是体现出湖湘理学的历史影响。

第四节　湘学的学统

我们对湖湘学术源流作了一个简要的概述，历代学人为什么将它们统称“湘学”？仅仅是因为这些不同的学术、思想均产生于“湘”这个特有的空间？还是这一系列学术思想有着前后贯通的知识传统？

事实上，湘学学统的形成，与唐宋以来中国学术史的发展有关。宋学初兴之时，各个地域开创了自己的学统，全祖望曾经提出“庆历之际，学统四起”[①]，让我们看到了宋代学统的地域化形态初起的状况。宋代以来的学术界大兴“学统”，并且主要呈现为地域化学术形态，这与宋代以来的学术创造、学术授受的方式有关。两汉也是儒学大盛的历史时期，但汉武帝“罢黜百家，独尊儒术”的学术局面，是中央皇朝自上而下的文化建设运动中产生的，五经博士的设置、太学的经学传授是学术研究与传播的主要方式，经学的研究、传播依赖于那些由朝廷供养的经师们的“家法”“师法”。而宋代儒学的大兴则是儒家士大夫从民间讲学开始的一种学术活动，分布在全国各地的儒家士大夫往往是以个人的身份，在其家乡或寓居之地，独立自主地从事知识创新的学术活动，同时从事知识传播、人才培养的讲学活动。所以，宋明以来，学术史上出现一个十分重要而独特的现象，就是大量地域性学统的出现。全祖望在研究、整理宋以后的学术史时，就大量

①〔清〕黄宗羲撰，全祖望补修：《士刘诸儒学案》，《宋元学案》卷六（第1册），中华书局，1986年，第251页。

使用这种地域性学统的命名，包括“浙中学统”“湖湘学统”“婺中学统”“甬上学统”“粤中学统”“横渠学统”[①]等，这些学统大多是宋代奠定，并延续到明清时期。

但是，“学统”这个概念本来就包含着学术传统与学术正统的双重涵义。“统”一方面是指学术的正统，即清人熊赐履在其《学统自序》所说：“统者，即正宗之谓，亦犹所为真谛之说也。”[②]另一方面，“统”指学脉的授受传承，即人们通常理解的学术传统，如人们称熊的《学统》一书是“明学之源流派别”[③]。我们在前面讨论湘学源流时，基本上都是取湘学学术传统的涵义。但是，如果我们去细究历史上各个阶段的湘学学者推崇湘学学统的思想，往往会发现他们推崇湘学学统是与强化湖湘学术正统联系在一起的。

胡宏、张栻在大力表彰周敦颐之学的学统意义时，亦主要是从学术正统的涵义上立论的。胡宏为周敦颐《通书》作序说：“今周子启程氏兄弟以不传之学，一回万古之光明，如日丽天，将为百世之利泽，如水行地。其功盖在孔、孟之间矣。”[④]显然，胡宏所强调的周敦颐的学统是上承孔孟、下启二程，这种着眼点完全是正统意义上的。又如王船山，清代很多湘学学者对船山学的推崇，也是学术正统意义上的。如郭嵩焘于城南书院内建船山祠，上奏朝廷请将船山从祀文庙，其弘扬湘学学统的理念中，包含着对船山学的学术正统意义的肯定，他说：“自有宋濂溪周子倡明道学，程子、朱子继起修明之，……然六七百年来，老师大儒，

① 参阅〔清〕黄宗羲撰，全祖望补修：《宋元学案》，中华书局，1986 年。

②〔清〕熊赐履：《学统自序》，《学统》，凤凰出版社，2011 年，第 17 页。

③〔清〕熊赐履：《高裔序》，《学统》，凤凰出版社，2011 年，第 14 页。

④〔宋〕胡宏：《周子通书序》，《胡宏集》，中华书局，1987 年，第 161 页。

缵承弗绝，终无有卓然能继五子之业者。……若吾船山王先生者，岂非其人哉？”[①] 他对这位先贤的极度推崇，也不仅是湘学传统含义，也是包含着儒家或中华学术正统的意义。

湘学的正统意识与湘学奠基的学术形态是与理学有关的。从湘学学者表彰周濂溪、王船山时的思想内核来看，他们不仅仅具有很强烈的推崇湘学学统的乡邦文化意识，同样还有很强烈的推崇儒家道统的正统文化意识。其实，湘学学统从形成开始，就形成了很强的学术正统意识，因为湘学与具有强烈道统意识的理学同时产生。

理学又称道学，理学家们通过对儒学之外的佛道两教和儒学内部章句训诂之学及功利之学的批判，形成了自己的儒学正统意识。而湖湘学者推崇濂溪之学，就具有重新建构这种儒家道统谱系的目的。胡宏、张栻均很早就确立了从孔孟到周程的道统脉络，他们这种看法，是因为他在内心就已将自己看作是道统传承者。湖湘弟子彭龟年就深深理解了其先师的追求，所以他在《挽张南轩先生》中讲到孔孟道统后马上说：“伟然周与程，振手而一麾。源流虽未远，淆浊亦已随。公如一阳复，寒裂已可知。斯文续以传，岁晚非公谁？”[②] 他将“孔孟—周程—张栻”列入儒家的道统谱系，体现了湘学学者在儒学道脉中的担当意识。宋代湘学的道学形态决定它的道统意识，湘学的学术正统意识影响了后世，并延续到清朝。明清时期全国学术思潮发生了很大的变化，江南各地先后兴起心学、汉学思潮，但是湖南总是坚守两宋奠定

①〔清〕郭嵩焘：《船山祠碑记》，载〔明〕王夫之：《船山全书》第 16 册，岳麓书社，2011 年，第 584 页。

②〔宋〕彭龟年：《挽张南轩先生八首》，《止堂集》卷十八，《文津阁四库全书》第 1160 册，商务印书馆，2006 年，第 164 页。

的学统意识，坚持周程朱张为学术正统，并对心学的空疏，汉学的繁琐展开了批评。当全国的学术思潮、文化教育发生重大变化时，湖湘地区仍谨守张栻、朱熹学统。明中叶以后，阳明学派兴起，王阳明及其弟子们也在湖南讲学，但又受到传统的湖湘学风的制约和影响。王夫之、顾炎武、黄宗羲为清初三大儒，惟有王夫之出入性理哲学，成为宋明理学的总结者。乾嘉以后，注重考据训诂的汉学风行天下，当然，汉学思潮也影响到了湖南，甚至有一些湖南学者研治汉学很有成绩。但他们不像吴、皖等地的汉学家那样把汉学和理学对立起来，相反，他们仍坚持以义理之学为本，肯定理学和汉学之统一。道光年间创办的“湘水校经堂”是湖南汉学的主要基地，但创办者吴荣光认为校经堂的学术主旨是汉宋并重，主张“奥衍总期探郑（玄）许（慎），精微应并守朱（熹）张（栻）”[①]。晚清以来，尽管湘学学者对各种知识学问能够认真学习，还能够大胆吸收西方现代学术，但是，他们的儒家正统意识、道统观念却一直在湘学主流中居于统治地位。当太平天国以西方天主教为精神支柱，曾国藩等一批湘学领袖就是以维护儒家道统为旗帜，而开展思想动员的，他号召一切“抱道君子，痛天主教之横行中原，赫然奋怒，以卫吾道”[②]。可见，在湘学学者的价值系统中，维护儒学正统是具有最高精神价值的动员力量。

最后，我们对湘学学统中的承传关系做一补充论述。一般而言，在湘学学者群体中，存在着大量脉络清晰的师承关系或学术

①〔清〕吴荣光：《湘南述别四首》，《长沙岳麓书院续志》卷三，《岳麓书院志》，岳麓书社，2012 年，第 607 页。

②〔清〕曾国藩：《诗文·讨粤匪檄》，《曾国藩全集》第 14 册，岳麓书社，2011 年，第 140 页。

继承关系。如南宋湖湘学派是一个学者众多的庞大学者群体，他们之间均有明确的学术师承或家学渊源的关系。胡宏与张栻、彪居正是学术师承关系，胡安国与胡寅、胡宏、胡宁是家学渊源，同时，他们与北宋的周敦颐之学亦有着间接的学术授受关系，因为周敦颐是二程的老师，而胡氏父子张栻则是二程的学术传人。可见，宋代湘学学者之间的学术师承渊源是比较密切的。明清以后的湘学学者的师承、家学渊源没有那么突出，但仍然是存在并发挥了作用的。譬如明代王船山曾于崇祯十一年（1638）就读于岳麓书院，当时正是吴道行任山长。吴道行是南宋湖湘学派学者吴猎之后，吴猎是张栻弟子，并被全祖望赞誉为“岳麓巨子”。吴道行深受家学传统影响，继承并弘扬了湖湘学统，故而对王船山的学术旨趣形成产生了重要影响。又如清代道光时期肄业于岳麓书院的曾国藩、左宗棠、胡林翼、郭嵩焘、刘长佑等，均共同师承山长欧阳厚均，体现了他们相同师承的关系。毫无疑问，这些脉络清晰的师承关系或学术继承关系，强化了湘学学统的建构。

另一方面，湘学作为一个地域性学术形态的概念，只是肯定湘学学者群体形成于一个共同的地域之中，但是他们之间大多并没有直接的师承关系，相反，许多湘学学者直接师承其他地域的著名学者。如南宋胡宏不仅受家学的影响，还师事二程的弟子杨时，而杨时则是闽学的创始人。明代王船山则明确将自己视为北宋张载之学的私淑者，张载创立了另一地域性学统“关学”，那么，王船山似乎可以说是关学学统的传人。清代的许多湘学大家，大多是湘学学统之外，承传了另外的地域性学统。魏源是晚清今文经学的大家，其今文学的学统来源于常州学派，师承了常州学派的庄存与、刘逢禄的《公羊》学。曾国藩私淑安徽桐城派姚鼐，并推动了桐城派的中兴，他创立的湘学派，被视为桐城派的一个分支。这样，对湘学学统的认定与确立，就增加了难度。应该说，学术本来就是在不同学派、学者之间交流、互动中不断发展的。对于大多数湘学学者来说，他们学术体系的知识谱系除了湖湘本土的学术渊源之外，其承传的学术思想亦可能是外来的。也就是说，大多数湘学学者的学术思想往往是多源的，其中既可以找到其湘学学统的脉络，亦可以找到其他学派、区域学统的脉络。但是，这并不会影响湖湘地域性学术的发展，反而恰恰能够促进湖湘学术的繁荣，同时促进中华学术文化的发展。这正如一个家族因父母双方各有不同血统，使得家族成员得以繁衍，并总是体现出相似性与变异性的统一；同样，湖湘区域性学术文化也会因为不同区域学统的汇聚，得以繁荣发展，并使得湘学学者的学术形态、知识旨趣体现出相似性与变异性的统一。当然，我们感兴趣的是湖湘区域学术文化的本土学术基因。

第四章

湘学旨趣与中华之道

“湘学”是一个代表学术传统相继、学术旨趣相同的地方性知识传统的象征符号。质而言之，我们将周敦颐、胡宏、王船山、魏源、曾国藩、郭嵩焘、谭嗣同等学者的知识学问统称为“湘学”，不仅仅因为他们是湘人或在湘中之地产生了自己的知识学问，更重要的是，他们有着一系列相同的学术宗旨、知识兴趣。同时，这一学术旨趣又成为贯穿他们学术思想的学术传统，即“学统”。

这里，我们首先从“湘学”学统的依据出发，寻求“湘学”的学术旨趣，进而探讨“湘学”学术旨趣与“湘学”学统的关系。

第一节　湘学学统及其依据

纵观绵延千年的湘学演进的历史，几乎每个历史时期均有其他不同的学术思潮、学术派别在湖湘大地传衍，并影响着湘学学术形态、知识旨趣的演变发展。如两宋时期，当时最有影响的地域性学派，包括洛学、闽学、浙学、赣学就先后传衍于湖湘大地，对湖湘学者的学术思想、学术旨趣产生深刻的影响。又如明代，盛行于长江流域的阳明学（具体又包括浙江王门、江右王门等）、湛学、东林学在湖湘大地传播，对当时湘学亦产生很大影响。清代同样如此，乾嘉汉学的吴、皖两派，另外常州派、桐城派等当时主流的学术形态，均在影响着湘学的学术形态与知识旨趣。但是，令人感兴趣的则是，延续千年的湘学仍然是一个横贯历史长河的稳定性地域性学术形态，有着一脉相承的学统。

区域性学统是由奠基学术、开创学派的学术宗师与传承学脉、发展学术的后学构成。那么，学术宗师与后学之间的脉络、系统靠什么联结起来成为“学统”呢？除了外在的学术授受关系之外，应该说，内在的学术旨趣是其中十分关键的因素。这是由于在学术思想、学术观点上，后学可能改变其先师的主张，但在学术宗旨、知识兴趣、思想倾向等学术旨趣方面则是传承先师，方能称其为“学统”。这种学术旨趣成为“学统”的核心学术价值，并通过一代代不断积淀，成为一种稳定性较强的区域性学风。

从事湘学研究的学者发现，当我们用“湘学”来概括湖南地区的千年学术历史时，如何寻找“湘学”的类本质特征是有些困难的。中国传统学术分汉学与宋学，汉学又分古文经学与今文经学，宋学又可以分为理学、气学、心学、性学等等，他们有着各自不同的学术旨趣。而湖湘地区的学术，则既有宋学，又有汉学。宋明时期的湘学中有性学（胡宏）、理学（张栻）、气学（王船山），清代湘学中有今文经学（魏源）、宋学（曾国藩等）、古文经学（王先谦等），当我们将它们统称“湘学”时，寻找这个“湘学”概念的类本质确是一件很不容易的事，任何对其特征的概括（如经世致用、义理之学）均难以令人信服，人们会反问：它们是“湘学”概念所独有的类本质吗？于是，只剩下“湘”这一地域性空间框架，而这恰恰不是我们说的类本质。我们能否放弃寻找、确定“湘学”概念类本质的努力，而通过其他的思维方法来理解、把握“湘学”的内涵呢？我们认为，维特根斯坦的“家族相似”（Family Resembalance）理论能够为我们研究、总结“湘学”提供一个可行的思维方法。

维特根斯坦是20世纪最具影响力和独创性的哲学家之一。他提出的“家族相似”理论，就是针对长期支配人们逻辑思维的一个普遍惯性，即总是希望寻求语言概念的“共相”、类本质。他认为，许多概念所指称的事物并没有完全一样的类本质或共相，这个概念之所以能够指称这一类事物，是因为这一类事物就像一个家族的成员，一个家族的成员并没有一个完全相同的地方（类本质），但是他们之间一定会有某些相似的地方，诸如眉毛、眼睛、鼻子、嘴唇等。维特根斯坦的“家族相似”理论极富挑战性和创造性，为我们运用语言概念来把握客观事物提供了一个非常有效的思维方法。

事实上，当我们用“湘学”的概念来代表一个个具体的湘学学者、学派及其学术思想时，当我们试图寻求“湘学学统”的内涵时，用“家族相似”理念来理解是十分合适的。我们发现，这些学者、学派虽然没有一个完全一致的共相或类本质，但他们既然是“湘学”这个家族的成员，这些成员就会有不同于其他地域学术，譬如浙学、蜀学、闽学、赣学等的地方。这些“湘学”家族的成员之间总有一系列相似的地方；他们相似的地方往往多于其他地域的学者。应该说，他们相似越多，就越接近“湘学”的概念，但是，到哪里来寻找他们相似的地方呢？

本文认为，学术旨趣是最重要的。我们知道，在中国学术史上，每一个历史时期学术思潮不一样，每一学派的话语体系不一样，每个学者的知识结构也不一样，但是，如果追根溯源，这些差别与他们原初探求知识的目的、兴趣有关。如果能够在学术旨趣上找到他们相似的地方，其实也就找到了“湘学”大家庭中所有成员之间“相似”的最重要依据。所以，我们虽然可以放弃对“湘学”学者的普遍本质、一般共相的规定，但是并不妨碍对他们在学问宗旨、知识兴趣方面相似点的寻找。

学术旨趣的差异一般会受到时代思潮（时间性的社会条件）影响，但同样会受地域传统（空间性的社会条件）所制约，不同地域的学者、学术形态会在学术旨趣上存在差异。中国地域广大，各个区域均有自己不同的自然地理、经济形态、文化传统，这种地缘的差异会影响到不同区域的社会实践，并最终会体现到学术旨趣的差异上来。中国古代的学派往往是呈空间分布的状态，在同一历史时期内，往往存在以地域命名的不同学派，这一点，在两宋以后特别明显。如两宋时期出现的著名学派，包括蜀学、洛学、关学、闽学、湖湘学、浙学、江西学等等，都是以行政区或文化区的地域名称指称学派，这一现象一直延续到元、明、清各个朝代。这些不同的地域性学派，往往会有自己的学术宗师、传承脉络、代表著作、学术观点，但是最重要的，是各个地域学派均有自己的学术旨趣。我们会发现，不同的地域学派，往往会在学术宗旨、知识兴趣、思想倾向方面表现出很大的差异。

中国传统学术旨趣有三个最重要的面向，即道、治、学。其一，凡是以“道”为学问宗旨、知识兴趣的面向，则是一种追求大本大源的学术旨趣，具体体现为以宇宙自然的根本法则、人类社会的最高理想、个体生命的终极目的为学术旨趣。所以，一个学人如果是以“道”为学术的唯一目标和兴趣，他可能是一个喜欢玄想或思辨的哲人，也可能是一个向往理想的愤世嫉俗者，还可能是寻求精神皈依的寻道人。其二，凡是以“治”为学问宗旨、知识兴趣的面向，则是一种现实性、功利性的学术旨趣。这种以“治”为目标的学术旨趣，又可以分为以“道”为本的“王道”治术和以君主权力为本的“霸道”治术。所以，那种没有“道”的社会理想、政治理念制约的治术，即仅仅以“治”为目的的学问宗旨、知识兴趣，则可能成为为专制王权服务的治术，这种学术的典型形态是法家学说，法、术、势最终可归结为服务权势的治术。其三，凡是以“学”为学问宗旨、知识兴趣的面向，则是一种以学术本身为目的的学术旨趣。在中国传统儒学学术旨趣中，“学”一般要求指向“道”或“治”，但是，也有不少学者、学派将学问宗旨、知识兴趣指向学问本身，最典型的是清代乾嘉汉学学者，他们直接以音韵、训诂、版本、目录等关于儒学知识基本的学问为目的，以在这些知识领域获得学术成就为满足。中国古代学术思潮迭起、学派林立，各种学说繁荣发达，不仅仅是由于他们研读不同的经典，建立不同的学术体系，更在于他们在道、治、学的学术旨趣上有着不同的侧重。他们的学术旨趣既可以在道、治、学的不同面向，以及在每个面向不同方面有自己的学问宗旨、知识兴趣，又可将其中的一个面向与其他面向组合成新的面向，诸如道与治的结合（黄老之术是其典型），道与学的结合（理学或道学是其典型）、学与治的结合（今文经学是其典型）等。

湘学学统的依据是什么？“湘学”的“湘”不应该只是一个装有各种不同学术文化的空间框架。实际上，我们将这一学术传统相继的不同学者、学派、学说统称为“湘学”，就是强调这些不同时代的学术之间有着一以贯之的学统，而最能代表这一学统之内核的是其学术旨趣。我们认为，这些不同学术思想、学术观点、学术体系的湘学能够形成一个一以贯之的学统，就在于湘学学者在学问宗旨、知识兴趣方面存在许多的相似性。

第二节　道、治、学贯通的旨趣

如果考察湖湘的地域性学术传统，湘学的学术旨趣具有什么特色呢？就道、治、学三个面向而言，湘学没有表现出对某一个面向的单向追求的特别执着，而是坚持对道、治、学三者贯通的学问宗旨和知识兴趣。在延续千年的湘学史上，尽管因历史条件不同，湘学学者处于不同学术思潮的文化背景，不同学术师承的知识背景，但是，这些不同历史时期、不同学派、不同学术个性的湘学学者，均表现出对道、治、学的兼容与贯通。在湘学这个大家族中，不同时期、不同学派的湘学学者，均表现出这种令人瞩目的“家族相似”性。

现在我们对湘学、湘学学者的学术旨趣作一分析。

首先，湘学史上的湘学学者，无不表现出对“道”的向往和追求。一部湘学史，其实也就是一部湘学学者原道的历史。我们把楚汉时期的屈、贾看作是湘学的渊源，首先就在于他们思想观念、知识旨趣与后来形成的湘学形态同构。屈、贾的精神信念中，均有一个社会理想的向往与追求，这种追求又与他们对天道的思考与追问联系在一起。屈原的《天问》，贾谊的《鹏鸟赋》，体现出他们对道的思考与追求。唐宋时期的湘学之所以成型，首先是体现在柳宗元、周敦颐、胡宏等人为建构一个新的以“道”为核心的知识体系。柳宗元作为唐中叶以后儒学复兴的代表人物，对儒家社会理想原则的坚持，即他反复讲的“尧、舜、孔子之道”“圣人之道”。他对“道”的追求与当时学界“溺其文采”的状况是联系在一起的，他说：“余惧世之学者溺其文采而沦于是非，是不得由中庸以入尧、舜之道。”[①] 柳宗元称此“道”是“大公之道”“至公之道”，强调这个“道”“是有关公共福祉、有关整个社会利益的道理或原则”。[②] 如果说中唐的柳宗元还只是倡导复兴周孔之道，那么，周敦颐则是宋代儒家的道学的开山祖。周敦颐坚持以儒家的《易》学、《中庸》学为核心，又汲取佛、道的学说，写下《太极图说》《通书》，从而完成了儒家之道的初步学术建构，这一新的儒家之道学，既包括柳宗元“大公之道”的社会价值追求，同时也体现出对孔颜之乐的个体人格终极关怀的个体价值的追求。而胡宏则是将周敦颐开创的新道学进一步理论化、体系化，建立起一个以“道”“性”为哲学本体的道学学术体系，成为南宋理学集大成阶段的重要学派之一。以后的湘学学者，无不表现出对儒家之道的坚定信仰与学术追求。明清之际王船山强调儒家之道的趋时特质和务实品格。一方面，他强调“道”不是凝固不变的，而是随着时间的延伸而发生变化，即“道莫盛于趋时”[③]。另一方面，他又强调“道”是实有的，道总是在器中体现其作用，故而“尽器则道在其中矣”[④]。王船山对

①〔唐〕柳宗元：《非国语序》，《柳宗元集》卷四十四，中华书局，1979 年，第 1265 页。

② 陈弱水：《柳宗元与中唐儒学复兴》，《唐代文士与中国思想的转型》，广西师范大学出版社，2009 年，第 254 页。

③〔明〕王夫之：《思问录内篇》，《船山全书》第 12 册，岳麓书社，2011 年，第 416 页。

④〔明〕王夫之：《思问录内篇》，《船山全书》第 12 册，岳麓书社，2011 年，第 427 页。

“道”的追溯和思考，使儒家之道于历史现实之中，并成为其思想学术的本旨。清道光以后的湘学呈现出学派林立的状况，但是，不管是今文学派（如魏源），还是宋学派（如曾国藩），或是古文学派（如王先谦），他们在坚定地信仰、执着地追求儒家之道的学术宗旨上，则是完全一致的。

其次，湘学史上的湘学学者，又无不表现出对“治”的特别兴趣和追求。对经世的追求本来是儒学的一般特征，而对湖湘的学者来说则特别突出。这可以分两个阶段来考察。从楚汉到唐宋是第一个阶段，这段时期的湘学学者主要是因政治方面的原因而寓居于湖湘之地。无论是屈原、贾谊，还是柳宗元、胡安国，他们原来均是朝廷的重臣，并曾处于政治权力的中心，但是，由于受到其他政治势力的排挤，他们不得不远离政治中心，来到当时偏远的南蛮之地。但是，他们对政治的关注、兴趣并没有丝毫减退，相反，他们因此而更充满对政治的激情，保持着对政治的理性思考。屈原在流放沅湘之际所写的大量诗歌，就饱含着对政治的关切之情，同时也表达了他德法兼用、选贤与能等一系列政治主张。贾谊也是西汉初年一位有卓识的政治家，他关于推行礼治、民事、大一统的政治主张，对当时及后世均产生了深刻的影响。他在任长沙王太傅期间，仍然保持着对政治的密切关注，并提出了许多重要政治主张。柳宗元因“永贞革新”失败而流放永州，但他仍能保持对政治的参与热情，且具有更加理性的政治思考，并留下了许多重要的政论。其中的《封建论》对封建制、郡县制的分析，体现了他卓越的政治见识。胡安国、胡宏隐居湖南衡阳，从事讲学活动，其内心深处仍然保留着对经世的强烈关注。胡宏说：“学圣人之道，得其体，必得其用。有体而无用，与异端何辨？井田、封建、学校、军制，皆圣人竭心思致用之大者也。”[①] 他认为“圣人之道”应该是有体有用的，进而确立其经世致用的学术宗旨。他将父亲和自己在衡岳之下创办书院的学术、教育活动均归结于“经济”的目的，他在《书院即事》一诗中写道：“为无经济学，万里筑幽栖。”[②] 总之，从楚汉到唐宋，这些流寓于湖湘之地的湘学学者，并没有因为政治上的打击而走向独善其身的出世，相反，他们仍然保持着强烈的政治热情与现实思考，为当时与后世贡献出了重要的政治智慧与经世思想。

从明清到近代则是第二个阶段，这个时期有一个显著特征，就是湘学学者均是本土产生。但是，湘学学者的来源这一重大变化，并没有改变其学术旨趣，相反，明清以后的湘学学者继承了屈、贾、柳、胡等湘学学统奠基人的学术旨趣，仍然表现出对“治”的强烈关注与理性思考。这一点，不能不让人联想到区域学统的连续性与学术旨趣的稳定性。从清初到清末，湖湘的本土学者几乎均表现出经世致用的学术宗旨。清初的王船山就是如此，尽管他与屈、贾、柳、胡很不一样，他从未做过明朝的命官，更谈不上朝廷重臣，但是，激发他从事学术研究的根本动因都是现实的政治。他希望从广义的政治角度（包括政治、经济、文化、教育等）总结明王朝灭亡的教训，所以，他的思想归宿、学术旨趣都走向“治”，他的经学、史学、诸子学、文学艺术方面的学术宗旨，均是“致治”的实学追求的体现。清代中期乾嘉之学兴起，出现“士大夫得肆意稽古，不复视为经世之具，而经、史、小学专门之业兴焉”[③] 的局面，但是，湖湘之地的士大夫仍然将学问与经世致用联系起来。这段时期内产生一定影响的

①〔宋〕胡宏：《与张敬夫》，《胡宏集》，中华书局，1987 年，第 131 页。
②〔宋〕胡宏：《书院即事》，《胡宏集》，中华书局，1987 年，第 67 页。
③ 王国维：《沈乙盦先生七十寿序》，《王国维文存》，江苏人民出版社，2014 年，第 707 页。

学者有李文炤、王文清、罗典、严如熤、欧阳厚均等人，他们中虽有崇性理之学、考据之学的不同，但是，他们均一致强调明体达用的学术宗旨，对礼乐刑政等各种有关于现实政治的学问表现出强烈兴趣。如李文炤虽崇宋儒的性理之学，但对《周礼》及各种关于政治的知识表现出特别的关注。他在《周礼集传序》中明确表示是为了“制天下之器，利天下之用”，反对将内圣之道与外王之术分裂为二，称“外王内圣，果且有二道乎哉”。[①] 王文清是乾隆时期的汉学家，他在“经史小学专门之学”方面有一定成就，但他仍将礼乐兵农的致治之学作为学术宗旨。他掌教岳麓书院时制定的《学箴九首》就体现出他关于“治”的学术旨趣：“人求多闻，时惟建事。治事有斋，苏湖之制。礼乐兵农，经天纬地。错节盘根，用无不利。”[②]

清道光以后，由于中国进入晚清政治变局之中，全国的学术风尚发生重大变化，那种追求经史小学等纯学术的旨趣发生变化，而追求经世致用的学术风尚兴起。由于湘学一直就保持着经世致用的学术旨趣，加之这段时期不少湘学人物逐渐接近政治权力的核心，因此，晚清湘学进一步提升了在全国的重要地位，成为这段时期引领全国学术风尚的区域性学统。魏源是晚清开新风的湘学人物，他既是汉代今文经学的经世致用传统的继承人，又是湘学学统的经世致用旨趣的传承者，他关于“以经术为治术”[③] 的学术宗旨对晚清影响很大，正如梁启超在总结晚清学术

①〔清〕李文炤：《周礼集传序》，《恒斋文集》卷一，《李文炤集》，岳麓书社，2012年，第7页。

②〔清〕王九溪：《王九溪先生学箴九首》，《长沙岳麓书院续志》卷一，《岳麓书院志》，岳麓书社，2012年，第560页。

③〔清〕魏源：《默觚上·学篇九》，《魏源集》，中华书局，1976年，第24页。

时说："故后之治今文学者，喜以经术作政论，则龚、魏之遗风也。"[1] 如果说魏源是以今文经学来联结湘学学统的话，曾国藩则是以宋学来联结湘学的经世旨趣。曾国藩的学术虽然是"一宗宋儒"，但是他又被学界认为是理学经世派。针对当时学界将学问分为义理、考据、辞章的看法，他特别将"经济之学"列入儒学的主要科目之中，他提出："经济者，在孔门为政事之科，前代典礼、政书及当世掌故皆是也。"[2] 他关于儒学四科的看法，在学界、教育界产生了重大影响。湘学重政治的学术旨趣，成为晚清时期一种显著的区域性的学术风尚，并导致政治、军事人才的大量涌现。

现在我们讨论湘学旨趣中的"学"。毫无疑问，一切学术旨趣离不开"学"本身，在儒家传统的学术宗旨中，"学"的知识一直是与"道"的追求与"治"的方略联系在一起的。但是儒学在发展中也产生了对知识学问的两种极端看法：一种是将求道与求学对立起来的反智论传统，如陆王心学就有这种学术倾向；另一种是完全将儒学的经史小学本身视为求学的目的，清代乾嘉学派就是这种学术旨趣。另外，还有许多学派、学者或者强调"学"与"道"的联系（道学），或者是"学"与"治"的联系（事功之学）。这样，各地域学统就体现出丰富多彩的学术旨趣。在湘学学者群体的学术旨趣中，均普遍表现出将"学"的知识探讨与"道"的精神追求、"治"的社会关切紧密地联系在一起。纵观一千多年的湘学发展史，我们可以发现：湘学学者群体从未产生过将"求学"与"求道"、"道问学"与"尊德性"对

---

① 梁启超：《清代学术概论》，上海古籍出版社，2000 年，第 77 页。

②〔清〕曾国藩：《诗文·劝学篇示直隶士子》，《曾国藩全集》第 14 册，岳麓书社，2011 年，第 486 页。

立起来的反智论传统，也从未产生过以儒家经史小学等专门学问为求学目的的纯学术追求的传统。与此同时，湘学学者的学术旨趣也并非仅仅强调“学”与“道”结合的性理之学或“学”与“治”联系的事功之学，而是坚持“学”与“道”“治”之间的贯通，即性理之学与经济之学的统一。所以，我们探讨湘学旨趣中的“学”，是不能离开“道”与“治”的，湘学的“学统”，总是统贯着“道统”与“治统”。

我们不妨以几位主要的湘学人物为例，对湘学将道、治、学贯通的学术旨趣作一概要式的论述。我们先从唐宋湘学成型开始。中唐既是中唐儒学复兴思潮的开端，也是湘学成型的肇始，柳宗元是其中的主帅人物之一。柳宗元在中唐时期研究儒学，倡导对儒学的复兴，是将“道”与“治”融通在其“学”之中的。他倡导的儒学就是“尧、舜、孔子之道”[①]，他又称其是“大公之道”“大中之道”[②]。当柳宗元将儒学中的圣人之道称为“大公之道”时，指的是其包含的群体利益与社会理想；当他称之为“大中之道”时，则是指经民治国的原则与方法。这样，他的儒学中的“道”就成为治术。此即如他所说：“圣人之为教，立中道以示于后。曰仁、曰义、曰礼、曰智、曰信，谓之五常，言可以常行者也。防昏乱之术，为之勤勤然书于方册，兴亡治乱之致，永守是而不去也。”[③]这段话表达了柳宗元所理解的儒学是将道、治、学三者融通为一体的。南宋湖湘学派的学者群体，就是一批以倡导、坚守融通学、道、治为学术旨趣的学人。湖湘学派奠基

①〔唐〕柳宗元：《送娄图南秀才游淮南将入道序》，《柳宗元集》卷二十五，中华书局，1979年，第656页。

②〔唐〕柳宗元：《断刑论下》，《柳宗元集》卷三，中华书局，1979年，第91页。

③〔唐〕柳宗元：《时令论下》，《柳宗元集》卷三，中华书局，1979年，第88页

人胡安国以研究儒家《春秋》学而闻名，但他绝不是为学术而学术，而是将《春秋》之学的知识建构与圣人之道、经世之术统一起来。一方面，胡安国主张“《春秋》之法，以人合天，不任于天，以义立命，不委于命，而宇宙在其手者也。”①另一方面，他又主张“《春秋》经世大典，见诸行事，非空言比。”②这样，他阐发的《春秋》之义理，既是经邦济世之术，又是天人合一之道。胡安国的学术旨趣影响了湖湘后学。胡宏认为儒学的核心是“圣人之道”，他提出“学圣人之道，得其体，必得其用”③，显然，他说的“道之体”是指那上升为“天之道”的儒家价值，而“道之用”则是指将此价值体系推行于现实的井田、封建、学校等具体的经世实践中，可见，胡氏父子所追求的“学统”，总是将“道统”与“治统”融通于内的。

宋代成型的湖湘学统及其将道、治、学融通的学术旨趣，为明清以后的广大湘学学者所传承。明清之际的王船山就是这样一位承传湘学学统及其学术旨趣的典型代表。在船山先生的眼中，明、清两朝均是一个道统、治统分离的社会，从而导致道统空疏而归于异端空寂，治统无序而归于一姓之私。他强调理想的天下应该是道统与治统合一的：“儒者之统，与帝王之统并行于天下，而互为兴替。其合也，天下以道而治，道以天子而明；及其衰，而帝王之统绝，儒者犹保其道以孤行而无所待，以人存道，

①〔宋〕胡安国：《昭公上》，《春秋传》卷二十四，岳麓书社，2011年，第312—313页。

②〔元〕脱脱：《胡安国传》，《宋史》卷四百三十五，吉林人民出版社，2005年，第8955页。

③〔宋〕胡宏：《与张敬夫》，《胡宏集》，中华书局，1987年，第131页。

而道可不亡。”[①] 所以，作为一个儒家学者，其学术使命就是将道统、治统均纳入自己的学统。船山终生治学，其目标就是实现以“学”兼“道”与“治”。船山先生的这一学术传统在清中期以后得到进一步弘扬。魏源就是在晚清学界坚守道、治、学统一的湘学学者。他对儒林曾盛行的将道、治、学三者分离的历史状况十分不满，他说：“治经之儒与明道之儒、政事之儒，又泮然三途。”[②] 他认为一个真正的儒者，应该是能够将治经（学）、明道（道）、政事（治）三者融通的。但是，在历史与现实中却出现了三者“泮然三途”的局面。所以，魏源强调求道、求治与求学是一致的，他说：“道形诸事谓之治；以其事笔之方策，俾天下后世得以求道而制事，谓之经。”[③] 他在这里清晰地将儒者所追求的道、治、学三者不可分离的关系阐发出来，从而强调儒者的学术旨趣必须是将道、治、学三者兼融并通。而理学经世派曾国藩则是将学术旨趣中的三个基本要素，纳入到儒家的学科体系中去，他认为：“为学之术有四：曰义理，曰考据，曰辞章，曰经济。”[④] 其实，在这四门之学中，义理之学的目标在求道，考据、辞章之学的目标是求学，经济之学的目标在求治。曾国藩被梁启超称为立德、立功、立言的三不朽人物，其实立德、立功、立言只是曾国藩一生追求道、治、学的结果。

由此可见，湘学学统、湘学学术旨趣可以看作是道、治、学

① 〔明〕王夫之：《宋文帝》，《谈通鉴论》卷十五，《船山全书》第 10 册，岳麓书社，2011 年，第 568 页。

② 〔清〕魏源：《默觚上 · 学篇九》，《魏源集》，中华书局，1976 年，第 23 页。

③ 〔清〕魏源：《默觚上 · 学篇九》，《魏源集》，中华书局，1976 年，第 23 页。

④〔清〕曾国藩：《诗文 · 劝学篇示直隶士子》，《曾国藩全集》第 14 册，岳麓书社，2011 年，第 486 页。

三者的兼备与贯通。尽管湘学千年，历史悠久，各个不同的时代均有不同的学术思潮，从而建构出不同的学术体系，但是，我们发现，这些不同思潮、不同师承的湘学学者的学术旨趣结构，却有着惊人的“相似”，就是追求道、治、学的兼备与贯通。我们可以通过学术旨趣的考察，找到“湘学”这个大家族的各个具体成员所体现出来的“家族相似”的特征。

第三节　湘学旨趣与儒家正学

在历史上，湘学学者一直有很强的儒学正统（“湖湘正学”或“道南正脉”）意识。这究竟是湘人自傲气质的体现，还是仅仅体现湘学学者对儒家正统的执着追求？这种学术正统意识究竟是促进了湖湘学术的传承与发展，还是限制了湖湘学者知识视野的拓展？

首先需要解决的问题是：究竟有没有一个正统的儒学？两千多年的中国儒学史，一直就没有停息过关于儒学正统的争辩。直到当代新儒学家牟宗三，还提出一个“道德的形上学”为儒家正统的“圆教模型”，并以此为标准而将朱熹之学判定是“别子为宗”，他特别将胡五峰、刘蕺山判定为儒学正统，从而引发许多新的争辩。显然，牟宗三以“圆教模型”为儒学正统的说法是十分片面的，它完全不能解答儒学在中国两千多年历史中的社会作用、文化功能。其实，不仅仅牟宗三关于儒学正统的说法是片面的，就是最早提出儒家道统的宋明诸儒的观念同样是片面的，当他们把身心性命之学看作是儒学正统时，同样是不合乎历史实际的。许许多多古代的、当代的学者都已经深刻地分析了这一点。

所以，我们应该放弃那种将儒学的某一种特质、某一种观念定位为儒学正统，进而将两千多年的儒家学者、学派作偏正的划分，并以此作学术价值判断。

我们虽然不同意儒学史上关于道统论的学术偏见，但是我们并没有放弃对儒学的理想范型是什么的思考，也就是说，我们虽不同意以某一特质作为正统儒学的标准，但是我们确是可以通过儒学的产生、儒学在中华文明史上的角色定位，来思考理想的儒家究竟应该是什么形态的问题。

在世界文明演进的“轴心时代”，产生了中华文明所特有的孔子及其儒学。在两千多年的中国古代史上，孔子创建的儒学不仅仅是一套读书人必须学习的知识系统，也是主宰社会各个阶层的思想与行动的价值理念，同时还是支配宗族、社会、国家的制度建设、生活方式的依据。儒家要能够在漫长的历史中承担这么多的社会功能，首先必须使自己成为一种理想的学术形态。而在两千多年的儒学史上，确有许多儒学思潮、学派、学者的学术形态并不具有这种理想范型的综合素质，故而在当时或后世受到了严厉的批评。那么，这种理想范型的学术形态究竟具有哪些根本的素质和要件呢？其实，从孔子的言论中，从儒家经典的一些基本理念中，均可以找到理想儒学形态的基本要件与主要特征。一个理想范型的儒家应该具备下列三个能为人们普遍接受的基本内容：第一，学，即一整套能够说明、解释当时人们的生活世界的知识体系。儒学首先应该是“学”，即一套解释并指导人们生活的知识体系。作为一个学者，孔子对三代遗留的历史文献及各种文化知识的典籍有着全面的把握与系统的整理，经过他整理的三代典籍成为后来的知识者必读的经典。第二，道，即包括个人的生活意义、社会的发展目标、国家的基本理念等的一整套价值体系，它体现为人道，但此人道又是与宇宙法则的天道相通的。故而，儒者的“道”既是个体精神安顿的依据，又是天下安泰的理念，还是天地和谐的终极目标。第三，治，儒者必须将其建立的“学”、追求的“道”最终付诸社会实践的“治”。“治”在儒者那里，不仅仅是政治，而是一种参与社会、建立一个理想人间秩序的实践活动，一切有社会生存、发展需要的活动，包括政治活动、经济活动、文化活动、教育活动、科技活动、军事活动等等，均可纳入儒者的“治”的领域。因此，儒家关于“学”的知识体系、“道”的价值体系，最终均要完成于“治”。

在孔子创建儒学学派时，他所建构的学术思想就是这样以道、治、学三种文化理念建构起来的知识体系。孔子建构起来的儒学，首先体现为整理三代文献、删述“六经”而建立起“学”的知识体系，其次体现为人生、社会目标的设定，即建立起“仁”“道”的价值体系，同时还体现为“天下有道”的社会关切，即完成“礼治”秩序的经世实践。孔子终其一生所建构的就是这样一种以“学”为基础，融通“道”与“治”的一种理想型的学术体系。其实，后来的儒家学者，往往是将这三者的结合作为学问的至高境界，而会以某一种或两种要件的缺失而受到儒学学者的批评，《礼记》中《大学》一篇之所以受到后代儒者的关注，就在它将儒者“大人之学”的知识理念化为一个清晰的“八目”历程，所谓格物、致知是“学”的完成，正心、诚意、修身是“道”的修炼，齐家、治国、平天下则是“治”的完成，这正是一个完整的儒学追求、实现的学、道、治的知识理念（即“学”是为了“道”与“治”），同时也是儒者生命完成的过程。所以儒家学者所追求的最高人生目标是“三不朽”，即所谓立德、立功、立言，其实它们正是儒学知识理念的道（立德）、治（立功）、学（立言）的体现。由孔子所奠定的将学与道、治结合起来的知识旨趣，深刻影响了后来的儒家学者，从汉唐到明清，儒家学者总是在不断以这种理想范型的学术理念，支配着他们从事学术事业，或者以此为标准去评论其他儒家学派与学者。同样，当代学者中亦有许多人有相同的看法。杜维明曾经提出，孔子的仁学是儒学的原初形式，其内部包括道、学、政三个方面，他认为仁学的这种道德理性（道）、人文关切（学）、入世精神（政），区别于希伯来的神学与古希腊的哲学。[①] 李泽厚也认为，宋明理学与当代新儒学将儒学归之于"内圣之学"是片面的，孔子奠定的儒学是包括内圣（道的信仰，宗教性）、外王（经世实践，政治性）为一体的，只有将它们完整统一起来，才是儒学的本旨。[②] 余英时在《朱熹的历史世界》中也表达了他对儒学的看法，即儒学不仅仅是内圣之学，而是内圣、外王一体，外王是内圣的完成。[③]

尽管孔子创立儒学时强调道、治、学一体的知识理念与学术旨趣，两千多年的儒学史亦在不断地追求三者的统一与圆融。但是，在具体的不同历史时期，不同的儒家学派与学者，均可能表现出对某一方面的特别兴趣，从而偏离儒家的知识观念。甚至可以说，正由于后来的儒家学者将儒学的知识旨趣引向某一个方面，才有可能促进儒学的发展。譬如，人们往往将儒学分为古文经学、今文经学、理学几大思潮和流派。显然，古文

① 杜维明：《孔子仁学中的道、学、政》，《杜维明文集》第 5 卷，武汉出版社，2002 年，第 14 页。

② 参见李泽厚:《经世观念随笔》,《中国古代思想史论》, 人民出版社, 1985 年, 第 267 页。

③ 参见余英时：《朱熹的历史世界：宋代士大夫政治文化的研究》下篇，生活・读书・新知三联书店，2004 年。

经学发展了儒学的“学”的一面，从儒学中产生出了许多专门的知识学问，大大丰富了儒学的知识面向，尽管很多古文经学家有很严谨的学术精神与求实的科学态度，但他们往往沉溺于这种冗繁的知识体系而忽视了儒学还应有“道”的追求与“治”的经世，故而在“学”的方面受到肯定的同时亦因“道”“治”的缺失而受到批评。而今文经学则发展了儒学重“治”的一面，强调儒学的根本精神是求治，他们的经世致用的学术态度，使学术能够与现实政治与社会需求结合起来。但是今文学家在追求“治”的政治利益与社会功效时，却因失去了古文学家在求“学”时的科学精神、求真态度，也没有道学家那种道统高于治统的理想情怀与超越精神而受到批评指责。道学（理学）则是发展了儒学崇道的一面，强调儒学的根本就是一种人格理想与社会理想统一的“道”，但是不少理学家为了求道而放弃“学”与“治”，被历史上的儒者指责为既无求实学问，又不能经世致用的“空谈心性”。

现在，我们回到“学统”的正统意义上来。本来，“学统”观念是受道统影响而产生的，故而学统具有学术正统与学术传统的双重含义。具有强烈道统意识的宋儒认为只有崇道、追求内圣之德的学问才是儒学的正统，才能称为“学统”“正学”。当代新儒家牟宗三则将儒家内圣之学表述为“道德的形上学”，并以此作为儒学的正统，是宋儒观点的重复。显然，我们不能同意这种正统儒学概念。我们将儒学的原始形态和理想范型看作是道、治、学圆融统一的学术体系，认为它最合乎儒学的原始形态，同时也更能发挥儒学的社会功能。当然我们并不主张只有这种学术形态才是儒学正统，因为无论是古文经学，还是今文经学，或者是宋明理学，尽管它们均有各自的缺陷，但也是推动儒学发展的功臣，它们使儒学发展得更加能够满足社会历史对儒学能够胜任知识理性及其个体安身立命、社会和谐稳定的需求。

那么我们应该进一步追问：湘学学统及其学术旨趣的意义何在？湖湘学者坚持湘学学统的正统性，或许源于他们对自己的儒学形态、理想形态一致的自信。从唐宋时期湘学形态的成型，到明清时期湘学的崛起，那些参与、建构湘学学统及其学术旨趣建构的学者，均没有出现历史上曾经出现过的那些纯粹学问的知识追求、空悟心性的精神超越、王权为本的政治功利等等，而是坚持合乎原始儒学、理想范式儒学的知识理念与学术旨趣，即是道、治、学三者融通，并强调以道统主宰治统与学统。湘学学术旨趣上的这一特点，能够使它在更大程度发挥儒学的社会功能。清道光以后，既是湘学崛起于晚清以后的历史时期，更是湘学充分发挥其社会功能的历史时期。晚清湘学代表了传统儒学对晚清社会发挥的重大的作用，从而影响了整个近代中国的历史进程。譬如，今文经学派魏源通过对“治经之儒与明道之儒、政事之儒，又泮然三途”[①]的批评，希望完成“道形诸事谓之治”“求道而制事”“以经术为治术”[②]的将道、治、学统一的儒学学术旨趣的追求。这种学术旨趣不仅引发了整个晚清学风的重大变化，同时也代表着东亚儒学在世界文明格局发生演变时的自我调整，晚清中国和近代东亚的政治变化、文明调整，均与这种学术形态及学术旨趣有密切的关系。又如理学经世派曾国藩，他领导的湘军集团及其洋务运动对近代中国的变迁，亦发生了难以估量的影响。但是，以他们代表的湘

①〔清〕魏源：《默觚上·学篇九》，《魏源集》，中华书局，1976年，第23页。

②〔清〕魏源：《默觚上·学篇九》，《魏源集》，中华书局，1976年，第23—24页。

军将领及洋务领袖们，其文化身份则均是儒家学者，并且都是湘学学统的承传者，都具有鲜明而一致的学术旨趣。他们的儒学学问并不特别专精，他们的理学之道亦不特别高深，但是，他们平实的儒家之学、儒家之道却与儒家之治结合起来，使得儒学的社会功能发挥得特别充分。

第五章
湘学学统的传承条件

湘学学统与学术旨趣是两个密切关联的概念。湘学学者的学术旨趣表现出一种“家族相似性”，但是，这种“相似”从何而来？我们发现是因为它们有着一脉相承的学统。另一方面，湘学学统为什么会成为一个延续千年的地域性学术传统呢？我们认为是因为它们有着相似的学术旨趣作为内在依据，即它们有着家族兄弟般相似的共同的血统。

其实，湘学学统与学术旨趣之所以相互促成，是因为它们有一些共同的文化条件在发挥作用。这些条件，不仅仅能够促成有脉络可寻的区域性学派的师承、师友之间的直接学统的传承，同样也能够促进那些不同学派、不同学术形态的湘学学者在知识旨趣上表现出“家族相似性”那样的相同特征。

我们所关注的是，使得湘学学者具有共同学统、知识旨趣的相似性的社会文化条件是什么？

第一节　书院教育

书院是唐宋时期产生并历经元、明、清不断延续、发展的一种民间教育机构。由于它们是由地方的士大夫、士绅创办、主持，并往往成为地域的学术中心、教育中心，一些著名书院还往往成为某个学派的学术大本营，故而书院与地域性学统的形成、延续密切相关。我们会发现，学术史家全祖望对地域性学统特别关注，而他在补辑并为《宋元学案》作案语、撰写书院记时，总是将书院与学统联系起来。事实上，书院往往是某一地域的学者群体的聚集地，并且通过学术活动、教育活动，创建出地域性学统，并通过书院的延续而将学统传承下去。

唐以前的湖南，教育一直十分落后。但是自北宋开始，书院教育特别发达，不仅是数量多、范围广，而且办学层次高，如历史上有所谓“四大书院”的说法，但说法不一，而湖南就有岳麓书院、石鼓书院被列入，这在历史上是罕见的，因为另一说法是河南有两所，而北宋时期的河南是全国的政治、文化中心，湖南在唐五代时期还被认为是南蛮偏远之地。有一些学者曾对宋元明清时期全国书院作过一些统计，因资料来源、统计标准的不同，具体数字有很大差异，但是都可得出一个共同的结论：在宋、元、明、清四朝中，湖南一直与江西、浙江、福建等省一样，是全国书院数量最多的省份。[①] 蓬勃发展的湖南书院为湘学学统的建立、湘学学术旨趣的延续作出了重大贡献，是湘学的学统、旨趣等的形成、延续的最重要社会条件。

首先，湘学学统的形成总是借助于书院。湘学学统的成型与

① 可参阅笔者参与统计的《历代书院名录》，见李国钧主编：《中国书院史》，湖南教育出版社，1994 年，第 1006—1196 页。

湖湘学派是密切相关的，这不仅是由于湖湘学派在南宋时期形成了自己独特的学术体系、学术旨趣，尤其是湖湘学派的形成、发展总是与书院联系在一起，他们以书院为学术基地而创建学派，并在书院形成了湖湘学统及其学术旨趣。胡安国、胡宏父子在衡岳之麓创建了碧泉书院、文定书堂（后改名为文定书院），在此开坛讲学、研究理学，从而“开湖湘之学统”[①]；张栻、彪居正等则主持长沙的岳麓书院、城南书院，承传湖湘学统并发展了湖湘学派；后来的湖湘弟子除了继续在岳麓讲学外，又纷纷创办一些书院（如湘乡的涟滨书院）并将学统推广到湖湘地域的其他地方。碧泉、文定、城南等书院不仅是南宋时期湖湘学派的大本营、湖湘学统的形成地，而且，这些书院中许多又历经元、明、清而延续办学，湖湘学派在这些书院形成的学术传统、教育传统得以保留下来。其实，通过书院而建立学统的不仅仅是南宋湖湘学派，对湘学史学统建构产生重大影响的学者，包括北宋的周敦颐、明清之际的王船山以及那些主持过岳麓、城南等书院的著名湘学学者，均是通过书院以建立学统、延续学统。如周敦颐本人虽然没有在湖南通过创办书院而建立学派，但是到了南宋时期，经湖湘学派胡宏、张栻及真德秀的大力推崇，周敦颐成为理学开山、道学宗主，故而自然也成为湖湘学统的奠基人。所以，从南宋起，湖南的士大夫、先贤开始在周敦颐的故乡及做官的地方建立以“濂溪”命名的书院，一直到元、明、清各朝，湖南创建的“濂溪书院”达 20 多所，这些书院就成为标榜和承传濂溪学统的学术、教育中心。王船山于清前期逝世时尚不为人知，直到清同、光以后，由于湘军将领的推崇，才为学界所推。为了继承、

①〔清〕黄宗羲撰，全祖望补修：《五峰学案》，《宋元学案》卷四十二（第 2 册），中华书局，1986 年，第 1366 页。

弘扬船山学统，湖湘士大夫于光绪八年（1882）创办船山书院，衡州乡绅彭玉麟、王之春等参与其事。为了支持船山书院承传船山学统，两江总督曾国荃将家藏所刻《船山遗书》322卷板片捐置书院。光绪十一年（1885）彭玉麟将船山书院迁建东洲岛，聘王国运为山长。船山书院以船山学说传授湖湘学子，以讲明船山学说为学术宗旨，其实也是在创建湘学学统的基地。

其次，湘学学术旨趣的传承也总是通过书院。湖湘学者通过创建、主持书院从事学术研究、人才培养，从而形成以书院为中心的湖湘学派，确立了以书院为标志的湖湘学统。因此，湖湘学者的学术旨趣也成了这些书院的学术宗旨和教育宗旨。胡宏、张栻就是将自己的学术旨趣作为碧泉、岳麓等书院的教育宗旨。尤值得关注的是，这些书院的学术、教育宗旨并没有随着历史的变迁而被遗忘或改变，后来凡是恢复、主持这些书院的学者，总是自觉地以这些开创湘学学统的先儒先贤为榜样，继续坚持他们的教育宗旨、学术宗旨，以书院教育实践而传承了湖湘学者的学术旨趣。譬如，胡宏以“学圣人之道，得其体，必得其用”①的学术旨趣作为碧泉书院的办学宗旨，张栻以“成就人才，以传斯道而济斯民也”②“得时行道，事业满天下”③的学术旨趣作为岳麓书院的教育宗旨，不仅对当时的办学宗旨、书院学风产生很大影响，以后元、明、清各朝的书院山长、讲学者仍然坚守、弘扬这些学术旨趣、教育宗旨。如元朝湖南各处修复书院时，总是将

①〔宋〕胡宏：《与张敬夫》，《胡宏集》，中华书局，1987年，第131页。

②〔宋〕张栻：《潭州重修岳麓书院记》，《新刊南轩先生文集》卷十，《张栻集》第3册，中华书局，2015年，第900页。

③〔宋〕张栻：《潭州重修岳麓书院记》，《新刊南轩先生文集》卷十，《张栻集》第3册，中华书局，2015年，第901页。

书院修复与承传湖湘学统、追求湖湘学术旨趣联系起来。岳麓书院于元代修复后，理学家吴澄强调要坚持张栻为岳麓书院所确立的“成就人才以传道济民也”[①]的教育宗旨与学术宗旨。元代士大夫修复南岳书院时，也将其与承传湖湘学统及其知识旨趣联系起来，他们为书院修复后记时说：“胡文定公父子讲明春秋于此，宦游于此，既而晦庵、南轩相与讲道、唱酬其间。湖南道学，于斯为盛。”[②]明代时主持岳麓书院的山长有叶性、陈论、熊宇、张凤山、吴道行、郭金台等人，他们都表示要继承南宋时的湖湘学统，坚持湖湘学派的学术旨趣。其中吴道行系南宋湖湘学者吴猎（张栻高弟）之后裔，从小对岳麓先贤十分崇敬，坚持湖湘学将道、治与学融通的学术旨趣，受到学术旨趣相近的东林学派高世泰的高度赞扬。所以，尽管明中叶以后学术风尚大变，不少阳明学传人（如王乔龄、张元忭、季本、罗洪先等）亦来岳麓讲学，但这些人的学术旨趣与岳麓学统均十分接近，如王乔龄虽崇良知学，但他“以理学抒经济，临政持大体”[③]；季本、罗洪先则既讲心学，又热衷经世实学，并无那种空谈心性的弊端。可见，湘学的学统及学术旨趣通过岳麓书院而保存下来，并进一步影响和制约着明代的学术风尚。这种情况一直延续到清代末期。

最后，湖湘后学大多在书院求学时形成自己的学术旨趣。湖南的书院教育比较发达，而这些书院大多与湖湘学统有着直接的或间接的联系；加之那些与湖湘学相关的书院如岳麓、石鼓、城

---

①〔元〕吴澄：《建岳麓书院记》，《长沙府岳麓志》卷七，载邓洪波整理：《岳麓书院志》，岳麓书社，2012 年，第 419 页。

②〔元〕义化：《重修李邺侯书院记》，《南岳志》，湖南出版社，1996 年，第 492 页。

③《续传》，《长沙府岳麓书院志》卷三，载邓洪波整理：《岳麓书院志》，岳麓书社，2012 年，第 241 页。

南、碧泉、文定、濂溪等有很强的学术影响力，常常被其他新书院所追随和仿效，使得湖南书院与湖湘学统有较密切的联系。而宋元明清以来，湖南本土出身的读书人，特别是那些有成就的学者，他们大多都有在书院接受文化教育的经历。书院的学统及其积淀的学风、学术旨趣，对一代又一代的后学产生有形或无形的影响。这里，我们仅以在宋元明清时期办学规模最大、延续时间最久并一直是湖湘学统标志的岳麓书院为例来说。从宋代开始，岳麓书院即成为湘学的大本营，不仅是那些讲学者大都是湘学史上的重要学者，那些求学者更是出了一批批杰出的湘学学者，其中许多先是岳麓的求道者，后来又成为岳麓的传道者。在岳麓书院求学的学人中，如宋代有吴猎、彭龟年、游九功、游九言、赵方、胡大时等，明代有王夫之、吴道行、顾璘等，清代有严如煜、欧阳厚均、陶澍、贺长龄、贺熙龄、魏源、曾国藩、左宗棠、胡林翼、刘蓉、郭嵩焘、刘长佑、李元度、刘坤一、杨昌济等，他们中大多是重要的湘学学者。这些学人在岳麓书院求学期间，承传了书院的湘学学统，故而都保持了将求学与求道、求治相融通的学术旨趣。在他们后来的学术思想中，均保留了这种道、治、学结合的学术传统。

第二节　学祠祭祀

在中国传统社会，各个地域为学者修建祠堂从事祭祀，是一种尊崇学统、继承学术、弘扬乡邦文化的方式。对于湘学史一些奠基的重要人物，后来的湖湘学人为表示对先儒、先贤的尊崇，为了承传他们的学统，陆续修建了许多祠堂专门供祀。

湘学学者的祠堂修建一般是两种情况。一种是单独修建专门的祠堂供祀这些先贤先儒，修建的地方一般是先贤先儒的家乡、曾经游宦的地方或其他原因相关的地方。如屈原在汨罗投江，据说从汉代开始，为纪念他而在汨罗建了屈子祠，唐宋至明清，历代均有修复。贾谊在西汉时任长沙王太傅，从明代成化年间开始在贾谊故宅建贾太傅祠，至万历年间又增祀屈原，一度改名屈贾祠。柳宗元贬居十年，在此研究学术文化，留下大量诗文，对湖南的学术、文化有很大影响，北宋仁宗始湖湘人士在永州潇水西建柳子庙，南宋、清代又重建。周敦颐是北宋理学家，逝世后为湖湘学者胡宏、张栻所推崇，故而从南宋开始就在周濂溪故里道州建有濂溪祠，之后又在他宦游的地方建有多处濂溪祠。

第二种情况是在书院修建祠堂，将尊崇学统的祭祀与传播学术的教学结合起来。书院的主要文化功能是知识创造（学术）与知识传播（教育），但是，书院一般又有三大规制，即讲学、藏书、祭祀，其实，这三大规制均是服务于知识的创造与传播。祭祀先儒先师是为了弘扬学统，推动学术与教育。所以，湖湘书院修建祭祀湘学学者、先贤的祠堂，其主要目的就是推崇学统、承传学术、弘扬道德文化。湖南地区创建了与濂溪先生相关的书院共有 20 多所，这些书院内大多修有专门供祀濂溪的祠堂，以表达对这位开创湘学学统的先贤的尊敬及对其学统的传承。张栻于南宋主持长沙岳麓书院、城南书院两所书院，这两所书院的后学都十分尊崇张栻代表的湖湘学统，故而均建有南轩祠以祭祀，使得湖湘学统对明清时期的书院学术、教育产生深刻影响。又如清光绪年间湖南衡阳建有船山书院，内设船山祠以祭祀船山，以表达对船山学统的尊崇和传承。还有一些著名书院不仅祭祀某一先贤，而是将湘学学统的主要代表人物均纳入其祭祀的对象。如岳麓书院向来被湖湘学人视为湘学的大本营，故而其祭祀系统，经过宋元明清的不断扩充演变，最终产生了一系列湘学学统代表人物的专祠，包括屈子祠（祭祀屈原）、贾太傅祠（祭祀贾谊）、濂溪祠（祭祀周敦颐）、崇道祠（祭祀朱熹与张栻）、六君子堂（祭祀与湘学有关的山长与官员）、船山祠（祭祀王夫之）、慎斋祠（祭祀山长罗典及其他著名山长），他们均是湘学学统的重要人物。

我们知道，湘学经历了楚汉源起、唐宋形成、明清发展的粗略历程。将湘学学者祭祀与湘学学统承传结合起来，是在湘学形态已经完全成型并且产生了区域学术自觉意识的南宋时期。南宋初年，湖南衡阳、湘潭、长沙一带出现了一个庞大的理学学者群体，胡氏父子、张氏父子及其诸多弟子在当时学术界、文化界地位很高，他们在衡山、长沙创办书院讲学，从而创建了湖湘学派，并成为当时学术最盛的一个地区。他们既是湖湘学派的创立者，又是湘学学统的建构者，故而强调周敦颐作为“道学宗主”、湘学奠基人的地位。张栻是湖南地区创建濂溪祠，以承传道统的重要人物。张栻在为道州重修濂溪祠作记时，一方面提出周敦颐的“崛出于舂陵”的湖湘地域背景，以强调他在湘学学统中的地位，另一方面则强调周敦颐之学的学术旨趣及其特点：

> 嗟乎！言学而莫适其序，言治而不本于学，言道德性命而流入于虚诞，吾儒之学其果如是乎哉？陵夷至此，亦云极矣。及吾先生起于远方，乃超然有所自得于其心。……学者始知夫孔孟之所以教，盖在此而不在乎他，学可以至于圣，治不可以不本于学，而道德性命初不外乎日用之实。

其于致知力行，具有条理。[①]

张栻对周敦颐之学术旨趣的解读甚为重要，因为这一解读代表湘学学统、湘学旨趣的双重建构。张栻认为“吾儒之学”受到了“学”“治”“道德性命”（即“道”）割裂的严重危机，而作为“道学宗主”、湘学之祖周敦颐的学术使命、学术贡献是将学与道、治结合起来。张栻认为湖湘之地的士君子之所以在道州恢复濂溪祠的建设与祭祀活动，就是要通过对濂溪的祭祀而继承这一学术传统。张栻对周敦颐的解读既是对湘学学统的诠释，同时也是对湘学学术旨趣的建构。事实上，湖湘学派的胡氏父子、张栻在南岳、长沙开创的湖湘学派，就是在学术宗旨上坚持学与道、治结合的精神，既能够在南宋学术史形成学术特色鲜明的学派，又奠定了湖湘地区的学术旨趣结构。胡、张是湖湘学术旨趣的诠释者、建构者，故而他们逝世后也被列入祠庙祭祀，成为后学表达敬仰、追踪学统的对象。于是，在道州则有濂溪书院与濂溪祠，在南岳则有文定书院与祭祀胡氏父子的专祠，在长沙则有岳麓、城南两院及南轩专祠，人们将此看作是湖湘学统的承传关系。如明代李东阳为文定书院及专祠作记时说：

湖南之地，舂陵则有濂溪，岳麓则有南轩，兹院（引者注：文定书院）相距不数百里，遗风流泽相望而不绝。[②]

---

①〔宋〕张栻：《道州重建濂溪周先生祠堂记》，《新刊南轩先生文集》卷十，《张栻集》第3册，中华书局，2015年，第907页。

②〔明〕李东阳：《衡山县重建文定书院记》，《李东阳集》第3册，岳麓书社，2008年，第992—993页。

这是一个从南宋理学家真德秀开始不断宣扬的湖湘学脉，同时也是湖湘道脉。后来的湖湘学人通过祠庙与书院的建设，进一步强化了这一学统及其学术旨趣。周敦颐、胡安国、胡宏、张栻也通过这些祠庙的供祀、书院的教育，使其学术传统得到继承与弘扬。

清代以来，另一位得到隆重祭祀的湘学人物是王船山。王船山在湘学史上的地位特别重要，他上承宋代湖湘学统，下启清代湘学，对清朝各个不同学派的湘学人物均产生过影响，这同样与船山祠的建设有关。船山先生于清康熙三十一年（1692）逝世后，最初列入地方的先贤祠，之后又建立了独立的船山祠专祀船山先生，推广王船山的学术思想传统。咸丰、同治以后，由于湘军将领的进一步推崇，船山学说广为流传，作为专门祭祀湘学人物王夫之的船山祠得以不断兴建。清光绪时不仅是以船山先生家乡衡阳的船山祠为基础办起了船山书院，在长沙的两所具有悠久湘学传统的著名书院，即岳麓书院、城南书院也专门开辟了船山祠。这样，就把王船山与宋代周敦颐、张栻连为一脉相承的湘学学统。清同治年间，当时任长沙城南书院山长的郭嵩焘，特意在书院原来的南轩祠堂新建船山祠，其目的在标榜湖湘学统，正如他在《船山先生祠安位告文》中所说：

> 盖濂溪周子与吾夫子（指王船山），相去七百载，屹立相望。揽道学之始终，亘湖湘而有光。①

他强调湘学学统的七百年演化，从周敦颐始，中经胡、张，到明

①〔清〕郭嵩焘：《船山先生祠安位告文》，载〔明〕王夫之：《船山全书》第16册，岳麓书社，2011年，第585页。

清之际王船山，既有其普遍性的道统地位（“揽道学之始终”），又有其地域学统意义（“亘湖湘而有光”）。郭嵩焘不仅仅肯定祭祀船山所具有的标榜湖湘学统的意义，尤其强调其目的是传承船山的学术，他在船山祠建成后的碑记中说：

> 将使吾楚之士知有先生之学，求其书读之，以推知诸儒得失，而于斯道盛衰之由、国家治乱之故，皆能默契于心。①

他又在为供祀船山的“像赞”中说：

> 濂溪浑然，其道莫窥。幸于先生，望见端厓。约礼明性，达变持危。阐扬正学，是曰先知。二百余年，星日昭垂。私心之契，旷世之师。②

郭嵩焘明确表示，祭祀船山就是为了传承船山学说，弘扬湘学学统；而他理解这一学统的核心，就是通过读船山之书而求先生之学，他特别强调船山之学的内容与旨趣，既包括“辨析名物，研求训诂”的“学”，也体现为“发明先圣微旨”③“约礼明性”的“道”，以及“国家治乱之故”“达变持危”的“治”，这显然就是学、道、治融通的湘学旨趣。

①〔清〕郭嵩焘：《船山祠碑记》，载〔明〕王夫之：《船山全书》第16册，岳麓书社，2011年，第585页。

②〔清〕郭嵩焘：《船山先生像赞》，载〔明〕王夫之：《船山全书》第16册，岳麓书社，2011年，第586页。

③〔清〕郭嵩焘：《船山祠碑记》，载〔明〕王夫之：《船山全书》第16册，岳麓书社，2011年，第584页。

当然，宋元明清以来的学者在论述湘学源流时，大多是以周敦颐为湘学学统的开端，但是亦有不少学者在追溯湘学之源时，总是要讲到楚汉时期的屈贾，由于屈原、贾谊均有专门的祠堂，这种关于文人学者的祭祀同样具有传承湘学学统的意义。所以，关于屈贾祠庙的祭祀，总是与湘学发展的盛衰有关，亦与湘学旨趣的弘扬有关。譬如，清中叶以后，湘学地位大幅提升，湘学旨趣中的道、治、学融通的特征更显突出，于是，那些不断维修、新建屈贾祠庙的士大夫们提出要继承屈贾的学统。如清代嘉庆年间长沙知府张翊与岳麓书院山长罗典，于岳麓书院内建屈子祠，即是考虑到屈原在沅湘之地投江而表现出的“惟道是就”的忠贞德性以及楚辞作品对后来湖湘学人的影响。故而，此举在当时即被认为是“有合古人乡于教化，兴于行谊之意，而又为之经其久远。”[①] 而这段时期，贾太傅祠也得到不断修复，为了将祭祀贾谊与弘扬湘学学统结合起来，湖湘士大夫在重修贾太傅祠时并建学校，以实现“渊源可接”的学术承传，他们将学校教育与湘学旨趣联系起来：

> 学者立身行己，务求实效，以希有用，若徒以章句训诂弋取科名，童而习之，白首终无依据。治安数策，当时虽未尽用，识者谓如其言，虽三代无以远过。则湖湘人士，期为有用。学取太傅遗书，服膺而三复之，其成就定能远到。[②]

---

①〔清〕范鏊：《屈子祠祭田记》，载〔清〕欧阳厚均编：《岳麓诗文钞》卷十七，岳麓书社，2009 年，第 522 页。

②〔清〕黄本骥：《重修贾太傅祠并建小学记》，载〔清〕夏献云纂修：《贾太傅祠志》卷二，岳麓书社，2008 年，第 48 页。

显然，在他们眼中的贾太傅祠的祭祀及兴学，其目的均在继承贾太傅之学，其学术宗旨不仅仅在“学”，尤其要体现出“立身行己”的“先王之道”，也包括“务求实效，以希有用”、能够实现“长治久安”的“治”。这样，就达到通过兴祠而复兴湘学的目的：“然则湖湘正学之明，抑可于祠之兴废卜之矣。”①

第三节　刊印书籍

随着湘学学术形态的成型，湖湘人士通过整理、刊印湘学学者的著作，以达到传承湘学学统、推广湘学学术旨趣的目的，亦成为促进湘学建构、发展的重要文化手段和社会条件。而且，与通过湘学人物的祠庙祭祀以传承学统一样，湘学书籍的刊印也是随着湘学的兴衰而同时出现不同的状况。湘学书籍的广泛刊行，是维系湘学传承、发展的一个重要条件。

湘学的兴起、成型是在宋朝，刊印湘学的书籍也是开始于这个时期。周敦颐是理学的开山祖，也是湘学的奠基人，但在他逝世时，并不为学界所普遍了解和推崇，周敦颐被学界所共知，是与湖湘学人的极力推崇与刊印书籍是联系在一起的。据潘兴嗣所撰《周敦颐墓志铭》，周去世时留下了《太极图》《易说》《易通》《诗》等书，由其家人收藏。又据祁宪《通书后跋》所说，当时的程门弟子侯师圣、高元举、尹和靖等手中亦有。但据朱熹所说，南宋乾道年间流行的周敦颐的著作只有四个本子：春陵本、

① 〔清〕夏献云：《重修贾太傅祠碑文》，《贾太傅祠志》卷二，岳麓书社，2008年，第54页。

零陵本、长沙本、九江本[①]。十分明显，湘人最为重视这一湘学奠基人的成果，其中三个本子都是在湖南，可见湘学学者对周敦颐之学的推崇及其传播的贡献。其中的长沙本系湖湘学派宗师胡宏亲自作序推介，他对周敦颐及其《通书》作了一个从未有的极高评价，认为“此一卷书，皆发端以示人者，宜度越诸子，直与《易》《诗》《书》《春秋》《语》《孟》同流行乎天下”[②]。胡宏通过刊印周敦颐的著作以推崇周敦颐的学术，从而实现了弘扬湘学学统的目的。周敦颐的著作开始在湖南广泛流传，胡宏此举又为其弟子张栻所继承。张栻将《太极图说》《通书》汇刻刊行，并亲自作《跋》，以诠释周敦颐之学的学术旨趣，他说：

> 嗟乎！自圣学不明，语道者不睹乎大全，卑则割裂而无统，高则汗漫而不精。是以性命之说，不参乎事物之际；而经世之务，仅出乎私意小智之为，岂不可叹哉！惟先生生乎千有余载之后……文理密察，本末该贯，非阐微极幽，莫能识其指归也。[③]

张栻是以理想范型的“圣学”来阐述濂溪学的意义，他认为儒学的理想范型是性命之道、经世之务与儒者之学的融通，三者割裂则会导致“圣学不明”的严重后果，周敦颐之学的学术价值与历史地位是由于能够实现“文理密察，本末该贯”，即实现道、治、

① 〔宋〕朱熹：《再定太极通书后序》，《晦庵先生朱文公文集》卷七十六，《朱子全书》第 24 册，上海古籍出版社，安徽教育出版社，2002 年，第 3652 页。

② 〔宋〕胡宏：《周子通书序》，《胡宏集》，中华书局，1987 年，第 161—162 页。

③ 〔宋〕张栻：《通书后跋》，载〔宋〕周敦颐：《周敦颐集》附录二，中华书局，1990 年，第 120 页。

学融通的理想范型。张栻反复诠释儒学及濂溪学的学术旨趣，其实也是在建构湘学学术旨趣。这样，胡宏、张栻刊印周敦颐的著作，就不仅仅是推崇湖湘学统的历史成就，更是为了继承、弘扬湘学的学术宗旨。

南宋湖湘学派宗师胡宏的著作，也是最早被湖湘后学刊刻发行，成为湖湘学统的代表著作，在学界广泛流行。胡宏逝世后，留下了大量遗著、手稿。胡宏的高弟张栻、儿子胡大时将其整理、刊行。胡宏的代表著作是《知言》，另有包括诗、书信、杂文、经义、时论的诗文集。胡宏治学严谨，他在世时这些著述的内容虽在子弟中流行，但均未及刊行。胡宏逝世后，胡大时、张栻将其遗稿《知言》及《五峰集》整理、刊行，张栻分别为《知言》《五峰集》作序。张栻在《序》中一方面表达了整理、刊行胡宏遗著是希望将其“传之同志”以承传湖湘学统的道脉；另一方面，他对胡宏之学的学术旨趣作了精要的概括，认为其“析太极精微之蕴，穷皇王制作之端”[①]“体用该备，可举而行”[②]“其言约，其义精，诚道学之枢要，制治之蓍龟也”[③]。这样，张栻等湖湘学者通过整理刊行胡宏的遗著，一方面起到了传承、弘扬湖湘学统的重要作用，新刊行的《知言》成为湖湘学者的经典之作而受到崇尚。《朱子语类》卷一百一载：“湖、湘学者崇尚

① 〔宋〕张栻：《胡子知言序》，《新刊南轩先生文集》卷十四，《张栻集》第3册，中华书局，2015年，第974页。

② 〔宋〕张栻：《胡子知言序》，《新刊南轩先生文集》卷十四，《张栻集》第3册，中华书局，2015年，第974页。

③ 〔宋〕张栻：《胡子知言序》，《新刊南轩先生文集》卷十四，《张栻集》第3册，中华书局，2015年，第975页。

《知言》。”[①] 湖湘学子在学习《知言》的同时又推动重新刊行《知言》，“以广其传”，如张栻的弟子吴儆就说：“某受此书（指《知言》）于南轩先生，谨诿诸同志汪伯虞锓木，以广其传。异时吾党之士……皆知以此道为终身根本之地。”[②] 另一方面，湖湘学者通过刊行湖湘学派宗师的著作，能够承传胡宏之学的“体用一源”[③] 即道治一体的学术旨趣，实现吴儆所说的让湖湘学者群体（“吾党之士”“同志”）能够终身服膺湖湘学统。尽管张栻“修正”了胡宏关于人性论的部分说法，但是胡、张的学术旨趣则完全是一脉相承的。

这里仅仅是例举在湖湘学统居于重要地位的周敦颐、胡宏两人。其实，在湘学成型并产生影响的宋代，刻书事业十分发达。其中特别是涉及湘学代表人物的著作更是受到特别关注。如汉代贾谊是湘学渊源，南宋淳熙八年（1181）潭州州学刻印了贾谊《新书》十卷，民间士绅亦关注贾谊之学，民间书坊亦刻有被称为“长沙本”的贾谊《新书》。唐代柳宗元之学在湖南有一定影响，南宋乾道元年（1165）湖湘学人将零陵旧刻本《柳柳州外集》重刻于郡学，以供湖湘学者学习研究。由于湖湘学统源于二程，由胡安国编、张栻促成的《二程文集》十三卷于南宋乾道时在长沙学宫雕版刊刻，它是《二程文集》的第一个刻本，被称为“长沙本”。另外，湖湘学者胡寅的代表作《致堂读史管见》，亦

①〔宋〕朱熹：《程子门人》，《朱子语类》卷一百一，《朱子全书》第 17 册，上海古籍出版社，安徽教育出版社，2002 年，第 3396 页。

②〔宋〕吴儆：《宋吴儆题五峰先生知言卷末》，载〔宋〕胡宏：《胡宏集》，中华书局，1987 年，第 340 页。

③〔宋〕胡宏：《与彪德美》，《胡宏集》，中华书局，1987 年，第 135 页。

于宋嘉定十一年（1218）由衡阳郡斋刻版发行。① 这些书籍的刻印，大大促进了湖湘学统的传承。

又如明清之际的湘学代表人物王船山。王船山的学术是晚清湖南的显学，对当时的知识界有着广泛的、深刻的影响，故而成为晚清湘学学统的旗帜。王船山之学之所以有如此深刻、广泛的影响，自然离不开晚清湖湘学人大量刊印、整理船山遗书。王船山在世时尚不为学界所知，他留下了大量的遗著均未刊行。船山逝世后，他的著作逐渐被湖南学界发现、珍视并在湖南陆续刊行。首先是清康熙年间刊行的“湘西草堂本”《王船山先生书集》，从船山遗著中选取了《周易大象解》《春秋世论》等 27 种著作。此书刊行以其家族主其事，但是湖湘士大夫给予了大量支持。“湘西草堂本”的船山遗著一出，就受到了湖南学界的特别关注。其次是清道光年间，随着湖湘学者群体逐渐崛起，整理乡邦文献以弘扬湘学学统的热情不断高涨，湘学学者邓显鹏与其湘学界朋友欧阳兆熊、邹汉勋等决定重新搜集、整理船山遗著刊行。他们整理、刊行了《周易内传》《周易外传》等 18 种著作，总集名《船山遗书》，为“守遗经书屋本”。但该书藏版在太平军进攻湘潭时被全部焚毁。最后是清同治年间，就在湘军攻克南宋前后，曾国藩、曾国荃兄弟重新搜集、整理船山遗著，共收入船山著作 56 种，刻成“金陵节署本”的《船山遗书》。在几代湖湘学人的努力下，王船山先生的遗著开始在湖湘之地及外省广泛流行，对晚清湘学的崛起发挥了重要作用。邓显鹤、曾国藩费尽心力刊刻船山遗书，是为正在崛起的湖湘学术与湘军政治集团挖掘本土的文化资源。他们弘扬湘学学脉、承传湘学宗旨则是与宋代

① 参阅刘志盛：《宋代湖南刻书散记》，《图书馆》，1986 年第 3 期，第 11—16 页。

以来的湘学传统一脉相承。曾国藩为《船山遗书》作序说：

> 船山先生注《正蒙》数万言，注《礼记》数十万言，幽以究民物之同原，显以纲维万事，弭世乱于未形。其于古昔明体达用，盈科后进之旨，往往近之。[①]

曾国藩对船山先生学术旨趣的解读，应该说是与其本来相契合的。尽管他们二人的身份不同，思想差异甚大，但是将“究民物之同原”[②]的“明体”（道）、“弭世乱于未形”[③]的“达用”（治）与详考名物、训诂、音韵的“博文”（学）统一起来，确是他们二人的相通的学术旨趣。曾国藩刊印的《船山遗书》对近代湘学的不同派别、不同学者均产生极大的影响，而这些不同学派的湘学学者的政治思想迥异，但是他们的学术旨趣又相通，即道、治、学的贯通。

前面已经谈到，学术发展与刻印书籍是相互影响与促进的，宋代湖湘学术与湖南刻书的互动即可看出。而到了清代，湘学获得了空前的发展，湘学学者群体崛起于学术文化界，他们购书读书的愿望很强烈，同样，他们写下了大量著作亦可推动湖南刻书的发展繁荣。清代湘学学者队伍庞大，他们本人既是读书、购书者，又是著书、编书者，同时又是刻书人。古代刻书分宋刻、官刻、坊刻三大刻书系统。但是，官办书局与私人刻书家紧密联

①〔清〕曾国藩：《诗文·〈王船山遗书〉序》，《曾国藩全集》第14册，岳麓书社，2011年，第210页。

②〔清〕曾国藩：《诗文·〈王船山遗书〉序》，《曾国藩全集》第14册，岳麓书社，2011年，第210页。

③〔清〕曾国藩：《诗文·〈王船山遗书〉序》，《曾国藩全集》第14册，岳麓书社，2011年，第210页。

系，因为支撑湖南三个刻书系统的均是湖湘士大夫、士绅，并大多有一定的学术水平。无论是官刻、坊刻还是家刻，将湖南先贤、学者的著作刻印出版，则是他们共同的追求。如清代湖南官书局刻印湖南著作较多的是传忠书局、思贤书局。将曾国藩的各类著作十六种编成《曾文正公全集》，即是由传忠书局刻书。而思贤书局更是主要刻印湖南先贤的著作，包括刘蓉的《刘中丞奏议》，郭嵩焘的《中庸章句质疑》《大学章句质疑》《礼记质疑》，王先谦的《荀子集解》《庄子集解》《骈文类纂》，苏舆的《晏子春秋》《春秋繁露义证》，皮锡瑞的《经学历史》《经学通论》《三礼通论》等。[①] 至于清代湖南私家刻书群体，其主体即是清代湘学的代表人物，如宁乡陶汝鼎的陶氏家族，长沙李文炤的“四为堂”，衡阳王敔的“湘西草堂”，宁乡王文清，安化陶澍，道县何绍基，湘潭罗汝怀、罗萱父子，新化邓显鹤，邵阳魏源，湘乡曾国藩家族，新化邹汉勋、邹代钧家族，益阳胡林翼，湘阴郭嵩焘家族，长沙王闿运、王先谦、皮锡瑞等人的家族等，共计三百多家[②]，均为清代湘学学者兼私家刻书名家。这样一批湘人学人群体，不仅大量刻印湖湘先贤的著作，同时也可以将同代学者的著作刻印，从而大大促进了湘学学统的传承与湘学学术事业的空前繁荣发展。

第四节　学术交往

学术传统的形成、学术旨趣的建构、学术事业的繁荣，往往

① 寻霖：《清代湖南官书局刻书》，《图书馆》，2012 年第 2 期，第 141—143 页。

② 江凌：《试论清代两湖地区的私家刻书群体特征及其文化贡献》，《湖南大学学报（社会科学版）》，2009 年第 6 期，第 97—100 页。

与学术人材的汇聚、学者群体的交流有密切联系。湘学作为一个区域性的学术形态，无论是其学统的形成、学术旨趣的建构，均离不开湖湘地域内外的学者群体的学术交往。而且我们会发现，学术传统的建构是与学者群体交往的密切程度成正比的。湘学发达有两个高峰，即宋朝与清朝，而恰恰这两段时间内是湘学学者产生最多、交流最频繁的时期。这种频繁密切的学术交流，也是他们尊崇共同学统、形成相同学术旨趣的重要原因。

宋代是湖湘学统奠基、湖湘学术旨趣形成时期。湖南这个向来被认为文化落后的“荆蛮”之地，到了宋代却成了全国的学术文化的中心之一。最为突出的，就是形成了一个被称为“湖湘学派”的学者群体，这个学者群体的学术地位之高、学者数量之多、学术特色之突出，不仅在湖南文化史上是空前的，在群星灿烂的宋代学术史上也是并不多见的。南宋初，胡安国、胡寅、胡宏等一大家族及其门人移居衡麓，他们在此开创书院、研究经典、讲学论辩、撰写著作，形成了一个“并以大儒树节南宋之初”（全谢山语）[①]的庞大学者群体。张栻从学胡宏于碧泉书院后回长沙，使湖湘学的学术中心转移到长沙，在张栻周围形成了一个更为庞大的学者群体。南宋湖湘学派的学者群体从胡安国到岳麓诸儒共有四五代学者，其中著名学者数十个，《宋元学案》中专门设有的学案包括有《武夷学案》《衡麓学案》《五峰学案》《南轩学案》《岳麓诸儒学案》《二江诸儒学案》共6个学案，这些学者的关系包括师生、同学、父子、兄弟、姻亲。他们之间有着十分密切的学术交流，在他们的文集、语录及《宋元学案》中，都有他们讲学、论辩、切磋的记录。不仅是湖湘学派内部有

①〔清〕黄宗羲撰，全祖望补修：《武夷学案》，《宋元学案》卷三十四（第2册），中华书局，1986年，第1182页。

十分密切的学术交流，这批学者群体还与当时最有影响的其他学者、学派有频繁的学者交流，包括闽学、赣学、婺学、永康学、永嘉学等各个学派。宋代湖湘学者群体之间的内部、外部交流切磋，不仅仅是大大提高了他们的学术水平，同时也强化了他们对共同的湖湘学统的认同，尤其是促进了他们形成共同学术旨趣。

清朝是湘学史上一个更为成就卓著的高峰。清朝是一个学术思潮变化频繁、学术派别林立的历史时期，从学术形态分，先后有理学、考据学、今文经学、新学；从社会政治倾向分，又有守旧派、经世变革派、洋务派、维新派、革命派等等。清代湘学之所以成就卓著，就在于每一种学术形态、社会思潮中，均产生了一批杰出的学者群体，成为那个时期学术形态、社会思潮中的代表人物。尽管清代湘学前后变化很大，无论是学术形态还是政治思想都很不一样，但又均有这样一些共同点：其一，每个阶段的湘学学者均是以学者群体的形态呈现出来，由于乡邦的地缘关系，加之他们之间又是师生、同门、同乡、同僚、姻亲、世交、上下级等各种附加的关系，故而他们均有比地域外学者更为密切的地缘认同与学术交往。其二，这些湘学学者均有对乡邦学统、地域文化传统的认同，譬如，他们作为岳麓书院的学生，均认同宋代湖湘学统；他们作为王船山的后学，均认同船山学的学术理念与人格理念。其三，这些湘学学者尽管处于不同的社会地位、历史阶段，他们的思想差别很大，但是他们均有着相同的学术旨趣，即总是坚持将道、治与学统一起来，形成一种特有的地域性的学术旨趣特色。形成这三个共同点的原因之一，就是这些学者群体之间的相互交流、相互影响。

第六章

周敦颐推本太极之道

周敦颐（1017—1073），字茂叔，原名敦实，因避宋英宗旧讳而改名，谥元，称元公。周敦颐是湖南道州人，学者称濂溪先生。他不仅开创了地域性濂溪学统，还成为宋学的道学宗主。周敦颐在世时学术地位并不高，但是到了南宋之后，其学术地位不断上升，成为宋儒中上承孔孟的道统传人。明清学术史家，也肯定他的道统地位。

周敦颐为何能够从地域性濂溪学统，一跃而成为从孔孟到宋儒的道统连接者？周敦颐之学包涵着什么思想内涵，使后世学者均能够接受这一说法？

第一节 《太极图说》的天道论

周敦颐作为宋学的开拓者，其最大贡献就是通过对儒家经典的创造性诠释，为儒学创建了一个天道论的道学体系，这在他的《太极图说》中得以充分体现。南宋理学大师朱熹、张栻推崇他为“道学宗主”，其原因即在于此。他们认为：

惟先生（指周敦颐）崛起于千载之后，独得微旨于残编断简之中，推本太极，以及乎阴阳五行之流布，人物之所以生化，于是知人之为至灵，而性之为至善，万理有其宗，万物循其则，举而措之，则可见先生之所以为治者，皆非私知之所出，孔孟之意于以复明。[1]

他们十分推崇周敦颐能够从儒经中“独得微旨”，建立起一个太极、阴阳、五行、人物化生的天道论体系，从而深化了对儒家经典的认识，为儒家之人伦理、先王之治术奠定了大本大源的思想基础。

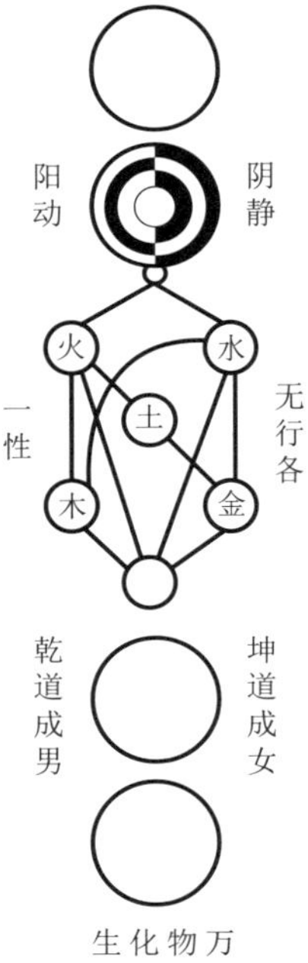

太极图

①〔宋〕张栻：《南康军新立濂溪祠记》，《新刊南轩先生文集》卷十，《张栻集》第3册，中华书局，2015年，第916页。

周敦颐的《太极图说》受到朱熹等理学家的极度推崇，就在于它充分地利用了儒家经典《周易》的思想，同时也吸收了其他儒家学者及道家与道教的有关思想，并作了一些创造性发展，终于建立了这个重要的道学体系。

《太极图说》完整地论述了一个由无极、太极的宇宙化生到圣人“立人极”的德性完善的过程。这里，首先探析周子关于宇宙化生论的思想及其特点。

《太极图说》云：

> 无极而太极。太极动而生阳，动极而静，静而生阴。静极复动。一动一静，互为其根；分阴分阳，两仪立焉。阳变阴合，而生水、火、木、金、土。五气顺布，四时行焉。五行，一阴阳也；阴阳，一太极也；太极，本无极也。五行之生也，各一其性。无极之真，二五之精，妙合而凝。“乾道成男，坤道成女”，二气交感，化生万物。万物生生，而变化无穷焉。①

这部分《说》是对《太极图》的文字解释，它所建立的这种宇宙论模式是：无极—太极—阴阳—五行—万物。这个模式既有对《周易》原有经传思想资料的利用，又有新的创发。

首先来看《太极图说》中的“无极”。“无极”毫无疑问是出自道家。老子说：“常德不忒，复归于无极。”② 庄子亦云：“余将去女，入无穷之门，以游无极之野。”③ 之后的佛教也常使用这

①〔宋〕周敦颐：《太极图说》，《周敦颐集》卷一，中华书局，2009年，第3—5页。

②〔魏〕王弼注，楼宇烈校释：《老子道德经注》，中华书局，2011年，第75页。

③〔清〕郭庆藩：《在宥第十一》，《庄子集释》卷四下，中华书局，2013年，第349—350页。

个范畴。僧肇曾说："物不异我，我不异物，物我玄会，归乎无极。"[①]总之，"无极"是道、佛两家，尤其是道家的一个重要范畴，并往往用来表述宇宙来源。为什么周敦颐要用"无极"来表示宇宙来源呢？因为这个范畴本有二重意义。第一，"无极"是指一种无限性。王弼在注释《道德经》中"无极"时说："不可穷也。"后来朱熹也肯定"'无极'乃无穷之义"[②]。所谓"无穷"既是指空间上的不可穷尽，也是指时间上的没有终始。第二，"无极"是一种无形无象的存在。老子曾认为这个"无极"是"视之不见""听之不闻""搏之不得"的，可见它是无形无象的，是一种形而上的存在。周敦颐在建立宇宙论体系时，以"无极"作为宇宙的最终本原，正是考虑到"无极"作为一种无限性与无形无象的规定性，因为这种规定性使得人们要在"无极"之外另寻求其他本原为不可能。这一点，朱熹曾有解释："周子恐人于太极之外更寻太极，故以无极言之。既谓之无极，则不可以有底道理强搜寻也。"[③]"无极"作为无形无象的无限存在，终止了学者们要再作强搜寻的可能性。但是，由于儒家经典中只有"太极"而没有"无极"，故而周敦颐不得不从道、佛的典籍中引进"无极"概念。当然，这种借用道家概念而建立宇宙理论，又会使儒家学者失去对这一最高存在的信念。加之道家宇宙论主张"有生于无"，儒家学者难接受这一虚无的本体，所以，朱熹坚决反对"无极而生太极""自无极而为太极"等表述，反

①〔东晋〕僧肇：《涅槃无名论·通古第十七》，《肇论校释》，中华书局，2010年，第227页。

②〔宋〕朱熹：《答陆子静》，《晦庵先生朱文公文集》卷三十六，《朱子全书》第21册，上海古籍出版社，安徽教育出版社，2002年，第1569页。

③〔宋〕朱熹：《周子之书》，《朱子语类》九十四，《朱子全书》第17册，上海古籍出版社，安徽教育出版社，2002年，第3116页。

对将“无极”看作是“太极”之先的一种存在，认为“‘无极而太极’，只是说无形而有理”。朱熹反复强调宇宙本原是“太极”，而“太极”也就是理，至于“无极”只是形容“太极”、理的无形无象的特点的。当然，朱熹的观点只是表达了理学学术精密化的需要及其对周敦颐思想的改造。而周敦颐在当时并没有想到这么多，在《太极图说》中，他曾经说道：“五行，一阴阳也；阴阳，一太极也；太极，本无极也。”①“无极之真，二五之精，妙合而凝。”②这些看法均说明周敦颐是将“无极”作为宇宙的本原来看的，我们应该肯定“无极”是周敦颐学术体系中是宇宙本原的概念。

再来看《太极图说》中的“太极”。“太极”概念来自于儒家经典《周易·系辞传》：“易有太极，是生两仪，两仪生四象，四象生八卦。”③在这里，“太极”显然是作为一种最高的范畴，以说明八卦的起源和宇宙的本原。但在《易经》中，“太极”的具体内涵还不太明确，汉唐诸儒在注释《周易》时，进一步规定了“太极”的特点。孔颖达在《周易正义》中说：“太极天地未分之前，元气混而为一，即是太初、太一也。”④汉唐诸儒中大多是以“太极”为天地未分之前的元气，而且，这种观点一直影响到宋代。宋初学者们往往也以太极为一种混沌的元气，如刘牧说：“太极者一气也，天地未分之前，元气混而为一。”⑤另如，李

①〔宋〕周敦颐：《太极图说》，《周敦颐集》卷一，中华书局，2009年，第5页。

②〔宋〕周敦颐：《太极图说》，《周敦颐集》卷一，中华书局，2009年，第5页。

③〔清〕李道平：《周易集解纂疏》，中华书局，1994年，第600—602页。

④〔宋〕魏了翁：《周易要义》卷七，《文津阁四库全书》第13册，商务印书馆，2006年，第259页。

⑤〔宋〕刘牧：《易数钩隐图》卷上，《文津阁四库全书》第3册，商务印书馆，2006年，第257页。

觀等也以“太极”为元气。周敦颐的《太极图说》和这些观点比较接近，即是把“太极”看成是阴阳未分的元气之类，认为由于元气的运动，才产生了阴阳二气，二气的交合而形成五行，并由二气五行而化生万物。周子说：“太极动而生阳，动极而静，静而生阴。静极复动。”[①]“阳变阴合，而生水、火、木、金、土。五气顺布，四时行焉。”[②]十分明显，周敦颐所言的太极，是一种混沌未分的元气，而并非朱熹所说的“理”，因为能够自己动、静，只能是气而不是理。正因为如此，周敦颐要在“太极”这种元气之前，增加更为本原的“无极”。当然，周敦颐在这个问题上，吸取了道家的思想和智慧。老子主张“无名天地之始”，庄子认为宇宙之道应该是“在太极之先而不为高，在六极之下而不为深，先天地生而不为久”[③]。所以，周敦颐的《易》学创造性地以“无极”作为先于“太极”的存在，是因为只有“无极”才是一种无限性、无规定的本原存在。将“无极”“太极”结合起来，才构成宋代《易》学的宇宙论，这正如朱熹的宇宙论是由“理”与“气”构成一样。

水火匡廓图

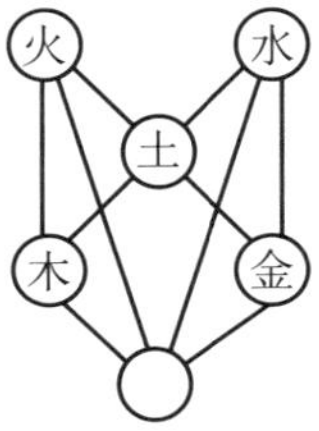

三五至精图

再论《图说》中的“阴阳五行”。周敦颐是以《周易》为主

① 〔宋〕周敦颐：《太极图说》，《周敦颐集》卷一，中华书局，2009年，第4页。

② 〔宋〕周敦颐：《太极图说》，《周敦颐集》卷一，中华书局，2009年，第4页。

③ 〔清〕郭庆藩：《大宗师第六》，《庄子集释》卷三上，中华书局，2013年，第225页。

建立宇宙论的，但又不限于《周易》，而是吸收了其他思想材料。他认为，从无极、太极到万物化生，须经阴阳五行的演变程序。阴阳观念来自《周易》："易有太极，是生两仪。"[①]此"两仪"即是指天地、乾坤、阴阳。由于太极元气处于运动、静止的不同状态，故生化出阴阳二气，又由阴阳二气变化聚合，而生水火木金土"五行"。但是五行观念不来自《周易》。春秋末年，已经出现五行观念，战国时阴阳家也讲五行。汉以降，五行已经成为建立宇宙论的重要观念，董仲舒的宇宙论中有五行相生相克的学说。周敦颐显然继承了汉儒的思想，用水火木金土作为化生万物的材料。周敦颐的阴阳、五行观念，曾在《太极图》中用图式来表示。关于太极动静而生阴阳的观念，就是以"水火匡廓图"来表示，左标"阳动"，右标"阴静"，以象征太极动而生阳，静而生阴。关于"阳变阴合，而生水、火、木、金、土。五气顺布，四时行焉"[②]的思想，在图中则是以"三五至精图"来表示。关于"五行"的排列和相互关系，朱熹解释《太极图》中说："水阴盛，故居右；火阳盛，故居左；木阳稚，故次火；金阴稚，故次水；土冲气，故居中。……水而木，木而火，火而土，土而金，金而复水，如环无端，五气布，四时行也。"[③]在"三五至精图"下方，有一小圈与金、水、火、木相连，代表阴阳、五行的交合，即如朱熹所说："此无极二五所以妙合而无间也。"[④]这些都表明，周敦颐在吸取《周易》思想的基础上，还借用了五行相生的观念建构其宇宙论。

---

①〔清〕李道平：《周易集解纂疏》，中华书局，1994年，第600页。

②〔宋〕周敦颐：《太极图说》，《周敦颐集》卷一，中华书局，2009年，第4页。

③〔宋〕周敦颐：《周敦颐集》卷一，中华书局，2009年，第2页。

④〔宋〕周敦颐：《周敦颐集》卷一，中华书局，2009年，第2页。

最后，周敦颐在论述“万物化生”时，提出“‘乾道成男，坤道成女’，二气交感，化生万物”。关于乾道、坤道的思想，来自《周易·系辞传》：“乾道成男，坤道成女。乾知大始，坤化成物。”[①]可见，周敦颐引用《易传》中语，其男、女非指人的性别，而是指阴阳五行所交合化生的万物，均具有阳性和阴性。

周敦颐在讲了从“无极”开始的宇宙化生论之后，紧接着又论述了人的产生及“人极”的目标。他说：

> 惟人也，得其秀而最灵。形既生矣，神发知矣，五性感动，而善恶分，万事出矣。圣人定之以中正仁义（原注：圣人之道，仁义中正而已矣），而主静（原注：无欲故静），立人极焉。故“圣人与天地合其德，日月合其明，四时合其序，鬼神合其吉凶”。君子修之吉，小人悖之凶。故曰：“立天之道，曰阴与阳；立地之道，曰柔与刚；立人之道，曰仁与义。”又曰：“原始反终，故知死生之说。”大哉《易》也，斯其至矣！[②]

这部分则主要论述了人产生之后，如何通过“人道”的追求，最终达到与“太极”为一体的最高境界，即实现“立人极”。

宋儒虽热衷于讲天道，但他们讲天道的目的是讲人道。周敦颐即如此，他论述无极、太极的宇宙本原，其目的就在于确立人道的原则。他认为人和万物均是禀五行之气而生，因人禀秀气而生故最灵，人不仅具有形体，更重要的是具有精神活动，故而人

①〔清〕李道平：《周易集解纂疏》，中华书局，1994 年，第 544 页。

②〔宋〕周敦颐：《太极图说》，《周敦颐集》卷一，中华书局，2009 年，第 6—8 页。

能够从宇宙之道中体认出人伦之道，确立“人极”的目标。在周敦颐关于讲人道、立人极的论述中有两个问题值得考辨论述。

第一，中正仁义的道德规范。中正仁义是人极的准则，同时来自于“无极”“太极”的天道。在这里，将中正仁义连在一起作为“圣人之道”的准则，是周敦颐的创意。重视道德规范的孟子仅提出仁义礼智，而朱熹为了将孟子的“仁义礼智”与周子的“中正仁义”统一起来，曾以礼、智二德解中、正。应该说，周敦颐之说是根据《周易·文言》中“大哉乾乎，刚健中正纯粹精也”之语而来。在《周易》中，“中正”体现出天道的合宜、正当等“中正”的特点，它又是人的行为合乎天道的人道准则。

第二，关于“主静”精神境界。“主静”显然是道家的思想。老子说：“不欲以静，天下将自定。”[①] 庄子说：“夫虚静恬淡寂漠无为者，万物之本也。”[②] 正像周敦颐在天道论中吸取了道家以无为本的“无极”观念一样，在人道论中他又吸取了道家关于“主静”的修身原则和方法。这是因为，人道中“主静”的原则和宇宙论中“无极”本体的状态是一致的。在宇宙论中，“太极”是有动有静故而生阴阳之气的，而太极之先的“无极”则是一种无规定（虚）、无运动（静）的本原状态。故而，圣人追求“主静”，正是希望“原始反终”，使人的精神境界与宇宙的虚静本原和谐一致。当然。周敦颐对道家的吸收，并不因此而放弃儒家的基本立场。“无极”的提出，是为儒家伦理寻源探本的需要；同样，“主静”的追求，也是为了更好地遵循中正仁义的儒家道德准则。这一点，正如朱熹所解释发挥的：“苟非此心寂然无欲而

①〔魏〕王弼注，楼宇烈校释：《老子道德经注》，中华书局，2011 年，第 95 页。

②〔清〕郭庆藩：《天道第十三》，《庄子集释》卷五中，中华书局，2013 年，第 411—412 页。

静，则又何以酬酢事物之变，而一天下之动哉！”[①] 周敦颐学术思想的这一特点，在他后来所写的《通书》中体现得更为突出。

《太极图说》初出及在北宋时期，影响并不很大，二程本《通书》仅将其作为附录即可看出。但是，到了南宋时期，情形就发生了显著变化，《太极图说》很快就被推崇为理学的奠基之作。同时，南宋学者还断定周敦颐和二程兄弟的道统传授关系，也以“手授”《太极图说》为中介。此后，周敦颐一直因其《太极图说》而高居于“道学宗主”的崇尚地位。

《太极图说》为什么会有这么重要的学术地位？从南宋几位著名理学家朱熹、张栻、魏了翁对濂溪学的评论中，可以找到部分答案：

> 盖尝窃谓先生之言，其高极乎无极太极之妙，而其实不离乎日用之间；其幽探乎阴阳五行造化之赜，而其实不离乎仁义礼智、刚柔善恶之际。其体用之一源，显微之无间，秦汉以下，诚未有臻斯理者。[②]
>
> 盖自孔孟没，而其微言仅存于简编，更秦火之余，汉世儒者号为穷经学古，不过求于训诂章句之间……儒而言道德性命者，不入于老，则入于释……及吾先生起于远方，乃超然有所自得于其心。本乎《易》之太极、《中庸》之诚，以极乎天地万物之变化。[③]

---

①〔宋〕周敦颐：《周敦颐集》卷一，中华书局，2009 年，第 7 页。

②〔宋〕朱熹：《隆兴府学濂溪先生祠记》，《晦庵先生朱文公文集》卷七十八，《朱子全书》第 24 册，上海古籍出版社，安徽教育出版社，2002 年，第 3748 页。

③〔宋〕张栻：《道州重建濂溪周先生祠堂记》，《新刊南轩先生文集》卷十，《张栻集》第 3 册，中华书局，2015 年，第 906—907 页。

不有先生发太极本然之体，明二五所乘之机，而示人以日用常行至近至切之理，则异端小道将诬民惑世于无所终极。[①]

从上面所引的对周敦颐学术思想评价的几段话就可以看到，周敦颐的《太极图说》之所以具有那么高的学术地位，主要有两点：第一，在孔孟之后儒家经学中的义理隐而不得其传的情况下，复兴了儒家经学，承接了道统；第二，发明了“无极”“太极”的天道论，沟通了日用常行与天道的联系。这两点，恰恰是宋代道学思想的重要学术特征，由此奠定了周敦颐在道学史上的地位。

《太极图说》之所以具有重要的学术地位，在于它自觉地承担起复兴儒学、通过重新诠释儒家经典以重建人文信仰的历史使命。汉唐儒学虽重视儒家经典但偏重对原典的章句训诂，无意于阐发儒家的天道性命；而在天道性命方面卓有探索的佛道两教，则因与儒家仁义礼智道德价值相冲突而成为“诬民惑世”的学说。自唐中叶开始，即有韩愈、李翱等学者为了回应佛教的挑战，开始倡导复兴儒学，重视心性道德，但是，他们均没有将心性道德建设与无极太极的天道论结合起来。然而，儒学的复兴，与儒学的创造发展是生死攸关地联系在一起的。周敦颐之学一方面是对唐中叶以来复兴儒学的学术思潮的承接，他在《太极图说》中坚持和强调了儒学的价值立场，以儒家“中正仁义”的伦理规范作为“立人极”的准则，以实现“示人以日用常行至近至

① 〔宋〕魏了翁：《道州宁远县先生祠记》，《鹤山集》卷四十三，《文津阁四库全书》第1176册，商务印书馆，2006年，第765—766页。

切之理”[1]的目的。但是，仅仅如此，是不能真正复兴儒学、成为理学开山祖的。周敦颐的成功之处，就是能将儒家伦理与一种宇宙理论结合起来。他以儒家经典《周易》的思想为基础，并充分利用了汉唐儒家学者宇宙论思想材料，终于建立了一套将无极太极的天道论与中正仁义、立人极的人道论统一起来的《易》学思想。这正是朱熹、张栻、魏了翁等理学家非常推崇、反复论述的。周敦颐的《太极图说》确是将“无极太极之妙”与“日用之间”、“阴阳五行造化之赜”与“仁义礼智之德”紧密结合起来。这是一套有着系统理论的“天人合一”思想体系：一方面是由天而及人，从无极太极到中正仁义的序列，以宇宙自然的化生过程来论述儒家伦理的必然性；一方面是由人而及天，即是从“立人极”再回归到太极无极的序列，希望从“立人极”“主静”的道德生活感悟到其中的宇宙意义。周敦颐所创建的这种《易》学，既非汉唐以来那种皓首穷经的训诂之学，也非那种放弃儒家价值原则而一味高谈天道性命的释老之学，而是一种既坚持了儒家伦理价值，又创立了一套宇宙天道的学说，这充分体现出宋儒学术思想的特征。

第二节　《通书》的人道论

《通书》原名《易通》，潘兴嗣所撰《墓志铭》即为《易通》。程门弟子传播此书时，已改名为《通书》，胡宏、祁宽等均称是书为《通书》。

《通书》是周敦颐的重要学术著作，历来受到理学家们的极

① 〔宋〕魏了翁：《道州宁远县先生祠记》，《鹤山集》卷四十三，《文津阁四库全书》第 1176 册，商务印书馆，2006 年，第 765—766 页。

度推崇。胡宏说:“故此一卷书，皆发端以示人者，宜其度越诸子，直以《诗》《书》《易》《春秋》《语》《孟》同流行乎天下。”[①]《通书》具有与儒家经典并列的重要地位。和《太极图说》以《周易》的天道论为基础而大讲无极太极、阴阳五行不同,《通书》虽也系《易》学著作但又汲取了《四书》中的圣人之本、道德修身、礼乐刑政等思想。祁宽为《通书》作跋时也提出:“此书字不满三千，道德、性命、礼乐、刑政，悉举其要。而又名之以《通》，其示人至矣。学者宜尽心焉。”[②]《太极图说》重视“天道”的演进，而《通书》则偏重“人道”的阐发。关于《太极图说》与《通书》的关系，朱熹认为:“周子留下《太极图》，若无《通书》，却教人如何晓得?故《太极图》得《通书》而始明。”[③]也就是说,《太极图说》所讲的天道论原理，最终要在《通书》的伦理政治中方得以落实,“天道”最终要通过“人道”才获得确定的意义和内容。由于周子《通书》偏重“人道”，主要是儒家的政治伦理，所以,《通书》比《太极图说》得到更为广泛的肯定。黄百家说:“盖周子之《通书》，固粹白无瑕，不若《图说》之儒非儒、老非老、释非释也。”[④]

《通书》原名《易通》，从书名来看，这部著作应有两点值得注意：其一，这是一部有关《易》学的研究著作，故而应该从

①〔宋〕胡宏：《通书序略》，载〔宋〕周敦颐：《周敦颐集》附录二，中华书局，2009年，第118页。

②〔宋〕祁宽：《通书后跋》，载〔宋〕周敦颐：《周敦颐集》附录二，中华书局，2009年，第119页。

③〔宋〕朱熹:《周子之书》,《朱子语类》九十四,《朱子全书》第17册，上海古籍出版社，安徽教育出版社，2002年，第3144页。

④〔清〕黄宗羲撰，全祖望补修：《濂溪学案下》，《宋元学案》卷十二（第1册），中华书局，1986年，第518页。

《易》学发展史，尤其是宋儒治《易》的风格而研究考察这部书；其二，本书以“通”名之，可见它具有“通论”的性质，而不是一般对《周易》的经传解析，所以，朱熹认为此书是“通论其大旨、而不系于经者也”[①]。只有深入考察周敦颐《通书》的学术特点和成就，才能认识理解它的学术价值与思想特色。

周敦颐作为宋明理学的创始人，他所建立的思想体系均是以《周易》为基础的。《太极图说》与《通书》作为周子的《易》学著作，在学术思想方面有相通的地方，如《太极图说》有“五行，一阴阳也；阴阳，一太极也”[②]，而《通书》也有“五行阴阳，阴阳太极”[③]之说；《太极图说》有“圣人之道，仁义中正而已矣”[④]，《通书》也有完全相同的提法；《太极图说》有“无欲故静”[⑤]，《通书》也有“无欲则静虚、动直”[⑥]。可见，周敦颐的这两部著作，在有关天道论、人道论中许多说法都是一致的。

但是，《通书》作为一部《易》学著作，具有下列新的特点。

首先是《通书》的义理派特点。两汉以来，《易》学就分为两大派，即以汉朝京房、焦延寿为代表的象数学派和以魏晋王弼为代表的义理学派。宋朝的《易》学十分发达，宋儒力图以《周易》为基础而为儒学建立一套宇宙论体系，以与佛、道之学相抗衡。宋朝的《易》学同样是分为象数学与义理学两派，尽管它们与汉魏的象数派、义理派有许多差别。这一点，诚如《四库全书

---

①〔宋〕周敦颐：《周敦颐集》卷二，中华书局，2009 年，第 46 页。

②〔宋〕周敦颐：《太极图说》，《周敦颐集》卷一，中华书局，2009 年，第 5 页。

③〔宋〕周敦颐：《通书·动静第十六》，《周敦颐集》卷二，中华书局，2009 年，第 28 页。

④〔宋〕周敦颐：《太极图说》，《周敦颐集》卷一，中华书局，2009 年，第 6 页。

⑤〔宋〕周敦颐：《太极图说》，《周敦颐集》卷一，中华书局，2009 年，第 6 页。

⑥〔宋〕周敦颐：《通书·圣学第二十》，《周敦颐集》卷二，中华书局，2009 年，第 31 页。

总目提要》所云：

> 汉儒言象数，去古未远也。一变而为京（房）、焦（延寿），入于禨祥。再变而为陈（抟）、邵（雍），务穷造化，《易》遂不切于民用。王弼尽黜象数，说以老、庄，一变而胡瑗、程子，始阐明儒理，再变而李光、杨万里，又参证史事，《易》遂日启其论端。此两派六宗，已互相攻驳。①

在这里，作者已将汉宋以来《易》学的两大派，即象数学派和义理学派的演变发展过程作了一个简要的概述。

周敦颐因著《太极图说》，而常被归于图书学派。宋代图书之学颇为流行，它成为宋《易》象数学派的重要表现形式。学者们往往以图式代替文字，解说《周易》。这些图式或绘阴阳奇偶之数，称数学；或绘乾坤坎离等卦象，为象学。周敦颐绘制《太极图》，以演示《周易》有关“易有太极，是生两仪”的宇宙化生过程。这种以图解《易》的方式，在宋代影响很大，其《太极图说》成为宋《易》中图书之学的重要著作，周子本人亦被纳入宋代《易》学象数图书之学的传授系统之中。

然而，周敦颐的《通书》并没有沿着图书之学的路子走下去，而是以义理解《周易》，体现出义理学派治《易》的特点。如果说《太极图说》是通过一系列《易》图以演绎宇宙化生过程的话，《通书》则是力图通过阐发《周易》的义理以建立理学的“性命之学”的思想体系。由于《通书》与《太极图说》的治《易》特点表现出较大差异，以至于后来的学者认为二者不类而

①〔清〕纪昀等：《经部・易类》，《钦定四库全书总目》，中华书局，1997年，第3页。

否定《太极图说》是周敦颐的作品。在《通书·诚上第一》中，他就提纲挈领地写道：

> 诚者，圣人之本。“大哉乾元，万物资始”，诚之源也。“乾道变化，各正性命”，诚斯立焉。纯粹至善者也。故曰：“一阴一阳之谓道，继之者善也，成之者性也。”元、亨，诚之通；利、贞，诚之复。大哉《易》也，性命之源乎！①

《通书》的学术主旨，主要是揭示《易》学作为一门“性命之学”的学问，阐发圣人之本及其在文化世界和社会政治中的展开。所以，周敦颐在这里阐发《周易》经传，就是要以《周易》的思想为基础，建立起一个包括宇宙自然、社会政治、精神道德为一体的理学体系。《通书》不是通过图式而是运用一系列抽象概念范畴来建立这一新的《易》学体系的。

其次，《通书》结合《周易》与《中庸》建立义理。

魏晋玄学也具有以义理解《易》的特征，王弼所著《周易注》《周易略例》，是义理派《易》学的代表著作。但是，玄学家的义理学不同于宋儒的义理学，王弼等玄学家在研治《周易》时，主要是以老庄思想解释、发挥《周易》的义理，这种《易》学明显渗入了道家的观点。如他在《周易注》中注《革》卦上六爻辞“征凶，居贞吉”时说：“改命创制，变道已成，功成则事损，事损则无为，故居则得正而吉，征则躁扰而凶也。”② 这里的

---

①〔宋〕周敦颐：《通书·诚上第一》，《周敦颐集》卷二，中华书局，2009年，第13—14页。

②〔晋〕王弼：《周易注疏》卷八，《文津阁四库全书》第2册，商务印书馆，2006年，第455页。

“无为而治”的思想是道家观点。

《通书》在理解、发挥《周易》的义理时，主要是以《中庸》的观点，另外也包括《论语》《孟子》《大学》等儒家典籍的观点来发展《易》学。因此，在周敦颐的《通书》中，《周易》成了一部讲伦理哲学、道德修身、政治教化的儒典，这种义理派《易》学已经不同于玄学家所注《周易》，而成为以儒家伦理为本的《易》学。

《通书》中的最重要范畴是“诚”，而“诚”主要是来之于《中庸》和《孟子》。《中庸》有“诚者，天之道也；诚之者，人之道也。诚者不勉而中，不思而得，从容中道，圣人也”①。一方面，“诚”是圣人所固有的德性，也是凡人通过学习而能获得的德性；另一方面，“诚”是天道的体现。《通书》则将这个既是天之道又是人之道的“诚”纳入到《周易》的义理体系中去了。周敦颐解释“诚之源”是以《周易》中的“大哉《乾》元，万物资始”②为基础，而解释“诚斯立”是基于“《乾》道变化，各正性命”③。总之，他力图将人性的本原纳入“一阴一阳之谓道”的《易》理之中，当然，周敦颐还更加深入地阐发了“诚”作为“内圣之本”的特征，他同样是以《易》理来做解释的。他说：

> 寂然不动者，诚也；感而遂通者，神也；动而未形、有无之间者，幾也。诚精故明，神应故妙，幾微故幽。诚、神、幾，曰圣人。④

①〔宋〕朱熹：《四书章句集注》，中华书局，2011 年，第 32 页。

②〔清〕李道平：《周易集解纂疏》，中华书局，1994 年，第 35 页。

③〔清〕李道平：《周易集解纂疏》，中华书局，1994 年，第 37 页。

④〔宋〕周敦颐：《通书·圣第四》，《周敦颐集》卷二，中华书局，2009 年，第 17—18 页。

这里所谓“寂然不动”“感而遂通”均出自《周易·系辞》，原意是指筮法告人吉凶，神速莫测。但周敦颐在此则用来形容圣人内在心性的状态和变化特征，尤其是道德心理变化的特征。“寂然不动”成为圣人心境寂然、无所欲求的精神境界；“感而遂通”指内心之“诚”与外在世界感通的状态。这样，《周易》原来论述乾道运行、阴阳变化的自然观念，则被周敦颐用来说明圣人道德精神、心理状态等伦理观念。

《通书》一方面围绕《中庸》《孟子》的范围，以《易》学的语言加以阐发，以发展、完善思孟学派的心性哲学；另一方面，《通书》又重视对《周易》思想观念的阐发，但在阐发中注入新的意义，以建立一种新的儒家道德哲学。“幾”是《周易》的一个重要范畴，《系辞》说：“知幾其神乎。”“幾者动之微，吉之先见者也。”这里，“幾”是指事物变化、吉凶将出的先兆，卜筮就是为了预知、掌握这种先兆。《通书》在许多处均论述了这一“幾”的范畴，但是其意义发生了重要变化。他说：

> 诚，无为；幾，善恶。①

在《通书》中，“幾”不再是客观事物变化的征兆，而是主观意识萌动的开端。也就是说，“幾”是形容主观念虑开始、尚未行动的时机，如果一个人在此时能以“诚心”为动机，而无个人的作为和欲求，则是善行。可见，善是出于“幾”，“幾”又体现“诚”。将“幾”主观化、伦理化，从而构成周敦颐《通书》中的《易》学思想的特点。

---

①〔宋〕周敦颐：《通书·诚幾德第三》，《周敦颐集》卷二，中华书局，2009年，第16页。

周敦颐是通过重新诠释《周易》而成为理学的开山祖，他的《通书》以“诚”为核心建立了一个将人道与天道结合起来的道学体系。

首先，《通书》阐释“诚”与宇宙天道的关系。一方面，《通书》规定了人的内在德性的基础是“诚”，“诚”是圣人之本；另一方面，“诚”具有天道的依据，因为它来之于“乾元”。他说：“诚者，圣人之本。‘大哉乾元，万物资始’，诚之源也。‘乾道变化，各正性命’，诚斯立焉。”① 这个“诚”，它是乾道、天理、太极的赋予，即相当于朱熹所说的“天命之性”。朱熹在解《通书》时说：“诚者，至实而无妄之谓，天所赋、物所受之正理也。……诚即所谓太极也。”② 朱熹认为“诚”是天理、太极，主要指它是天理、太极的赋予，也即是所谓的“天命之性”“性”。所以，《通书》在解说“诚”的种种特性时，正和以后的理学家们论述性的种种特征相一致。如“寂然不动者，诚也”“圣，诚而已矣”“诚，无为”，这些提法和宋儒经常讲的“天命之性”非常接近，因为“性”是未发之理，故而是寂静的；它是天之所命，故而是人无所为而然；它是成就高尚人格的人性基础。由于“诚”不但是圣人人格的根本，同时又是来之于宇宙天道，这样，人的内在本性、诚就具有了天道论意义。在《通书》中的天道论只是《太极图说》的继续，但是关键之处在于，它为“诚”提供了一个天道论的依据。尤为重要的是，周敦颐以“万”“一”的关系，解决了人人所有的德性本原与宇宙天道（乾元、太极）的关系。朱熹解释说：“是合万物而言之，为一太极而已也。自其本而之末，则一理之实，而万物分之以为体。故万物之中，各

①〔宋〕周敦颐：《通书·诚上第一》，《周敦颐集》卷二，中华书局，2009 年，第 13 页。
②〔宋〕周敦颐：《周敦颐集》卷二，中华书局，2009 年，第 13 页。

有一太极，而小大之物，莫不各有一定之分也。”[①] 这就是理学体系中著名的“理一分殊”思想。显然，周敦颐的《通书》则早为这一思想的形成奠定了基础。

其次，“诚”不仅是来之于宇宙本原的乾道、太极，而且也是人所具有的纯粹至善的本性，故而也是一切道德观念、道德行为的本源。可见，“诚”本身是一个与心性道德相关的概念。他说：

> 圣，诚而已矣。诚，五常之本，百行之源也。静无而动有，至正而明达也。五常百行，非诚，非也，邪暗，塞也。[②]

“五常”即仁、义、礼、智、信五种道德规范，“百行”指孝、悌、忠、信等具体道德行为，而它们均来之于“诚”。周敦颐相信“诚”为“圣人之本”，又主张“圣”是人人皆可学而至的最高人格理想和精神境界，可见，“诚”是人内在的纯粹至善的本性。《通书》中不仅有“诚”的概念，还提出了“性”的概念。周子解释说：“性者，刚柔、善恶，中而已矣。”[③]“刚善，为义，为直，为断，为严毅，为干固；恶，为猛，为隘，为强梁。柔善，为慈，为顺，为巽；恶，为懦弱，为无断，为邪佞。惟中也者，和也，中节也，天下之达道也，圣人之事也。”[④] 周敦颐认为人性是有差别的，他将人性具体分为刚善、刚恶、柔善、柔恶等类型，以反映现实中人性的多样性。可见，周敦颐的“诚”与

①〔宋〕周敦颐：《周敦颐集》卷二，中华书局，2009 年，第 32 页。

②〔宋〕周敦颐：《通书 · 诚下第二》，《周敦颐集》卷二，中华书局，2009 年，第 15 页。

③〔宋〕周敦颐：《通书 · 师第七》，《周敦颐集》卷二，中华书局，2009 年，第 20 页。

④〔宋〕周敦颐：《通书 · 师第七》，《周敦颐集》卷二，中华书局，2009 年，第 20 页。

“性”是有区别的：“诚”是纯粹至善的，“性”则是善恶不一的；“诚”是统一的，“性”则是多样化的；“诚”是一种潜在的本性，“性”则是一种现实的存在。这两个概念，正相当于理学家后来所反复论述的“天命之性”与“气质之性”。他所说的“诚”是“天命之性”，而这里所言的“性”，即同于朱熹的“气质之性”。

最后，《通书》提出的以“诚”为出发点的道德修养、道德教育的思想，成为宋明理学修身论的重要基础。

《通书》将《周易》《中庸》的思想结合起来，确立了以“诚”为中心的主静去欲的修身论。周敦颐提出：

> 君子乾乾，不息于诚，然必惩忿窒欲，迁善改过而后至。[①]身端，心诚之谓也。诚心，复其不善之动而已矣。[②]

“诚”和一切情欲、恶念是相对立的，人们要达到“诚”的圣人境界，就必须要作“惩忿窒欲”“迁善改过”“复其不善之动”的修养工夫。在这些修养之术中，最重要的是主静无欲，这样才能达到“诚”的精神境界。他说：

> “圣可学乎？”曰：“可。”曰：“有要乎？”曰：“有。”“请闻焉。”曰：“一为要。一者无欲也，无欲则静虚、动直。静虚则明，明则通；动直则公，公则溥。明通公溥，

①〔宋〕周敦颐：《通书·乾损益动第三十一》，《周敦颐集》卷二，中华书局，2009年，第38页。

②〔宋〕周敦颐：《通书·家人睽复无妄第三十二》，《周敦颐集》卷二，中华书局，2009年，第39页。

庶矣乎！”①

所谓“一”，就是要排除私欲杂念，保持精神的静虚，这样也就可能实现“诚”的精神境界。周敦颐所云“主静”的修身方法，也就是后来的理学家所说的“主敬”“无欲”，也就是理学家常说的“存理灭欲”。

第三节 从地域学统到中华道统

周敦颐之学首先是湖湘地域学派的“濂溪学”，而且，他的学术对湖湘地域学统的形成也产生了历史影响。与此同时，周敦颐之学到了南宋以后逐渐提升到“道学宗主”的地位。周敦颐所著的《太极图说》《通书》等著作，被纳入宋儒“阐发心性义理之精微”道学开拓与道统谱系，即周敦颐成为直接孔孟的“道统”传人。周敦颐为何能够从地域性濂溪学，一跃而成为从孔孟到宋儒的中华道统承担者？

宋学的学统传承、学派建立，并不依赖朝廷建立的官学体系，而主要是以民间私学体系推动学术与教育的展开。而周敦颐从事民间教育、建构学术体系，就完全是这样一种形式。周敦颐系北宋天禧元年（1017）生于道州营道（今湖南道县）。因故乡有溪名“濂溪”，晚年于庐山建书堂名“濂溪”，学者称其为濂溪先生。与传统的士大夫一样，周敦颐一边做官，曾担任过并不太重要的县令、通判、知州、提点刑狱等；一边做学问，曾著有

①〔宋〕周敦颐：《通书·圣学第二十》，《周敦颐集》卷二，中华书局，2009年，第31页。

《通书》《太极图说》。与他后来崇高的学术地位相比，其在世时官位并不十分高、学术影响也不大。但是他在地方做官时留下了很好的政声、名望，尤其是他作为一个宋朝“循吏”对儒学传播作出了不懈努力。如他在任郴县县令时“首修学校以教人”，任邵州知州时迁建州学等，可见他对文教的特别重视。

周敦颐在宋学史上的地位，黄百家为《濂溪学案》作案语有准确的论述：

> 孔、孟而后，汉儒止有传经之学，性道微言之绝久矣。元公崛起，二程嗣之，又复横渠诸大儒辈出，圣学大昌。故安定、徂徕卓乎有儒者之矩范，然仅可谓有开之必先。若论阐发心性义理之精微，端数元公之破暗也。①

黄百家从儒学的“性道微言”“心性义理之精微”的方面，肯定周敦颐在儒学史上的独特地位。然而，这一重要学术地位是后来确认的，最初周敦颐之学还只是一种地域性学统的“濂溪学”。据周敦颐的《年谱》《家谱》记载，周敦颐的十二世祖早就迁入湖南道州定居，他的家乡有一条河名“濂溪”，一直为周敦颐所深爱。神宗熙宁五年（1072），周敦颐56岁时，周敦颐决定定居庐山，他希望在此心仪的地方建一所代表自己精神归属的书堂，他自己将书堂前的溪水以故乡的“濂溪”命名，并将书堂命名为“濂溪书堂”。他的书堂是一处“束发为学，将有以设施”的民间教育实体，一方面对内可以在此研究传承“先王之道”，作为自己晚年的安身立命之处；另一方面对外可以治国平天下，成

---

①〔清〕黄宗羲撰，全祖望补修：《濂溪学案上》，《宋元学案》卷十一（第1册），中华书局，1986年，第482页。

就“可泽于斯民者”的致治良才。这一理念与胡瑗苏湖教法的明体达用人才培养十分接近。十分可惜的是，周敦颐的晚年理想未及实现，第二年他 57 岁时即因病逝世，濂溪书堂的教育、学术事业尚未全面展开。但是，“濂溪”其实是代表他从家乡道州开启学术，一直到晚年推动“濂溪书堂”的文教理想，作为地域意义的“濂溪”，一直是周敦颐之学的重要标识。所以，据潘兴嗣记载，周子“作《太极图》《易说》《易通》数十篇，《诗》十卷，今藏于家”[①]，他承载的学术使命、完成的学术成果，可以以濂溪学派、濂溪学统概括。

但是，南宋以后，周敦颐之学逐渐提升为宋学正统即“道统”地位。周敦颐所著的《太极图说》《通书》等著作，被认为是宋儒“阐发心性义理之精微”道学开创性著作，周敦颐获得“道学宗主”的道统地位。

一个有趣的现象，就是首先强调、提升周敦颐学术地位，并且进一步将濂溪学纳入道统谱系的，恰恰是地域性湖湘学者群体，即在周敦颐故乡从事学术或做官的湖湘士大夫群体，特别是南宋湖湘学派的学者群体。向子忞在从学胡安国时，就受到老师的诸多启发教育而十分尊崇周敦颐。后来他担任道州太守时，于南宋绍兴二十九年（1159），首次建道州濂溪祠。修好后，特请另一位湖湘学者胡铨作《道州濂溪祠记》。胡铨《记》不仅阐述了建设濂溪祠的过程、意义，尤对周敦颐《通书》中以“诚”为核心的哲学理念作了系统的论述。北宋时期名望并不很高的周敦颐，在南宋初年湖湘学人胡安国、胡宏、胡铨、向子忞、张栻等人的积极倡导下，其学术声望、道学地位急剧变化，不仅是其

①〔宋〕潘兴嗣：《周敦颐墓志铭》，载〔宋〕周敦颐：《周敦颐集》附录一，中华书局，2009 年，第 91 页。

著作能得到广泛的刊行，而且纪念他的祠堂也在湖南、江西、广东、广西纷纷建立。一个可能被遗忘的学者，在湖湘学者的倡导下成为学术文化界瞩目的“道学宗主”，成为“续孟氏千载不传之道”的道统传人。湖湘学派的代表人物是胡宏、张栻两人，而他们在确立周敦颐道统地位方面，作出了重要贡献。

南宋初年，对濂溪之学作出道统诠释的是胡宏。胡宏重新编辑刊行了周敦颐的《通书》，他在《周子通书序》中，论述了北宋时期的几位著名理学家：

> 我宋受命，贤哲仍生，春陵有周子敦颐，洛阳有邵子雍、大程子颢、小程子颐，而秦中有横渠张先生。①

这段话有两点值得注意：其一，胡宏首先是以儒学的地域化形态论述北宋五子的，从而强化了对周、邵、程、张的地域性学术的文化诠释，也开了张扬濂、洛、关等地方学术传统的先河。其二，胡宏首次将周、邵、二程、张五位北宋的道学家并举，其实也是确立了具有道统意义的“北宋五子”，而周敦颐被列为北宋五子之首，其实是奠定了他作为理学开山祖的地位。可见，胡宏既肯定了濂溪之学的地域性学术的特点，同时也体现出他对濂溪学具有普遍性道统意义的诠释。

张栻更是推崇周敦颐，并且首先推出道统论并将其纳入道统谱系的重要人物。作为“一代学者宗师”的湖湘学派掌门人张栻，对强化周敦颐的历史记忆、确立濂溪之学在理学史上的地位作出了重大贡献。首先，他在湖南地区广泛地纪念、推崇周濂溪

①〔宋〕胡宏：《横渠正蒙序》，《胡宏集》，中华书局，1987 年，第 162 页。

之学。他为重新扩建的道州濂溪祠作记。淳熙五年（1178）赵汝谊因原祠占地太小而加以扩建，并且列二程像于其中，张栻积极作有《道州重建濂溪周先生祠堂记》，还在《记》特别强调“先生之祠，凡学皆当有之，岂惟舂陵？特在舂陵尤所当先者”[①]。事实上，他早就在不断地为强化对周敦颐的历史记忆而呼吁和行动。因周敦颐曾任永州通判，零陵太守陈辉于永州州学新建濂溪祠，希望永州士子能够因此而重道崇学，张栻又撰有《永州州学周先生祠堂记》，强调周濂溪传道二程，在理学史上具有重要地位。周敦颐于治平四年（1067）至邵州任知州时，曾迁建州学及文庙，并撰有《邵州迁学释菜文》（载《周子全书》），乾道九年（1173）知州胡华又重新修复邵州州学，张栻又撰有《邵州复旧学记》，他特别强调邵州州学是“复旧学”，因而湖湘士子读书其间时，要“思夫当时先生所以望于后人者”[②]，将对周敦颐的记忆与文化的传承、开拓结合起来。张栻不仅在湖南地区大力推崇周敦颐，还在他游宦的其他地区，特别是周敦颐曾经做官的地方支持建设濂溪祠堂。广南东路的韶州也是周敦颐做官并留下遗迹的地方，淳熙二年（1175）詹仪建濂溪祠，张栻为之作《濂溪周先生祠堂记》。这一年，张栻正在知静江府任上，他在府学明伦堂旁立三先生祠，祭祀周敦颐、程颢、程颐三位道学人物。庐山是周敦颐晚年隐居之所，淳熙六年（1179）朱熹为南康守时曾创建濂溪祠，张栻作《南康军新立濂溪祠记》。张栻为使当时的文化界能够牢牢地记住周敦颐作出了不懈的努力。张栻也继承老师

①〔宋〕张栻：《道州重建濂溪周先生祠堂记》，《新刊南轩先生文集》卷十，《张栻集》第3册，中华书局，2015年，第907页。

②〔宋〕张栻：《邵州复旧学记》，《新刊南轩先生文集》卷九，《张栻集》第3册，中华书局，2015年，第885页。

胡宏的做法，通过刊刻周敦颐的著作，以强化对濂溪之学的记忆与传承。朱熹重新修订了濂溪的遗书，将《太极图说》列于《通书》篇首，张栻很同意这样的结构，他在严陵学官刊刻了包括篇首的《太极图说》的《通书》，并撰有《通书后跋》。

张栻、朱熹是南宋乾道、淳熙年间的道学集大成的重要人物，而且他们有一个共同的学术思想，即建构一个以周敦颐为“道学宗主”与道统谱系的道统论，强化道统论意义的“北宋五子”。张栻也在强化周敦颐作为宋代道学开创者地位的思想，张栻提出：

> 惟先生（指周敦颐）崛起于千载后，独得微旨于残编断简之中，推本太极，以及乎阴阳五行之流布，人物之所以生化，于是知人之为至灵，而性之为至善，万理有其宗，万物循其则，举而措之，则可见先生之所以为治者，皆非私知之所出，孔孟之意于以复明。①

他们十分推崇周敦颐为儒家伦理、先王之治奠定了大本大源的思想基础，重新确立了对儒家之道的信仰。

为什么在宋学集大成者朱熹、张栻所列的道统授受系列中，周敦颐会成为上接千年断绝的孔孟道统的“道学宗主”？或许有人认为是后人历史建构的结果。将周敦颐道统地位仅仅归之于南宋学人的推崇，并不能完全解释周敦颐之学为什么能上升到这么高的学术地位。除了上述学者推崇外因，其实还有周敦颐之学的内因。因此，我们需要从宋学的问题意识出发，思考周敦颐在解

①〔宋〕张栻：《南康军新立濂溪祠记》，《新刊南轩先生文集》卷十，《张栻集》第3册，中华书局，2015年，第916页。

决这一问题中究竟做了什么。

关于宋代复兴儒学运动或宋学的兴起的原因有多种不同的解释，但是，作为一种以重新诠释儒家经典、阐发义理的新兴学术思潮，其最核心的问题意识，简单说是“究竟怎样才能在名教中安身立命”[①]的问题。其实就是解决儒家人文价值的信仰问题。自西汉“独尊儒术”以后，儒家思想已经成为国家意识形态，它全面影响并渗透到国家法典、社会制度、家族生活、学校教育各个领域，但是，在关于个体安身立命等涉及终极关怀的精神领域，以章句训诂或典章制度为目标的汉唐儒学却留下了巨大的空白。而这个时期盛行的佛道两教却在填补这个精神空间。宋代流行“以佛治心，以道治身，以儒治世”的说法，表明儒学中人道与天道、内圣与外王早就出现了严重的分裂。宋儒要在有关信仰的精神领域战胜佛道宗教，就必须建构出一种新的儒学形态，即通过重新诠释儒家经典，将已经分裂的治世与治心、人道与天道、外王与内圣贯通起来。所以，北宋初期的儒学复兴运动，出现了重新注经的热潮，就是起因于这种统一天人之道的冲动和努力。

在宋代经学中，《周易》受到宋儒最普遍的关注和重视，其原因自然与宋学的上述问题意识息息相关。儒家经典中，确实只有《周易》对形而上之道表达了最强烈的关怀，并留下了最多可用以建构新儒学的思想资源。所以，在宋代儒家学者群体中，《易》学成为重新建构儒家天人合一之道、重新确立儒家人文信仰最重要的学问。周敦颐的两部主要著作《太极图说》《通书》均是《易》学著作，根据潘兴嗣所撰墓志铭记载，《太极图

① 余敦康:《内圣外王的贯通——北宋易学的现代阐释》，学林出版社，1997年，第151页。

说》又名《太极图·易说》,《通书》亦名《易通》, 可见它们均是讨论、阐发《周易》大义的《易》学著作。其实, 北宋儒家学者普遍关注《周易》, 胡瑗、石介、欧阳修、司马光、苏轼等宋学学者均留下了重要的《易》学著作。但是, 为什么只有周敦颐的《易》学才成为道学的正统, 只有他才成为上承孔孟道统的核心人物呢? 我们认为, 这主要表现在他的《易》学在确立儒家伦理价值的终极信仰, 即所谓在名教中如何安身立命的问题作出的十分重大的开创性贡献。

《周易》分经、传两部分。"经"由卦象及卦爻辞组成, 它实际上是文王、周公时代为占卜吉凶的卜筮之书;"传"由"十翼"组成, 是儒家学派通过对"经"的解说发挥而建立的具有理性精神的学术体系。尽管《周易》的经、传在思想深度、理性程度有着极大的差别, 但它们在有一点上又是十分一致的, 就是通过探索变动不居的外部世界, 寻求解决生活实践中的吉凶、得失等现实利害关系问题。《易经》的内容是通过向神灵卜问的方式为人们解决行动的吉凶问题, 而《易传》则只是从更为理性的态度探讨导致吉凶或得失的客观普遍性法则。所以, 尽管《周易》中包含着大量的"道""天道""天"的概念, 但它与《四书》中以"忠恕""仁义"等道德规范言"道"不一样, 它们主要体现为一种超越于个体存在之上, 并且能够决定人的吉凶、福祸、得失的普遍必然性或主宰力量。正如《周易·系辞上传》所说:"《易》与天地准, 故能弥纶天地之道。仰以观于天文, 俯以察于地理, 是故知幽明之故。原始反终, 故知死生之说。精气为物, 游魂为变, 是故知鬼神之情状。与天地相似, 故不违。知周乎万物, 而道济天下, 故不过。"这就是说,《周易》之道所表达的是天地、万物、精气、鬼神的法则、轨迹, 所以它能够决定、主宰人们的吉凶祸福。《周易》所表现的正是一种典型的中国传统实用理性精神，它所具有的主要特征，就是总结、发现行为的吉凶、祸福、得失的规律，即所谓的“极深研幾”。既然《周易》的“经”是通过卜筮而预测吉凶，而“传”则是通过思考天下万事万物的普遍规律而探寻得失，那么，“崇尚知”，就成为《周易》哲学的一大特点。[①] 后来注疏《周易》的著作汗牛充栋，但研究者们似乎都继承了《易传》这种通过“极深研幾”而探索天下事物规律，以获得对行为的吉凶、祸福、得失之预测的实用理性精神。

周敦颐的《太极图说》《通书》两部著作当然也继承了《周易》这种思考天地自然法则以探测吉凶得失的实用理性精神。他的关于“无极—太极—阴阳—五行—万物化生”的宇宙论图式，关于阴阳变合、五行各一其性的法则，均是《周易》“极深研幾”式的实用理性的体现。他特别是继承了汉代《易》学将“太极生两仪，两仪生四象，四象生八卦”的筮占程式发展为太极生阴阳五行、化生万物的宇宙生成论。尤有特色的是，周敦颐的宇宙生成论与本体论是一体的：既可以顺而下推，即从“太极—阴阳—五行—万物化生”的过程来看是一种宇宙生成论；又可以逆而上溯，即通过“五行阴阳，阴阳太极”（或“五珠二实，二本则一”）的过程来追溯事物的宇宙本体根源。这样，宇宙生成论本身包含着本体论，本体亦存在于宇宙过程之中。周敦颐这种以《周易》为依据来建构宇宙生成论的哲学，应该说其创新方面并不突出，因为汉唐的《易》学，尤其是许多道家学者对此过程已有论述。显然，周敦颐的成就主要不是在此。周敦颐作为一

① 金春峰:《〈周易〉经传梳理与郭店楚简思想新释》，中国言实出版社，2004年，第100页。

个宋代儒家学者，他不仅对此宇宙发生论过程作了系统、详尽的论述，而且将其作为儒家仁义道德的理论依据，使得宇宙起源、天地法则的自然哲学和儒家伦理的准则、境界、修养方法统一起来，这样就将儒家道德与终极关怀、名教与安身立命结合起来了，这才是周敦颐的成功之处。他将这种学术创新与经典诠释结合起来，从经学的角度而言，则是将《周易》的宇宙论与《中庸》《论语》《大学》《孟子》中的政治、伦理思想结合起来。他的《太极图说》《通书》虽然都是《易》学著作，但是其中包含的大量伦理、政治思想观念均来之于《中庸》《大学》《论语》等儒家典籍。

第七章 湖湘学派的体用合一之道（上）

南宋是理学思潮走向全盛的重要时期，而湖湘学派是这段时期形成的重要理学学派之一。黄宗羲在《宋元学案·南轩学案》中说："湖南一派，在当时为最盛。"[①] 湖湘学派以其博学的学者群体、独具特色的学术思想、鲜明的精神人格而崛起于南宋的学术文化界，受到学界的广泛关注和尊敬。湖湘学派是湘学史上规模最大的一个儒学学派，胡安国、胡寅、胡宏、张栻及其弟子在湖南地区从事学术研究、文化教育、创立学派数十年，从而形成了一个规模大、人数多、学术成就高的重要湘学学派。这不仅在此前从不曾有过，就是在湘学崛起的清代也不一定能与之相比。应该说，湖湘学派是湘学史上学术思想有深度、历史影响大的重要学派。

尤值得指出的是，湖湘学派又是一个著名的道学学派，几代湖湘学者均有着强烈的原道意识，在湖湘学派的思想体系中，道论仍是其核心部分。他们的道学不仅在当时影响大，对后世亦影响深，构成了十分重要的湘学传统。

① 〔清〕黄宗羲撰，全祖望补修：《南轩学案》，《宋元学案》卷五十（第 2 册），中华书局，1986 年，第 1611 页。

第一节 湖湘学派源流

北宋时期由程颢、程颐奠基的理学最初主要是在北方流传。不久，程门弟子杨时、谢良佐等人开始将理学南传。到了南宋，南方理学大盛，并在江南地区形成了一些重要的理学学派。湖湘学派就是此时形成的学派之一。这一点，南宋后期学者真德秀论之甚详：

> 二程之学，龟山（杨时）得之，而南传之豫章罗氏（罗从彦），罗氏传之延平李氏（李侗），李氏传之考亭朱氏（朱熹），此一派也。上蔡（谢良佐）传之武夷胡氏（胡安国），武夷胡氏传其子五峰（胡宏），五峰传之南轩张氏（张栻），此又一派也。[①]

真德秀在此论及的胡安国、胡宏、张栻等，即是湖湘学派的代表人物。他这段话肯定了两点：第一，湖湘学派的学术思想渊源于二程的洛学，中经程门大弟子谢良佐的传递，所以，黄宗羲后来说："上蔡之传，始自胡文定公入衡湘。"[②]第二，湖湘学派是和朱熹之学并起的一个重要理学学派。

湖湘学派的代表人均不是湖南人，胡安国、胡宏父子是福建人，张栻是四川人。由于他们的主要学术活动、教育活动均在湖南，所以，历史上称他们创立的学派为湖湘学派或湖南学派。最

①〔清〕王梓材，冯云濠编：《武夷学案补遗》，《宋元学案补遗》卷三十四，中华书局，2012年，第1997页。

②〔清〕黄宗羲撰，全祖望补修：《上蔡学案》，《宋元学案》卷二十四（第2册），中华书局，1986年，第938页。

早为此学派命名的，是与此派交往密切的朱熹。在《朱子语类》卷一百一中，朱熹和其弟子总是称胡、张一派为“湖湘学”“湖南学”“湖南一派”等。后来的学术史家遂沿袭了这一名称。黄宗羲所编《宋元学案》，在《武夷学案》中有“湖湘学派之盛”，在《南轩学案》中又提出“湖南一派，在当时为最盛”，进一步肯定了湖湘学派的命名及其学术地位。

这里，首先将湖湘学派的主要人物、学术源流及学派发展过程作一简要论述。

湖湘学派的开创者是胡安国。胡安国（1074—1138），字康侯，谥文定，建宁崇安（今属福建）人。自宋绍圣四年（1097）中进士后，曾历任过太学博士、中书舍人兼侍讲、经筵旧臣、宝文阁直学士等职。他虽在官长达 40 年之久，但因性格耿直、不阿权贵，故屡遭打击，实历职不及六载。胡安国的主要精力用在学术研究上，并成为宋代著名的经学家、理学家。胡安国 17 岁入太学时，就从学信奉二程洛学的朱长文、靳裁之等。之后，又和程门大弟子游酢、谢良佐、杨时等来往密切，并因此深受二程之学的影响。南宋绍兴年间，他退出官场，隐居湖南衡山一带，完成其代表著作《春秋传》，并创办书堂讲学，由此而创立湖湘学派。胡安国《春秋传》既是湖湘学派的代表著作，也是理学家治《春秋》学的代表著作，其中包含着重要的理学思想。

胡安国隐居湖南治学、讲学之时，培养了一批弟子（详见《武夷学案》），但最有名的，还是随侍他身边的几个儿子。他们是长子胡寅，次子胡宁，季子胡宏，从子胡宪。全祖望曾赞叹说:“致堂（胡寅）、籍溪（胡宪）、五峰（胡宏）、茅堂（胡宁）四先生并以大儒树节南宋之初，盖当时伊洛世适，莫有过于文定一门者。”[①] 而这个时期形成的湖湘学派，正是以胡氏一家为主体的学者群体。

胡氏家学中学术成就最高的学者，首推季子胡宏。胡宏（1106—1162），字仁仲，学者称五峰先生。他一生不耽于仕途，鄙薄功名利禄，而以“立身行道”为志。其幼时曾从学程门高弟杨时、侯仲良，之后主要是继承和发扬其父创立的湖湘学统。他长期隐居南岳研究、传播理学，正如其弟子张栻所说：“优游南山之下余二十年，玩心神明，不舍昼夜，力行所知，亲切至到。”[②] 其主要著作有《知言》6卷、《五峰集》5卷和《皇王大纪》80卷。他在这些著作中深入探讨了理学的基本理论、范畴体系等一系列问题，并提出了自己的独特见解，从而为湖湘学派的理论体系奠定了基础。所以，全祖望评价说：“绍兴诸儒，所造莫出五峰之上。其所作《知言》，东莱以为过于《正蒙》，卒开湖湘之学统。”[③] 胡安国主要从事历史学方面的研究，对“性与天道”的理学理论建树不多。而胡宏的主要兴趣在理学理论方面。他在这方面作出了许多重要的学术成就和贡献，从而奠定了湖湘学派的理学思想的理论体系，他也因此成为湖湘学派的一代宗师。

其次，长子胡寅亦是一位重要理学家。胡寅（1098—1156），字明仲，谥文忠，学者称致堂先生。宣和年间（1119—1125）中进士甲科，曾历任秘书省校书郎、司门员外郎、起居郎、知永州、礼部侍郎等职。胡寅也曾从学杨时，之后主要继承其家学。

①〔清〕黄宗羲撰，全祖望补修：《武夷学案》，《宋元学案》卷三十四（第2册），中华书局，1986年，第1182页。

②〔宋〕张栻：《胡子知言序》，《新刊南轩先生文集》卷十四，《张栻集》第3册，中华书局，2015年，第974页。

③〔清〕黄宗羲撰，全祖望补修：《五峰学案》，《宋元学案》卷四十二（第2册），中华书局，1986年，第1366页。

因不满投降派秦桧当权，归隐湖南衡山，从事学术研究，成为湖湘学派的重要成员。主要著作有《论语详说》《斐然集》《胡致堂崇正辩》《读史管见》等。其中的《胡致堂崇正辩》是批判佛学的力作，它不仅站在儒家伦理的立场揭露佛学的危害，尤以实体论的哲学观念批判了佛学“以空为至，以有为幻”的虚无宇宙本体论。

绍兴年间（1131—1162），胡氏父子于湖南衡山一带隐居治学，创办学院讲学，历时达30年之久，形成了湖湘学派初盛的局面。将此局面作进一步发展的是张栻。绍兴三十一年（1161），理学家张栻于碧泉书堂从学胡宏，据王开琸《先儒宣公张子年谱》载：“绍兴三十一年辛巳。先生二十九岁。……因谒拜胡五峰于碧泉书堂。五峰见之，知为大器，即告以所闻圣门论仁亲切之旨。”不久，胡宏逝世，即由张栻继承了湖湘学统，并使之得到了进一步发展，他因此而成为湖湘学派的代表人物。

张栻（1133—1180），字敬夫，又字乐斋，号南轩，四川绵竹人。一生居官十余载，先后知严州、袁州、静江、江陵等州府。自绍兴三十一年（1161）于衡山从学胡宏，深受器重。张栻得胡宏之学后，回长沙继续深研和传播湖湘学统。宋乾道元年（1165），湖南安抚使刘珙将著名的岳麓书院修复一新，请张栻撰写《潭州重修岳麓书院记》，并主教该书院。张栻确立了湖湘学派的学术宗旨，要求“成就人材，以传道而济斯民也”，使岳麓书院成为湖湘学派的学术大本营，成为全国理学思潮发展的基地。张栻在主教书院期间，撰写、完成了其重要学术著作如《论语解》《孟子说》《南轩书说》，丰富了胡氏奠基的理学思想体系。与此同时，一大批湖湘士子纷纷求学于此，其中著名者有吴猎、彭龟年、游九功、游九言、胡大时、张忠恕等人。由此，湖湘学派的规模得到了进一步扩展，成为和朱熹的闽学、陆九渊的江西学、吕祖谦的婺学并盛的四大理学学派之一。张栻的著作较多，现存在的主要有《南轩文集》44 卷、《论语解》10 卷、《孟子说》7 卷、《南轩易说》等。其学术成就较高。朱熹评价说："其学之所就既足以名于一世。"①

宋淳熙中，张栻在学术思想尚未得到充分发展时不幸早逝。湖湘弟子虽多，但没有学术成就十分杰出的学者，湖湘学派逐渐式微和分化。湖湘后学大多"留心经济之学"②，他们逐步走向经邦治国的道路，也有许多人则改换门庭，纷纷从学其他学派的学者如朱熹、陆九渊、吕祖谦、薛季宣、陈傅良等。但是，湖湘学派真正不复存在，则是在宋末。《宋元学案·南轩学案》称："南轩先生岳麓之教，身后不衰。宋之亡也，岳麓精舍诸生乘城共守，及破，死者无算。"岳麓书院的湖湘弟子在抗元斗争中壮烈牺牲，在此之后，湖湘学派的余绪几乎不复存在。

胡安国、胡宏、胡寅、张栻及其他诸多弟子所以能够合称为湖湘学派，不仅在于他们之间有着学术授受关系，尤其在于他们的学术思想有着许多共同点。其突出表现，就是他们均有着强烈的原道精神，提出了专门独特的道学思想。在理学思潮兴盛的南宋时期，湖湘学派首先表现为从天道与人道的统一建立终极存在的道论。

南宋理学阵营内部主要分裂成朱熹的理本论一派和陆九渊的心本论一派，这两派各把"理"或"心"作为宇宙本体。具体而言，理本论一派是从客体意义解释儒家伦理，将儒家伦理上升为

---

①〔宋〕朱熹：《张南轩文集序》，载〔宋〕张栻：《张栻集》第 5 册（附录），中华书局，2015 年，第 1624 页。

②〔清〕黄宗羲撰，全祖望补修：《岳麓诸儒学案》，《宋元学案》卷七十一（第 3 册），中华书局，1986 年，第 2383 页。

天理。心本论一派则主要是从主体意义解释儒家伦理，强调儒家伦理发自于主观内在的本心。

湖湘学派提出性本论的理学体系，并把性视为宇宙本体。奠定这一思想基础的是开湖湘学派的胡宏，他提出：

> 天命之谓性。性，天下之大本也。[①]
> 性也者，天地之所以立也。[②]

胡宏将性看作是“天下之大本”，是“天地之所以立”的依据，使原来作为人性的范畴发展为宇宙本体的范畴。张栻继承了老师胡宏的性本论思想，也提出：“实然之理具诸其性。有是性，则备是形以生。”[③]他将性视为具有万理、化生万物的“太极”，也就是肯定性是终极存在的宇宙本体。

在宋明理学范畴体系中，“性”是联结天、人的中介，既具有天理的客体意义，又具有人心的主体意义。因此，湖湘学派倡导的性本论，其实就是从天道和人道的统一建立的宇宙本体论。一方面，性具有天理论的客体意义。湖湘学者认为：“大哉性乎！万理具焉，天地由此而立矣。”[④]“太极不可言合，太极性

---

①〔宋〕朱熹：《宋朱熹胡子知言疑义》，载〔宋〕胡宏：《胡宏集》附录一，中华书局，1987年，第328页。

②〔宋〕朱熹：《宋朱熹胡子知言疑义》，载〔宋〕胡宏：《胡宏集》附录一，中华书局，1987年，第333页。

③〔宋〕张栻：《洁白堂记》，《新刊南轩先生文集》卷十三，《张栻集》第3册，中华书局，2015年，第954页。

④〔宋〕胡宏：《知言·一气》，《胡宏集》，中华书局，1987年，第28页。

也。”[1]性体具有万理，就是“太极”。这显然和朱熹的理本论有某种相同之处，即从客体意义上来确立宇宙本体。另一方面，性又具有心本论的主体意义。性范畴本来就是和作为主体的人紧密相关的，即如胡宏所说：“性有大体，人尽之矣。”[2]而且，性体的显露和作用依赖于主体意识的扩展，所以，胡宏又说：“夫性无不体者，心也。”[3]“心也者，知天地，宰万物，以成性者也。”[4]主体意识的“心”能够“体性”“成性”。这样，湖湘学派的本体论又和陆九渊的心本论相似，具有主体的意义。

湖湘学派思想的又一体现，就是以形而上与形而下一体建立道论。

湖湘学者虽然也像理本论者、心本论者那样，将世界作了形而上与形而下的区分，并以形而上的性、太极、道作为宇宙本体。但是，他们又认为形而上的宇宙本体，即如张栻概括胡宏之学的特点时所说：“即形而下者而发无声无臭之妙。”[5]因此，他们在论述道器、性气的关系时，往往强调二者之间的不可分离，指出：

> 性外无物，物外无性。[6]

①〔宋〕张栻：《答周允升》，《新刊南轩先生文集》卷三十一，《张栻集》第4册，中华书局，2015年，第1234页。

②〔宋〕胡宏：《释疑孟·辨》，《胡宏集》，中华书局，1987年，第319页。

③〔宋〕胡宏：《知言·仲尼》，《胡宏集》，中华书局，1987年，第16页。

④〔宋〕朱熹：《宋朱熹胡子知言疑义》，载〔宋〕胡宏：《胡宏集》附录一，中华书局，1987年，第328页。

⑤〔宋〕张栻：《胡子知言序》，《新刊南轩先生文集》卷十四，《张栻集》第3册，中华书局，2015年，第974页。

⑥〔宋〕胡宏：《知言·修身》，《胡宏集》，中华书局，1987年，第6页。

道不离形，特形而上者也；器异于道，以形而下者也。①

湖湘学者肯定形而上的道、性与形而下的器、物是不能分离的，并批评那种“离形以求道”的错误观念。

湖湘学派坚持了形而上和形而下一体不分的宇宙本体论，从而形成了自己的思想特色。一方面，他们否定了朱熹学派认为有一个“净洁空阔”的纯理念世界存在的可能性，而坚持只有一个形而下的气物世界的存在，至于所谓道、太极、性，不过是气物的本质和运动规律。胡宏说：“阳中有阴，阴中有阳，阳一阴，阴一阳，此太和所以为道也。”②“‘一阴一阳之谓道’，道谓何也？谓太极也。阴阳刚柔，显极之机，至善以微，孟子所谓可欲者也。”③阴阳之气是形而下的气物世界，而形而上的道、太和、太极是阴阳之气的运动规律，因而只能存在于气物世界之中。那么，也可以说宇宙间只是一个充满万物的物质世界。张栻说：“此盈天地之间者唯万物也。”④

但是，另一方面，湖湘学派又不同意将形而下的气物作为宇宙本体的思想，他们坚持作为终极存在的宇宙本体只可能是形而上的道、性。这样，他们否定了气本论的观点，而同意并主张理本论、心本论的观念。他们最后将天地万物归之于性、太极，提

①〔宋〕张栻：《系辞上卷下》，《南轩易说》卷一，《张栻集》第1册，中华书局，2015年，第25页。

②〔宋〕胡宏：《知言·大学》，《胡宏集》，中华书局，1987年，第32页。

③〔宋〕胡宏：《知言·汉文》，《胡宏集》，中华书局，1987年，第41页。

④〔宋〕张栻：《序卦》，《南轩易说》卷三，《张栻集》第1册，中华书局，2015年，第70页。

出:“非性无物。”[1]“万物皆性所有也。”[2]这些命题都和理本论、心本论的观念是一致的。

最后，湖湘学派的原道思想，还体现在他们力图将“体”与“用”结合起来以建立道论。

湖湘学派虽也是一个理学学派，但是，他们没有因热心讨论“天道”而流于空谈，没有因追求内圣品德而忽视外王事功，而是注重“体用合一，未尝偏也”[3]，力求保持内圣与外王、道德与政治的统一。所以他们对理学内部出现的“多寻空言”，不究实用的倾向展开了批判。胡宏批评说:

> 伊洛老师为人心切，标题“天理人欲”一句，使人知所以保身、保家、保国、保天下之道。而后知学者多寻空言，不究实用，平居高谈性命之际，亹亹可听，临事茫然，不知性命之所在者，多矣。[4]

也就是说，对“天理人心”的内圣追求，是为了“保国、保天下”的外王事功。但许多学者只会“多寻空言”“高谈性命”，结果是“不究实用”“临事茫然”，这违背了儒家经世致用的精神，与佛、老等“异端”之学没有区别。湖湘学派努力追求“得其体，必得其用”的原道精神。

胡宏终身不仕，隐居衡山研究和传播理学思想，但他总是积极倡导“有体有用”之学。他在论述儒家的“圣人之道”时说:

---

①〔宋〕胡宏:《知言·事物》,《胡宏集》, 中华书局, 1987 年, 第 22 页。

②〔宋〕胡宏:《知言·一气》,《胡宏集》, 中华书局, 1987 年, 第 28 页。

③〔宋〕胡宏:《与原仲兄书二首》,《胡宏集》, 中华书局, 1987 年, 第 122 页。

④〔宋〕胡宏:《与樊茂实书》,《胡宏集》, 中华书局, 1987 年, 第 124 页。

学圣人之道，得其体，必得其用。有体而无用，与异端何辨？井田、封建、学校、军制，皆圣人竭心思致用之大者也。①

胡宏所说的“体”，即是道之体；而所谓“用”，就是指经世致用，包括经济、政治、教育、军事等各个领域在内。他要求一切致力于“圣人之道”的理学家们，要把道体和政治功用统一起来，这样，才能体现儒家重视政治、讲究功用的实学精神。他在研究儒家经典、建构儒家哲理时，仍然关注由体而达用的政治事功。正如他自己所说的：“然口诵古人之书，目睹今日之事，心维天下之理，深考拨乱致治之术。”② 他关注社会现实，重视“拨乱致治”，体现了体用结合的原道精神。

张栻继承了湖湘学派体用结合的传统，他也像胡宏那样，要求把内圣的原道精神和外王的政治功业统一起来。因此，张栻十分重视当时社会现实所面临的实际问题，如兵政、兵法等军事方面的知识一向为理学家们所不重视，但是，张栻则认为这是学者们必须探究、学习的内容。他说：

盖君子于天下之事无所不当究，况于兵者！世之兴废，生民之大本存焉，其可忽而不讲哉！夫兵政之本在于仁义，其为教根乎三纲，然至于法度纪律、机谋权变，其条不可紊，其端为无穷，非素考索，乌能极其用！③

①〔宋〕胡宏：《与张敬夫》，《胡宏集》，中华书局，1987 年，第 131 页。

②〔宋〕胡宏：《与吴元忠四首》，《胡宏集》，中华书局，1987 年，第 107—108 页。

③〔宋〕张栻：《跋孙子》，《新刊南轩先生文集》卷三十四，《张栻集》第 4 册，中华书局，2015 年，第 1281 页。

他完全是从现实的社会政治的需要出发，考虑到了“世之兴废”“生民之大本”以及抗金复仇等经世致用的要求，而将包括军事在内的一切“天下之事”作为学者必须学习的内容。

第二节 湖湘学派道学的务实特色

湖湘学者均有一种执着的原道精神，而“道”本身又是一种终极的信仰，故而他们的学说中表达出一种形而上的追求。但是，湖湘学者又都有一种强烈的经世愿望，反对“多寻空言，不究实用”的学问，故而他们的道论中又表现出一种崇实特色。这正是湖湘学派原道观念的独特之处，值得进一步探讨。

湖湘学派道论中表现出鲜明的务实特色，主要还与他们对佛、道两教的批判有关。为区别于佛、老之道，他们认为儒家之道的最大特点是崇实。湖湘学虽也热衷于探讨天道论学说，但是，湖湘学者认为儒学和佛道两家在道论方面是有根本区别的。胡宏说：“释氏与圣人，大本不同。”[①] 就是说，儒家和佛老之学不仅仅是价值观念、人生态度、修养方法的不同，最根本的，是宇宙本体论的“大本不同”。具体而言，儒家道论以“实”为根本特征，而释、老之学则以“空”“无”为根本特征。所以，湖湘学派首先激烈批判了佛老的虚无本体论，并在此基础上提出了自己的天道实体论。

（一）批判佛老“空”“无”之道

湖湘学者以反佛、辟佛最力而著称，胡宏、张栻有大量批佛

①〔宋〕胡宏：《与原仲兄书二首》，《胡宏集》，中华书局，1987 年，第 122 页。

言论，胡寅还专门撰有批佛的著作《崇正辩》，引用自晋到唐宋高僧佛徒的言行，用儒家正统观念一一加以批驳。他们的反佛言论中最突出的，就是批判了佛、道两教以“空”“无”为宇宙本体的世界观。

湖湘学者主要从下列几个方面对佛、道的宗教世界观展开了批判：

（1）批判佛、道两家将心与迹、道与物、真与物分离，导致“离物求道”“谈真离物”的虚无本体论。

湖湘学者认为，儒家之道从来就是肯定道物一体，不能分割，而佛教哲学的荒谬之处就在于把二者分离，从而引起错误的结论。胡宏指出：

> 离物求道者，妄而已矣！①
>
> 即物而真者，圣人之道也；谈真离物者，释氏之幻也。②

他认为道、物是一体而不能分离的，作为本体的“道”“真”只能存在于物之中，因而儒家哲学主张“物中求道”“即物而真”。但是，佛教哲学恰恰相反，他们总是“离物求道”“谈真离物”，终于引出以“空”“无”为世界之本的虚幻结论。佛教是这样，道教也是这样，胡宏说：

> 一阴一阳之谓道。有一则有三，自三而无穷矣。老氏谓“一生二,二生三”，非知太极之蕴者也。③

①〔宋〕胡宏：《知言·修身》，《胡宏集》，中华书局，1987 年，第 4 页。
②〔宋〕胡宏：《知言·往来》，《胡宏集》，中华书局，1987 年，第 13 页。
③〔宋〕胡宏：《知言·阴阳》，《胡宏集》，中华书局，1987 年，第 7 页。

老氏乃以有无为生物之本，陋哉！天得地而后有万物，夫得妇而后有男女，君得臣而后有万化，此一之道也，所以为至也。[1]

他引用《易传》“一阴一阳之谓道”的观念，证明儒家所遵循的道是形而下的阴阳之气的变化规律、原则，道、太极不能离开阴阳之气，而只能蕴含在此气之中。而老子哲学则将道看成是可以脱离气物而又化生气物的抽象存在，最后只能以“无”作为生物之本，使整个客观存在的物质世界建立在“虚无”的本体论基础之上。这和佛教的“四大皆空”同样荒谬。

湖湘学者进一步指出上述错误见解的严重后果。由于佛教哲学把道与物、心与迹分离，因而在现实世界中，必然会犯下种种“犯理背义”的错误而不能自知。胡寅在其《崇正辩》一书中说：

盖佛氏以心、迹为两途，凡其犯理背义，一切过失，必自文曰“此粗迹，非至道也”。譬如有人终日涉泥涂，历险阻，而谓人曰“吾足自行耳，吾心未尝行也”，则可信邪？[2]

一个人必须生活在形而下的现实世界之中，因而必须遵循这个世界的理义原则，由于佛教哲学将心、迹分离，因而会导致“犯理背义”的严重错误。可见，儒、佛之间由于本体论的不同，从而导致日用生活的根本区别：一种是合乎人情天理的世俗生活，一

①〔宋〕胡宏：《知言·阴阳》，《胡宏集》，中华书局，1987年，第8页。

②〔清〕黄宗羲撰，全祖望补修：《衡麓学案》，《宋元学案》卷四十一（第2册），中华书局，1986年，第1354页。

种则是犯理背义的“离亲毁形”生活。此正如胡宏所说：“释氏与圣人，大本不同，故末亦异。……释氏毁性命，灭典则，故以事为障，以理为障，而又谈心地法门何哉！”[①] 释氏的学说再高妙，由于他们分离了道与物、心与迹，因而只能流于“毁性命，灭典则”的可悲结局。

（2）批判佛教将客观物质世界视为“空幻”的错误思想。

佛教哲学不仅将道与物、心与迹分离开来，还进一步将客观存在的“物”“迹”虚无化，认为这一切皆是虚幻不实的，以进一步论证宇宙世界本就是“空”的。湖湘学者深入批判了这种主观唯心主义的思想，胡寅在《崇正辩》中指出：

> 佛之道，以空为至，以有为幻，此学道者所当辨也。今日月运乎天，山川著乎地，人物散殊于天地之中，虽万佛并生，亦不能消除磨灭而使无也。日昼而月夜，山止而川流，人生而物育，自有天地以来，至今而不可易，未尝不乐也。此物虽坏而彼物自成，我身虽死而人身犹在，未尝皆空也。[②]

胡寅坚持认为，人类所赖以生存的自然世界是客观存在的，它是不会被人的主观观念随意磨灭而成为空无的。大自然界的日月运行，人物生生不息地生成繁衍，这是一个无可改变的事实，佛教哲学不可能靠自己的主观意念和哲学思辨，将如此宏大而真实的世界视为“无”。

---

①〔宋〕胡宏：《与原仲兄书二首》，《胡宏集》，中华书局，1987年，第122页。

②〔清〕黄宗羲撰，全祖望补修：《衡麓学案》，《宋元学案》卷四十一（第2册），中华书局，1986年，第1346页。

佛教哲学不仅否定客观的天地自然的真实性，甚至还进一步否定自我的血肉之躯的真实性，企图使之虚无化。湖湘学者同样批判了这种荒谬的见解，并进一步指出这种见解的危害。胡宏说：

> 释氏以尽虚空沙界为吾身，大则大矣，而以父母所生之身为一尘刹幻化之物而不知敬焉，是有间也。有间者，至不仁也，与区区于一物之中沉惑而不知反者何以异？①

在胡宏看来，当释氏将“吾身”视为“幻化之物”时，犯下了一个双重的错误：第一，他们否定了自我的血肉之躯的真实性，而事实上，“吾身”也是生生不息的大自然的化生之物，人能够“具耳目、口鼻、手足而成身”，正是“天命不已”②的结果。第二，他们同样否定了“吾身”所必然具有的内在本性和道德义理的真实性，忘记了自己必须承担的社会义务和责任。

（3）批判佛教哲学“以心为空”，否定“实理”“实性”的错误思想。

佛教哲学除了把物质自然世界虚化为“空”之外，还进一步提出“以心为空”，否定了“实理”“实性”的客观真实性。湖湘学者批判了这种观点，而坚持认为“心体”的内容就是“实理”“实性”，这是人们必须遵循的客观规律和道德规范，因而心不是空而是实的。胡寅在《崇正辩》中批判佛教哲学“以心为空”的观点时说：

①〔宋〕胡宏：《知言·往来》，《胡宏集》，中华书局，1987年，第13页。

②〔宋〕胡宏：《知言·修身》，《胡宏集》，中华书局，1987年，第6页。

> 佛教以心为法，不问理之当有当无也。心以为有则有，心以为无则无，理与心二，谓理为障，谓心为空，此其所以差也。圣人心即是理，理即是心，以一贯之，莫能障者。[①]

儒学、佛学皆讲明心、识心，但它们所具有的内容不同。佛学以“理与心一”，最终导致“以心为空，起灭天地，伪立其德，以扰乱天下”[②]的严重恶果；儒学则主张“心即是理”，这样，儒家圣人就能做到“是是非非，曲曲直直，各得其所，物自付物，我无与焉”[③]，所以，佛学虽然也讲识心、养心，但由于不愿遵循客观规律的理，结果如胡寅所批判的：“学佛者言空而事忍，盖自其离亲毁形之时，已丧其本心矣。”[④]

胡宏在批判佛教“以心为宗”的错误观念时，也提出这种“识心”因不包括“穷理”，必会产生出种种谬误。他说：

> ……为释氏所引，以心为宗，心生万法，万法皆心，自灭天命，固为己私。小惑难解，大碍方张，不穷理之过也。[⑤]
>
> 释氏窥见心体，故言为无不周遍。然未知止于其所，

① 〔清〕黄宗羲撰，全祖望补修：《衡麓学案》，《宋元学案》卷四十一（第 2 册），中华书局，1986 年，第 1351 页。

② 〔清〕黄宗羲撰，全祖望补修：《衡麓学案》，《宋元学案》卷四十一（第 2 册），中华书局，1986 年，第 1351 页。

③ 〔清〕黄宗羲撰，全祖望补修：《衡麓学案》，《宋元学案》卷四十一（第 2 册），中华书局，1986 年，第 1351 页。

④ 〔清〕黄宗羲撰，全祖望补修：《衡麓学案》，《宋元学案》卷四十一（第 2 册），中华书局，1986 年，第 1351 页。

⑤ 〔宋〕胡宏：《知言·阴阳》，《胡宏集》，中华书局，1987 年，第 9 页。

> 故外伦理而妄行，不足与言孔、孟之道也。[1]

佛教表面上大讲识心、明心，但由于他们的“心”不具有理的实际内容，故而会“小惑难解，大碍方张”，“外伦理而妄行”，这实际上是迷心、失心。结果如胡宏所说：“释氏定其心而不理其事，故听其言如该通，征其行则颠沛。”“无典章法度者，释氏也。”[2]

（4）批判佛、老之学“无欲”之说是使“实理”沦为虚空。

佛、道两家在对待人的感情欲望方面总是采取绝对对立和排斥的态度，这和儒家学说肯定并主张合理地引导人欲的态度是大不相同。湖湘学者对佛道的观点作了严厉的批判，他们说：

> 若异端之谈无欲，则是批根拔本，泯弃彝伦，沦实理于虚空之地，此何翅霄壤之异哉？不可不察也。[3]
>
> 夫人目于五色，耳于五声，口于五味，其性固然，非外来也。圣人因其性而导之，由于至善，故民之化之也易。老子曰：“不见可欲，使心不乱。”夫可欲者，天下之公欲也，而可蔽之使不见乎？[4]

胡宏、张栻从实理、实性的本体论高度，批判了佛老之学对否定人欲的谬误。他们认为，人欲是人的本性的正常要求，如果要求“无欲”，就会使“实理”沦于“虚空”之处。而佛道两家大谈无欲，

---

①〔宋〕胡宏：《知言·事物》，《胡宏集》，中华书局，1987年，第22页。

②〔宋〕胡宏：《知言·天命》，《胡宏集》，中华书局，1987年，第2—3页。

③〔宋〕张栻：《答罗孟弼》，《新刊南轩先生文集》卷二十六，《张栻集》第4册，中华书局，2015年，第1159页。

④〔宋〕胡宏：《知言·阴阳》，《胡宏集》，中华书局，1987年，第9—10页。

最终正是为了回到那“虚空”的本体境界中去。可见，是肯定还是否定人欲，体现了儒家和佛、道两家在本体论上的根本区别。

（二）道之有物故实

湖湘学派批判佛道两家以虚、无为宇宙之道的思想，正是为了建构理学以“实”为根本特征的道论。所以，他们总是在佛道之学所以堕入虚无之体的地方，针锋相对，提出了儒家的道论思想。

湖湘学者在建构儒家道论时，其中一个首要的原则和命题，就是强调形而上与形而下、道与物、性与物是统一整体，以确立儒家的道论是一种实体存在。

湖湘学者认为，释老之徒所以会以虚无为本，就在于他们“离物求道”，而儒家之道所以会是“实”的，就在于儒家主张道物一体。胡宏说：

> 道不能无物而自道，物不能无道而自物。道之有物，犹风之有动，犹水之有流也，夫孰能间之？①

胡宏将道和物的关系，视为体和用的关系，因而用风与动、水与流为喻，进一步强调道、物之间不可分离、割裂的思想。他认为只有坚持二者的统一，才能建立起儒家具有实学特征的道论。张栻继承了胡宏关于道物一体的思想，他进一步提出：

> 道不离形，特形而上者也；器异于道，以形而下者也。试以天地论之。阴阳者形而上者也，至于穹窿磅礴者，

①〔宋〕胡宏：《知言·修身》，《胡宏集》，中华书局，1987 年，第 4 页。

乃形而下者欤？离形以求道，则失之恍惚，不可为象，此老庄所谓道也。①

他把道和物的关系，看成是形而上与形而下的关系，并肯定二者是不可能分离的统一体。由于人们所能接触的是形而下的物质世界，所以必须在形而下的物质世界中探寻形而上的道。如果企图“离形求道”，这种道只能是“异端”所言恍惚不实的道，而绝不会是儒家之道。

所以，张栻在论述老师胡宏的学术成就时，曾称其学术特征是“即形而下者而发无声无臭之妙，使学者验端倪之不远，而造高深之无极”②。这里所谓“无声无臭之妙”，即是指形而上的太极和道，而胡宏正是倡导太极或道只可能存在于形而下的气物之中，如前所述，这种道物一体的思想正是湖湘学派的道论思想的重要特征。张栻还用“体用一源”的观念来说明二者的关系，提出：“体用一源，显微无间，其太极之蕴欤！”③ 太极或道虽是宇宙本体，但它不是可以脱离气物的虚无存在，而必须蕴含在气物之中，作为“体”的太极和作为“用”的气物是同一实体存在，这就叫作“体用一源，显微无间”。

湖湘学作为一个独具特色的理学学派，于朱学的理本论、陆学的心本论之外，又提出自己的性本论。湖湘学者所说的道，往往又是指性，胡宏说：“有是道则有是名也。圣人指明其体曰

---

①〔宋〕张栻：《系辞上卷下》，《南轩易说》卷一，《张栻集》第 1 册，中华书局，2015 年，第 25 页。

②〔宋〕张栻：《胡子知言序》，《新刊南轩先生文集》卷十四，《张栻集》第 3 册，中华书局，2015 年，第 974 页。

③〔宋〕张栻：《答吴晦叔》，《新刊南轩先生文集》卷十九，《张栻集》第 4 册，中华书局，2015 年，第 1054 页。

性。”[①] 所以，湖湘学者进一步论述了性、物（气）一体的关系，在这方面，尤其体现了湖湘学道论的崇实特色。

湖湘学者也往往用“形而上”与“形而下”来说明性与物（气）的关系。胡宏说：“形而在上者谓之性，形而在下者谓之物。”[②] 他进一步指出，由于性是无声无臭的形而上者，它必须也能够存在于感性的形而下者之中。所以，湖湘学者十分强调性与气物是一体而不可分割的，他们认为：

> 性外无物，物外无性。[③]
>
> 有太极则有物，故性外无物；有物必有则，故物外无性。[④]

他们否定性本体能够于气物之外而独立存在，从而肯定形而上的性并不是一种虚无存在，而是一种有质有用的实体存在，即如胡宏所说：“子思子曰：‘率性之谓道。’万物万事，性之质也。因质以致用，人之道也。”[⑤] 形而下的“万物万事”是形而上的性体的质料，因而，“性”是一种质、有用的实体存在，而如果离开万事万物的具体“质”和“用”，性体就会成为一种不可捉摸的虚无存在。所以，张栻在强调儒家的实体论时，就认为“道德性命

①〔宋〕朱熹：《宋朱熹胡子知言疑义》，载〔宋〕胡宏：《胡宏集》附录一，中华书局，1987 年，第 336 页。

②〔宋〕胡宏：《释疑孟·辨》，《胡宏集》，中华书局，1987 年，第 319 页。

③〔宋〕胡宏：《知言·修身》，《胡宏集》，中华书局，1987 年，第 6 页。

④〔宋〕张栻：《告子上》，《南轩先生孟子说》卷第六，《张栻集》第 2 册，中华书局，2015 年，第 546 页。

⑤〔宋〕胡宏：《知言·往来》，《胡宏集》，中华书局，1987 年，第 14 页。

初不外乎日用之实”[①]。

湖湘学者的“性”是一种实体存在，还在于它是合理、欲为一体的。在许多理学家那里，理是形而上者，欲是形而下者，它们是相互对立的。湖湘学者主张“道物一体”“物外无性”，同样承认理、欲是一体不可分割的，这样，才可以肯定性是实体之性，理是实体之理。胡宏说：

> 天理人欲同体而异用，同行而异情。进修君子宜深别焉。[②]

他提出了一个不同于正统理学家的著名命题，认为“理欲同体”。也就是说，性体就存在于形而下的感性情欲的基础上，而感性情欲也必然体现形而上的性体。所以，胡宏常常把形而上的性体置之于形而下的感性存在之中，他说：“好恶，性也。”[③]“夫人目于五色，耳于五声，口于五味，其性固然，非外来也。”[④]湖湘学者的这一主张，受到正统理学家朱熹等人的批判，但实际上，这种观点的提出，正是针对释老之学泯灭人欲，使性、理悬于虚空之地的谬误。“欲”不仅是一种客观存在，不可能否定，而且正是形而上的性体必须落实之处。张栻虽然不赞成“理欲同体”的命题，但他也认为不能绝对否定人欲，否则会流于异端的虚无之说，他说：“若异端之谈无欲，则是批根拔本，泯弃彝伦，沦

①〔宋〕张栻：《道州重建濂溪周先生祠堂记》，《新刊南轩先生文集》卷十，《张栻集》第3册，中华书局，2015年，第907页。

②〔宋〕朱熹：《宋朱熹胡子知言疑义》，载〔宋〕胡宏：《胡宏集》，中华书局，1987年，第329页。

③〔宋〕朱熹：《宋朱熹胡子知言疑义》，载〔宋〕胡宏：《胡宏集》附录一，中华书局，1987年，第330页。

④〔宋〕胡宏：《知言·阴阳》，《胡宏集》，中华书局，1987年，第9页。

实理于虚空之地。”[①] 可见，他们是从儒家实学的立场出发，肯定性、理应和人欲共存，认为佛道两教的“无欲”是“沦实理于虚空之地”，最终会导致虚无本体论。

但是，有一点值得提出，湖湘学者虽然强调“道物一体”“性外无物”，但并没有像明清实学思潮中的许多思想家那样，由此引出以气物为本的结论。相反，他们在性（或道、太极）与气物的关系问题上，总是坚持以性为本。他们说：

> 气之流行，性为之主。[②]
> 非性无物，非气无形。性，其气之本乎！[③]

他们认为，性是决定、主宰气物的本体存在。由于形而上的性体成为某种本始存在，那么，当湖湘学者大讲“吾儒皆实”时，还必须进一步回答性体、道体本身的实在性问题。也就是说，儒家之道所以是“实”的，不仅仅因为它是和气物紧密相依而不可分割，还有一个它自身的实在性问题。

（三）道之本有故实

本来，在湖湘学派以及其他理学家那里，道、性、理诸范畴皆是指无形无迹的原则、规律、规范等，当人们说“道物一体”“性外无物”时，它们固然是实体论范畴，但是，当人们用思维把这些范畴抽象出来，使之成为形而上的本体存在时，那

①〔宋〕张栻：《答罗孟弼》，《新刊南轩先生文集》卷二十六，《张栻集》第4册，中华书局，2015年，第1159页。

②〔宋〕胡宏：《知言·事物》，《胡宏集》，中华书局，1987年，第22页。

③〔宋〕胡宏：《知言·事物》，《胡宏集》，中华书局，1987年，第22页。

么，这些范畴为什么仍然是一种本有的实体存在呢？

关于道、性、理是儒家实体论范畴，湖湘学派主要是从两个方面去把握。

（1）首先，从思想范畴的形式来看，它们是本有的实体范畴。

思想范畴是人类认识客观世界而形成的最普遍、最基本的概念，作为一种概念，它的形式是主观的，中国古代哲学称之为“名”，和客观世界的“实”相对应。那么，湖湘学者所讲的本体范畴如道、性、理等，本来也不过是“名”而已。它们本身并不是“实”。但是，湖湘学者并不把“名”与“实”对立起来，而是要求“名”与“实”统一起来，并以“实”作为二者统一的基础。胡宏在论述名实观时有一个重要的观点，他说：

> 有实，而后有名者也。实如是，故名如是。实如是而名不如是，则名实乱矣。[①]

这段简短的话中却包含着一些重要的观点：第一，“名”和“实”应该是统一的，如果“名”和“实”不统一，则会造成混乱，这实际上是回答了思维和存在应具有同一性这个重要的基本问题。第二，“实”是第一性的，“名”是第二性的，应该是首先有“实”，然后才有“名”，有什么样的“实”，才有什么样的“名”。这就进一步将思维和存在同一的基础归结为“实”。这一点，正是胡宏将性、理、道视为本有的实体论范畴的方法论原则。

根据胡宏的名实论，性、理等哲学范畴虽是“名”，但它们却是客观实在的反映，是“实”的体现和标志。所以，人们首先

---

①〔宋〕胡宏：《知言·汉文》，《胡宏集》，中华书局，1987 年，第 43 页。

不能将道学范畴的“名”看作是可以脱离客观世界的“实”的纯主观东西，性、理等范畴之“名”完全能够而且也应该是“实”的。正如胡宏所说：

> 心性，固是名，然名者，实之表著也。义各不同，故名亦异，难直混为一事也。①

他明确指出，心性作为“名”，是表明、标志着“实”的客观内容的。由于客观实在的具体含义不同，故而作为概念的“名”也就不同。由此可见，儒家所提出的道、性、心等“名”，是反映、体现“实”的，从这个意义上说，它们是实体论范畴。

但是还有一个需要阐明的问题，佛老之学也讲心、性、道，他们所称名的这些范畴是否也是“实”的反映呢？如果是的话，也应该是实体论范畴。胡宏认为，虽然儒学和佛老之学有名称相同的本体论范畴，但是，它们之间有一个重要区别，儒家之道是对天地万物法则之“实”的客观反映，所以这些范畴是“实”的，而佛教之道则是产生于主观的欲求和幻想，不反映天地万物法则之“实”。胡宏说：

> 尧、舜、禹、汤、文王、仲尼之道，天地中和之至，非有取而后为之者也。是以周乎万物，通乎无穷，日用而不可离也。释氏乃为厌生、死，苦病、老，然后有取于心以自利耳。本既如是，求欲无弊，其可得乎！②

---

①〔宋〕胡宏：《与曾吉甫书三首》，《胡宏集》，中华书局，1987 年，第 116 页。

②〔宋〕胡宏：《知言·天命》，《胡宏集》，中华书局，1987 年，第 2 页。

他认为，儒家之道首先是存在于天地万物之中的法则，是人们的人伦日用所不可须臾离的，然后才是取而名之，日用而为之，所以儒家之道是“实”的。而释氏之道完全产生于主观的欲求、自利的要求，这些要求本身即背离天地万物生生之理和社会人伦日用之则，所以释氏之道是“虚”的。可见，由于儒家心、性、道等“名”是客观世界之“实”的反映，它们方才被称为实体论范畴。

（2）其次，再从这些范畴的内容看，也可证明它们是本有的实体论范畴。性、道之“名”所反映的“实”是指宇宙万物的总规律、总原则。然而，这些被称为性、道、理的规律、规范，并不是人的感觉器官能直接接触的客观事物，而是超乎闻见的形而上者。胡宏曾提出：“物象有形影，实而可用之谓形。”① 有形的物象可谓之“实”，无形的“道”“性”如何谓之“实”呢？湖湘学者主要是从下列几个方面，以论证形而上之道、性是一种实体存在。

首先，他们从“有”“无”的本质特征方面着眼，肯定儒家的形而上之道、性的客观存在，以证明道、性、理均是一种实体存在。

宋儒十分重视以“有”“无”来论证儒家之道，这一方面与理学开山祖周敦颐融合道家学说，在《太极图说》中提出“无极而太极”有关；另一方面，更与理学建构道论本身的需要有关。具体而言，理学家所提出的太极、理、性等范畴，究竟是“有”还是“无”？说它是“有”，它总是不见形迹；说它是“无”，它则又客观存在。所以后来朱熹干脆用“无形而有理”，说明理本体是“有”与“无”的统一物：就形体而言，它是“无”；就客观存在而言，它是“有”。湖湘学者与此不同，他们反对将道、

①〔宋〕胡宏：《知言·大学》，《胡宏集》，中华书局，1987 年，第 34 页。

太极、性称为“无”的说法，而坚持它们是“有”。为了说明形而上之道、性是实有的客观存在，他们认为形和性是两种不同的“有”，胡宏说：

> 有聚而可见谓之有者，知其有于目，故散而不可见者谓之无。有实而可蹈谓之有者，知其有于心，故妄而不可蹈者谓之无。[①]

具体事物的形体存在是“形有”，它们是人的视觉器官所能反映和证明的；而性、理则是客观存在的规律或法则，这是人们的思维器官所能反映并在实践中（“实而可蹈”）能够证明的。可见，不能因为人的视觉器官看不见它们就否定它们的客观存在。

由此，胡宏肯定儒家之道是一种实体存在，它们是实理、实性，因而它们只可能是“有”，而不可能是“无”，胡宏强调说：

> 有而不能无者，性之谓欤！[②]
>
> 物之生死，理也。理者，万物之贞也。生聚而可见，则为有；死散而不可见，则为无。夫可以有无见者，物之形也。物之理，则未尝有无也。[③]

他认为，那些具体事物的形体，可因“生聚”和“死散”称之为“有”或“无”，而作为事物规律、本质的性、理则是永远客观存在的，而不会有“无”的状态的出现。他强调性、理是

---

①〔宋〕胡宏：《知言·好恶》，《胡宏集》，中华书局，1987年，第12页。

②〔宋〕胡宏：《知言·一气》，《胡宏集》，中华书局，1987年，第28页。

③〔宋〕胡宏：《知言·阴阳》，《胡宏集》，中华书局，1987年，第8页。

“有”而不是“无”，正是为了建立儒家的实体论，而批判宗教以“空”“无”为宇宙本体的虚无主义人生观和世界观。

其次，湖湘学者把形而上的道、性等，视为人们所必须遵循的客观法则，以证明道、性等不是空、无，而是一种实体存在。

从表面上看，道、性、理等都是表示事物的本质和法则，它们本身是无形迹的形而上的东西，人们不能直接用视觉、听觉、嗅觉来感知它们的存在。但是，人能用理性思维认识它，人在日常生活中必须遵循它，人们每时每刻都不能离开它。胡宏把人的理性思维能力称为“心”，这种理性能力是在感知的基础上，就能获得对事物法则和本质的认识，即所谓“睹形色而知其性，闻声音而达其义，通乎耳目之表、形器之外”[1]。人们不仅可以认识性、理，尤其必须遵循它们，它们是不可违背、不可分离的，胡宏说：

> 诚，天道也。人心合乎天道，则庶几于诚乎！不知天道，是冥行也。冥行者，不能处己，乌能处物？[2]
>
> 道之明也，道之行也，或知之矣。变动不居，进退无常，妙道精义未尝须臾离也。[3]

人们必须认识天道、遵循天道，才能做到“理于事而心有止”[4]，能够成己成物，与天地参。否则，就是不能处己处物的“冥行”，就会“未知止于其所，故外伦理而妄行”[5]。

①〔宋〕胡宏：《知言·往来》，《胡宏集》，中华书局，1987 年，第 14 页。
②〔宋〕胡宏：《知言·一气》，《胡宏集》，中华书局，1987 年，第 28 页。
③〔宋〕胡宏：《知言·往来》，《胡宏集》，中华书局，1987 年，第 15 页。
④〔宋〕胡宏：《知言·天命》，《胡宏集》，中华书局，1987 年，第 3 页。
⑤〔宋〕胡宏：《知言·事物》，《胡宏集》，中华书局，1987 年，第 22 页。

既然道、性、理是人们必须遵循的法则，可见它们并非不存在的空、无，而是具有客观存在的实在性。正是在此意义上，湖湘学者总是将性、理视为实性、实理，以说明它们的客观实在性。胡宏说：

> 五典，天所命也；五常，天所性也。天下万物皆有则，吾儒步步著实，所以允蹈性命，不敢违越也。[①]

他认为人们必须遵循、不能违越事物的法则，这样才能“步步著实”，可见，作为事物法则、本质的命、性皆是“实”的。张栻往往直接称这些事物的法则、本质为“实理”，以标明它们作为实体的特征，他说：

> 天下之事，莫不有所以然，不知其然而作焉，皆妄而已。圣人之动，无非实理也，其有不知而作者乎？[②]
>
> 然所谓物者果何谓乎？盖其实然之理而已。实然之理具诸其性。[③]

他肯定事物的本质、法则是必须认识而遵循的，不知不循为“妄”，识而循之则为“实”，所以，一切理皆是“实理”，性是实理的总汇，故而也应是“实性”。

①〔宋〕胡宏：《与原仲兄书二首》，《胡宏集》，中华书局，1987 年，第 122 页。

②〔宋〕张栻：《述而篇》，《南轩先生论语解》卷第四，《张栻集》第 1 册，中华书局，2015 年，第 166 页。

③〔宋〕张栻：《洁白堂记》，《新刊南轩先生文集》卷十三，《张栻集》第 3 册，中华书局，2015 年，第 954 页。

第八章
湖湘学派的体用合一之道（下）

湖湘学派是一个由诸多学者组合的学者群体。在学术史著作《宋元学案》中，黄宗羲、全祖望就为湖湘学派专列了《武夷学案》《衡麓学案》《五峰学案》《南轩学案》《岳麓诸儒学案》等不同学案，并为数十名学者列传。

上一章综合论述了湖湘学派源流、原道精神及特色，本章将进一步讨论几位具有代表性的湖湘学者的原道思想。胡安国、胡宏、张栻是湖湘学者最值得关注的几位人物，这里将重点论述他们三位的道学思想。

第一节　胡安国的人伦日用之道

胡安国是湖湘学派的开创者。他除了在湖南衡山一带创办书堂讲学，形成了湖湘学者的群体之外，尤重要的是，他提出了自己的道学思想，体现出将儒家伦理上升为天道的理学风格。胡安国的道学思想鲜明地体现出湖湘学派的学术思想特色，在湖湘学派学术思想的形成和发展过程中居于重要的地位。

（一）“心与理一”的天道论

胡安国的理学思想有一个重要特点，就是具有由人道而及天道、注重在日用伦常中获得本体性超越的理论特色。而这一点，是理解胡安国提出“心与理一”的天道论思想的关键。

胡安国并不离开人们的日用伦常的社会生活，去探索抽象的宇宙论模式；他不像其他的一些理学家那样，把天道视为一种在时空上先于世界万物的原始存在（太极、无极、太虚等）。胡安国主要是从生生不息的天地自然中谈天道，尤其是从饥食渴饮、冬裘夏葛的日用生活中谈天道。他和弟子有一段对话：

> 吉甫尝问：“今有人居山泽之中，无君臣，无父子，无夫妇，所谓道者果安在？”曰：“此人冬裘夏葛，饥食渴饮，昼作入息，能不为此否？”曰：“有之。”曰：“只此是道。”①

在他看来，“道”体不是什么玄妙不可捉摸的东西，一切功用，不仅是君臣父子的伦常之用，甚至是饥食渴饮的生活之用，都是道的体现。这样说的目的：一方面说明这个道体在时空上的绝对性，即它是无所不在的；另一方面又有将形而上之道感性化的倾向。因而，人们在日用生活中，即可“上达”那超越的无限本体，而不能将“道”理解为脱离人伦日用生活的虚无存在。

上述观点，决定了胡安国在建构道论所形成的一些特点。宋代理学家的道论有两种不同的思维模式和理论框架。一种是由天道而及人道，即首先建构天地化生的宇宙论（天道），然后引出

① 〔清〕黄宗羲撰，全祖望补修：《武夷学案》，《宋元学案》卷三十四（第 2 册），中华书局，1986 年，第 1178 页。

人伦社会的道德论（人道），他们往往强调作为天道范畴的“理”（或太极、太和）为宇宙的终极存在。另一种则主张由人道而及天道，他们直接把宇宙本体论建立在人的心性的基础上，往往强调人道范畴的“心”（或性）作为宇宙本体。当然，胡安国也和其他的理学家一样论证人道和天道的合一，但由于他的理学思想具有注重在日用伦常（人道）中获得本体超越（天道）的理论特色，因而，他在论证“天人合一”时，更注重通过人道来说明天道，使天道立足于人道的心性论的基础之上。在本体论方面，他也提出了以心为体的理学思想。

胡安国在其《春秋传》卷三中，就曾提出：“元者何？仁是也。仁者何？心是也。”将终极存在的“元”归之于人的本心，鲜明地体现出心学倾向。但他在这里还没有进一步对“心体”的范畴作理论上的展开和发挥，当他独立阐发这一问题时，才对这一思想作了进一步的论述。他说：

> 夫自本自根，自古以固存者，即起灭心是也。不起不灭心之体，方起方灭心之用。体用一源，显微无间，能操而常存者，动亦存，静亦存，虽百起百灭，心固自若也。[①]

这段话中提及的“自本自根，自古以固存”，原是庄子论述“道”的特征时所用，庄子以证明“道”是一种在时空上永恒的终极存在。胡安国在此借用了庄子哲学中的语言以论述心体，他显然是想要证明，作为主体意识的“心”是这种在时空上永恒的宇宙本体，这和后来渐盛的心学一派的观点十分接近。当然他也

①〔宋〕胡寅：《先公行状》，《斐然集》卷二十五，《斐然集·崇正辩》，岳麓书社，2009年，第523页。

不得不承认，作为个体存在的人的心理活动、意识活动皆是“方起方灭”的，但他又坚持认为，这种“起灭”并不影响作为一种永恒存在的“心体”。他认为“方起方灭”的心理、意识活动只是“心之用”，“心之体”则是“不起不灭”的永恒存在。显然，此“心”是一种普遍性的永恒存在。

胡安国不仅以“心”为宇宙本体，同时又以“理”为宇宙本体，体现了他在建立道论时的独特主张。胡安国毕竟是一个以人伦为本位的儒家学者，当他以“心”为宇宙本体时，只是为了证明，仁义礼智等儒家伦理规范皆是源于人的本心的。而且，他肯定作为心体的内容，正是仁义礼智的“理”，也就是说，心所以能成为宇宙本体，恰恰在于心体中具有自然法则、社会规范的理，此“理”则是人必须遵循的。所以他认为，佛教虽也大讲“明心见性”，但由于忽视了“理”的规范法则，故必然流于迷惑和狂妄。胡安国在批判佛教时说：

> 释氏虽有了心之说，然知其未了者，为其不先穷理，反以理为障，只求见解于作用处，全不究竟也。以理为障而求见解，故穷高极大而失其居。失其居，则惑人也，故无地以崇其德。至于流遁莫可致诘，于作用处全不究意，故接物应事颠倒差谬，不堪点检。①

佛教哲学也大讲主观意识的“心”，但它不以理作为心体的内容，反而“以理为障”，这样，它就和遵循天地自然法则、人伦道德规范的儒家哲学区别开来。胡安国则坚持“穷理”“循理”的原

① 〔宋〕胡寅：《先公行状》，《斐然集》卷二十五，《斐然集·崇正辩》，岳麓书社，2009年，第523页。

则，认为只有如此，才不会陷入佛教那种“接物应事颠倒差谬，不堪点检”的境地。

所以，胡安国一方面以“心”为不起不灭的终极存在，另一方面又以“理”作为一种无所不在的终极存在。那么，两者究竟谁才是终极存在呢？他主张“心与理一”，不能将两者分开。胡安国在论述“理”与“心”时说：

> 无所不在者理也，无所不有者心也。物物致察，宛转归己，则心与理不昧。故知循理者，士也。物物皆备，反身而诚，则心与理不违。故乐循理者，君子也。天理合德，四时合序，则心与理一，无事乎循矣。故一以贯之，圣人也。①

胡安国在这里谈的是士、君子、圣人三种不同的思想境界，他坚持每一种思想境界都必须实现理与心的统一。所以如此，因为他认为“理”与“心”是同一的本体存在。他反复强调主体意识的“心”与客观原则的“理”是统一的，他说：

> 四端固有非外铄，五典天叙不可违。在人则一心也，在物则一理也。充四端可以成性，惇五典可以尽伦，性成而伦尽，斯不二矣。②

在他看来，“四端”和“五典”、“人心”和“物理”、“成性”和

①〔宋〕胡寅：《先公行状》，《斐然集》卷二十五，《斐然集·崇正辩》，岳麓书社，2009年，第522页。

②〔宋〕胡寅：《先公行状》，《斐然集》卷二十五，《斐然集·崇正辩》，岳麓书社，2009年，第523页。

“尽伦”，作为主体的伦理意识和作为客体的伦理规范皆是“不二”的：主体伦理意识必然包括客体伦理规范在内，客体伦理规范必须通过主体伦理意识体现出来，这就是胡安国关于“心与理一”的内容实质。由此可见，胡安国在道论上，既提出以心为体，又提出以理为体，反映了两宋之交湖湘学派的道论特色。

胡安国在其代表作《春秋传》中，更加深刻地表达了这一思想。作为一个宋儒，他在治《春秋》时，体现这样一个特点，即是由人道而及天道，从日用伦常的道德践履中说明道德的本原意义。他在注隐公元年时写道：

> 即位之一年必称元年者，明人君之用也。大哉乾元，万物资始，天之用也；至哉坤元，万物资生，地之用也。成位乎其中，则与天地参。故体元者，人主之职，而调元者，宰相之事。①

“元”是什么含义呢？《说文》云：“元，始也。”《公羊传》注隐公元年时说：“元年者何？君子始年也。”但胡安国所理解的“元”是天、地、人中的形而上的本体。他肯定天有“乾元”、地有“坤元”，人亦须“体元”，使“元”由初始之义发展而为形上的终极存在之义，这个“元”显然是一种宇宙本体的范畴。可是，他不仅仅认为“元”是天地万物的本原，而且也肯定它是一种主体意识的伦理观念，他说：

> 谓一为“元”，则知祖述宪章，以体元为人主之

① 〔宋〕胡安国：《隐公上》，《春秋传》卷一，岳麓书社，2011 年，第 11—12 页。

> 职。……元者何？仁是也。仁者何？心是也。建立万法，酬酢万事，帅驭万夫，统理万国，皆此心之用也。尧、舜、禹以天下相授，尧所以命舜，舜亦以命禹，首曰“人心惟危，道心惟微”。周公称乃考文王“惟克厥宅心，乃克立兹常事”，故一心定而万物服矣。[①]

他把作为宇宙本体的“元”和作为主体伦理意识的“仁”“心”等同起来，主张：“元，即仁也；仁，人心也。”这样做有双重的目的：一方面使主体伦理观念本体化，道德观念之“仁”上升为宇宙天道的“元”；另一方面又使宇宙本体主体化，宇宙天道的“元”又成为主体意识的“心”。

胡安国大谈“在人则一心也，在物则一理也”，显然是想用“心与理一”来统一主观伦理精神和客观伦理原则，以建立人道和天道合一的宇宙本体论。胡安国是湖湘学派的创始人，他所倡导的宇宙本体论思想对湖湘学的传人产生重大影响。胡宏在后来倡导“以性为体”的本体论，“性体”范畴就兼有天理论的客体意义和心本论的主体意义，可见，胡宏的性本论是对其父提倡的“心与理一”思想的进一步发展。此外，胡寅、张栻等人也是从客体意义和主体意义两方面来建立本体论，仍肯定“理”与“心”的本体意义。显然，这一切，皆渊源于胡安国所倡导的“心与理一”的天道论。

（二）致知、存心的修道论

胡安国倡导的“心与理一”，不仅仅是一种天道论的表述，

---

①〔宋〕胡安国：《隐公下》，《春秋传》卷三，岳麓书社，2011年，第40页。

而且是他所重视的道德修养的理论前提和最终目的。在他看来，通过修道工夫，最终是为了达到“心与理一”的最高精神境界。如何修道呢？由于他将“心”与“理”并列，因而提出外求的穷理、致知途径和内求的养心、存心途径。正如胡寅所作《先公行状》所评述的：“士子问学，公教之，大抵以立志为先，以忠信为本，以致知为穷理之门，以主敬为持养之道。”①道论上的“心与理一”的思想，导致了修道工夫论上的“外求”和“内求”的双重进路。

首先，胡安国主张外求的穷理方法。因为他主张“在物则一理也”的理本论，“理”作为人们必须遵循的伦理原则和规范是客观的，因而，人们必须首先认识它，然后才可能遵循它。胡安国反对佛教只讲“了心”而不讲“穷理”的谬误，他认为“穷理”“致知”是儒家修道工夫的标志，他说：

> 圣门之学，则以致知为始，穷理为要，知至理得，不昧本心，如日方中，万象毕见，则不疑其所行而内外合也。②

他认为，只有通过致知穷理的途径，以获得对客观的“理”的认知，才能在日用生活中做到“循理”，最终达到“心与理一”的“内外合”的精神境界。

其次，胡安国也倡导扩充良知和求放心的内求工夫。他曾经

---

①〔宋〕胡寅：《先公行状》，《斐然集》卷二十五，《斐然集·崇正辩》，岳麓书社，2009年，第522页。

②〔宋〕胡寅：《先公行状》，《斐然集》卷二十五，《斐然集·崇正辩》，岳麓书社，2009年，第523页。

将“心”规定为“自本自根，自古以固存”的本体存在，并肯定“无所不有者心也”。那么，人心应该是万理俱足的，学者们只要能扩充自己的本心，亦可能达到“心与理一”的本体境界。所以，他又倡导这种“内求”的修道工夫，他说：

> 夫良知不虑而知，良能不学而能，此爱亲敬长之本心也。儒者扩而充之达于天下，立万世之大经，经正而庶民兴，邪慝息矣。①

他将人的本心称为“良知”“良能”，并肯定这是一种“不虑而知”“不学而能”的先天知识和能力，学者只要能扩充本心，即可达到“心与理一”。“扩心”是从积极的一面说的，如果从消极的一面来说，则是“求放心”。他认为：

> 不起不灭心之体，方起方灭心之用。体用一源，显微无间，能操而常存者，动亦存，静亦存，虽百起百灭，心固自若也。放而不知求者，静亦亡，动亦亡。②

他认为“心”本身是“不起不灭”的本体存在，但人们必须坚持“操而常存”的修道工夫，否则，作为“方起方灭”的“心之用”最后仍会亡而不存。这种“求放心”的工夫论显然同他认为心体“不起不灭”的思想相矛盾。

①〔宋〕胡寅：《先公行状》，《斐然集》卷二十五，《斐然集·崇正辩》，岳麓书社，2009 年，第 523 页。

②〔宋〕胡寅：《先公行状》，《斐然集》卷二十五，《斐然集·崇正辩》，岳麓书社，2009 年，第 523 页。

胡安国既大讲穷理致知的外求工夫，又大讲扩充本心、求放心的内求工夫，在理论上岂不是矛盾？根据他的穷理致知的工夫论，学者必须通过对“物理”的探求、认知才能达到“心与理一”的境界；而根据他的扩心、求放心的工夫论，似乎根本无须去探求、认知外在的“物理”，而只要扩充本心就可达到“心与理一”的境界。胡安国为解决这一矛盾，将人分为“上根之人”和“中才”以下之人。所谓“上根之人”即是君子和圣人，“君子”往往是“物物皆备，反身而诚，则心与理不违”，而“圣人”更是“天理合德，四时合序”，他们无须走穷理致知的途径即可达到“心与理一”。至于“中才”以下之人，则就不同了，他说：

> 今以中才欲了此事，不从博学、审问、慎思、明辨、笃行以求之，则亦何以异于谈饮食而欲疗饥渴乎？①

他认为，一切“中才”以下之人，皆必须经学、问、思、辨、行的步骤，完成穷理致知的任务，最终才能达到“心与理一”的精神境界。由此可见，他虽然倡导穷理致知和存心尽心两种修道工夫论，但从总体而言，他更坚持强调穷理工夫。他甚至认为，即使是圣人，也不完全排除学问的途径，他说：“如舜，可谓上上根矣，然犹好问，犹察言，犹取诸人以为善。”② 他以舜这种“上上根”人为例，说明认知工夫的必要性和重要性。可见，他在倡导两种修身工夫时，还是偏重穷理致知的方法。

①〔宋〕胡寅：《先公行状》，《斐然集》卷二十五，《斐然集·崇正辩》，岳麓书社，2009年，第523页。

②〔宋〕胡寅：《先公行状》，《斐然集》卷二十五，《斐然集·崇正辩》，岳麓书社，2009年，第523页。

胡安国倡导的修道工夫论，包括内求和外求两个方面，亦对湖湘后学产生了极大的影响。胡宏、张栻等人在修道工夫上也是倡导“穷理”和“尽心”并用，体现了湖湘学派在这一问题上的兼容并蓄的学术风格，而这种学术风格的思想渊源，则来自开创湖湘学派的胡安国。

第二节　胡宏道学体用论的双重意义

胡宏通过碧泉书院而实现他的师道理想，完成了他的道学建构，开创了湖湘学统。胡宏往往以“体用”表述“道”的内涵，其中包含值得进一步分疏的双重思想结构。一方面胡宏从哲学思辨的角度论道之体用，作为道之体的“性”是形而上的终极存在，作为道之用的“心”是“知天地、宰万物以成性者”。另一方面他从文化价值角度论道之体与用，提出“仁其体，义其用”的思想，“仁”是儒家的文化价值之体，“义”是儒家的革新政令之用。探讨胡宏道学体用的双重意义，能够更加完整理解道学的丰富思想内涵与学术体系。

湖湘学派是由胡安国、胡宏父子在湖湘开创的地域性学统，后来的历史学家特别强调胡宏作为湖湘学统开创者的地位。清学者全祖望在《五峰学案序录》中说：“绍兴诸儒，所造莫出五峰之上。其所作《知言》，东莱以为过于《正蒙》，卒开湖湘之学统。”[①] 由于胡宏以强烈的师道精神深刻回应了儒学重建的核心问

① 〔清〕黄宗羲撰，全祖望补修：《五峰学案》，《宋元学案》卷四十二（第 2 册），中华书局，1986 年，第 1366 页。

题，他“优游南山之下余二十年，玩心神明，不舍昼夜”[①]的深刻思考，建构以一个“体用该备”的道学体系。所以胡宏在湖湘创建的湖湘学派，成为南宋初年很有地位和影响的地域学派与学统。应该说，开创湖湘学统只是胡宏弘扬道学的历史结果，是后来学术史家的总结和评价。而在南宋时期地域学派的学术思潮中，胡宏其实是以承担道学而自任，希望建构以师道为主体的道学与道统。

（一）胡宏以师道开湖湘学统

宋学兴起与北宋庆历时期，到熙宁时期达到大盛，出现了许多影响很大的地域学派，正如宋孝宗时期的员兴宗所说：“昔者国家右文之盛，蜀学如苏氏，洛学如程氏，临川如王氏，皆以所长经纬吾道，务鸣其善鸣者也。”[②]员兴宗认为临川学、蜀学、洛学均是以复兴儒家之道为目标的宋学学派，但他承认三家学术各有特点，即所谓“苏学长于经济，洛学长于性理，临川学长于名数”[③]。而在此三家之中，洛学一派往往是以“道学”自称。[④]胡安国、胡宏父子均是二程洛学的传人，胡宏通过程门大弟子谢良佐、杨时而与二程兄弟有了学术脉络关系。胡宏本人也将自己看作是二程兄弟的私淑，他说：“予小子恨生之晚，不得供洒扫于先生（指二程）之门，始集其遗言，行思而坐诵，息养而瞬存，

---

①〔宋〕张栻：《胡子知言序》，《新刊南轩先生文集》卷十四，《张栻集》第3册，中华书局，2015年，第974页。

② 员兴宗：《苏氏王氏程氏三家之学是非策》，《九华集》卷九，影印文渊阁四库全书本。

③ 员兴宗：《苏氏王氏程氏三家之学是非策》，《九华集》卷九，影印文渊阁四库全书本。

④ 关于“道学”的内涵和外延，在当代学界的看法还有很大分歧，主要是狭义和广义的差异。狭义的“道学”是指宋学中程朱一派，因为他们标榜的学术是“道学”，是孔孟道统的传人。广义的“道学”是指宋代新儒家学派，包括了大多数宋学学派。

因其所言而得其所以言，因其所以言而得其言之所不可及者，则与侍先生之坐而受先生之教也，又何异焉！”①

正因为这一缘故，在南宋初年的学术界中，胡宏旗帜鲜明地标榜自己的学术是“道学”。熙宁以来，在当时的学术界、教育界较长时间占据统治地位的是王安石的“荆公新学”，而二程的洛学则主要是一种民间学术，还常常受到政治势力的打压。所以，胡宏常常以“道学”的神圣使命与同道相互勉励，他说：

> 道学衰微，风教大颓，吾徒当以死自担。②

胡宏之所以要将“道学”作为自己“以死自担”的使命，其背后有一个强烈的“道统”意识。胡宏高度评价二程之学是孔孟之道的承传者，他说：“孔孟之道不传久矣，自颐兄弟始发明之，然后知其可学而至。今使学者师孔孟，而禁不得从颐学，是入室而不由户。”③虽然明确提出“道统”概念的是他的弟子张栻以及朱熹，但是胡宏的道学思想其实是包括“道统”意识在内的。

但是，“道学”之名，往往使得道学家群体受到宋学其他学派的批评指责，也是南宋庆元党禁时期道学派人士受到政治打击的原因之一。要对胡宏的思想特点与哲学成就作出恰当的理解，对宋学学术最后为什么会走向道学独尊作出恰当的说明，需要对宋学中的“道学”意识再作一番考察和分析。

“道学”之“道”，其实与儒家的“王道”“师道”有着密切

---

①〔宋〕胡宏：《程子雅言前序》，《胡宏集》，中华书局，1987年，第158页。

②〔宋〕胡宏：《与谈子立书》，《胡宏集》，中华书局，1987年，第147页。

③〔元〕脱脱：《胡安国传》，《宋史》卷四百三十五，吉林人民出版社，2005年，第8956页。

的联系，这是贯穿儒家思想的一个核心概念。假如对这一概念作出知识考古，似乎可以更深入理解“道学”的思想追求和政治意义。儒家创建于天下纷乱、战争不断的春秋时期，要如何才能够重建一个稳定、和谐、富强的天下，成为儒家的政治任务和文化使命。儒家提供的解决方案是所谓“王道”，孔子整理了体现三代王道精神的“六经”，作为后世帝王平治天下的政治典范，也作为儒家推广王道精神的学术典范。考察历史典籍，主要在儒家诸子、“六经”传记中，可发现大量“王道”的概念和思想。也就是说，“王道”是儒家从三代先王的政典中总结、发明出来的重要概念，儒家学者总是不断说服后世君主能够效法尧舜、文武的“王道”。但是，儒家士人也逐渐意识到，这一“王道”理想暂时还只能够存在于儒家诸子建构的经典体系以及对经典的解释之中，而现实的君王却并不是“王道”的承担者。当然儒家诸子也不能够因此而灰心丧气，而应该一代代继续向后世的君王、权臣、士人宣讲“王道”，以最终实现“王道”的天下理想，也就是孔子以来的儒家士人所盼望、追求的“天下有道”。

儒家之“儒”本来就可以溯源到西周时期从事教育的职官“师儒”“司徒”等，将“师儒”的教育者身份与他的天下理想之“道”结合起来，就是儒家诸子的核心概念“师道”。在早期儒家学者中，明确提出“师道”的是孟子，他是在继承孔子“士志于道”的精神基础上提出“师道”的。孟子认为儒家之师就是“道”的传授者，他说：“曾子、子思同道，曾子，师也。”（《孟子·离娄下》）曾子、子思是建立在“道”之传承上的师生关系。另外，孟子强调儒家士人是“道”的掌握者，故而必须以师道的尊严参与事君的政治实践，他说：“君子之事君也，务引其君以当道，志于仁而已。”（《孟子·告子下》）孟子本人曾经对齐君表达了自己的师道尊严，他说："我非尧舜之道，不敢以陈于王前。"（《孟子·公孙丑下》）孟子坚持认为儒者承担的是"尧舜之道"，这样他就将儒家向君王推荐的"王道"，转化为儒家"引其君以当道"的"师道"。孟子相信"师道"的思想力量，远远超越君王的权势，能够达到"说大人，则藐之，勿视其巍巍然"（《孟子·尽心下》）。由此可见，后世所谓的"孔孟之道"，其实就是孔子、孟子一脉相承的"师道"。"王道"与"师道"的一个重要区别，就是价值理想的主体不一样，前者是君王，后者是师儒。

唐宋之际的儒学复兴运动，恰恰体现出宋代士大夫推动从三代先王之"王道"向孔孟儒家之"师道"的转型。从中唐以后韩愈在《师道》一文对"师道"的呼唤，到北宋庆历以后儒家士大夫普遍推动的师道精神，宋儒"以师道明正学"的学术追求，推动了两宋时期的儒学重建与宋学崛起。宋学追求一种"明体达用"的学术精神，并推动以"师道"为主体的道统论思想建构。宋儒以师道复兴为契机，推动着汉学型"周孔之道"（王道）向宋学型"孔孟之道"（师道）的转型，体现出中国传统政教形态历史转型的趋势。[①] 胡瑗等宋初三先生"以师道明正学"的思想行动，得到了当时诸多大儒的高度评价。如欧阳修《胡先生墓表》说："师道废久矣，自明道、景祐以来，学者有师惟先生（胡瑗）暨泰山孙明复、石守道三人。"[②] 欧阳修肯定了胡瑗、孙明复、石守道对宋代师道的复兴所产生的重大影响，而此三人恰恰是推动宋学学统发展的"宋初三先生"。

胡宏传承了北宋新儒家的师道精神，他特别将宋儒这一师道

---

① 参阅拙作：《师道复兴与宋学崛起》，《哲学动态》，2020 年第 7 期，第 31—39 页。

②〔宋〕欧阳修：《胡先生墓表》，《欧阳修全集》卷二十五（第 2 册），中华书局，2001 年，第 389 页。

精神与孔孟之道联系起来。胡宏将三代的“王道”作为引导当朝君王的政治典范，他在《上光尧皇帝书》中提出“撰天下之事，陈王道之本，明仁政之方”①，此“王道”是作为当朝皇帝效法的榜样。同时，胡宏特别指出，三代时期尧、舜、文、武的“王道”，到了孔子这里就成为“师道”，他论述说：“迨周之季，人不说学，诸夏衰落，天生孔子，发愤忘食，讲学成经，然后人知所立。后世人主欲保大其业，未有不尊崇师道者也。”②胡宏特别将三代时期有道之王者与春秋以后创建师道的孔子作比较，强调师道具有“开万世之道学无穷也”的长远意义：

> 夫子被王者服，巍然当坐，群弟子以公侯环列，春秋二时受天下盛礼。在昔黄帝、尧、舜、禹、汤、文、武，真居天位之君也，乃有所不如。其故何哉？成一时之勋业有限，而开万世之道学无穷也。③

在胡宏看来，孔子的师道精神，也恰恰是“夫子被王者服”的根本原因。这里要特别说一说，孔子开创了儒家的“师道”，儒者讲学明理的师道，其实也就是宋代儒者标榜的“道学”。

胡宏特别推崇孟子的师道精神，他认为孟子之所以提出“引君当道”，恰恰是源于儒者内在的师道精神。胡宏在《师》一文中论述说：“师严，然后道尊，贵贱一也。孟子于齐王有师道焉，未闻有官守言责也。夫官守于一职，言责于一事，职修事行，则有功而受赏，出守忘责，则有过而受罚，可程可督，受之于君

①〔宋〕胡宏：《上光尧皇帝书》，《胡宏集》，中华书局，1987 年，第 83 页。

②〔宋〕胡宏：《邵州学记》，《胡宏集》，中华书局，1987 年，第 150 页。

③〔宋〕胡宏：《邵州学记》，《胡宏集》，中华书局，1987 年，第 150 页。

者，臣也。君所未知而已发之，君所未有而已与之，提携其善，增益其能，以陶冶君心，君反受命焉者，师也。孰敢官之而责以言哉？”[①] 胡宏有意区别“师”与“官守”，强调“师”对“君”的使命是“提携其善，增益其能，以陶冶君心”。胡宏通过孟子“师道”精神的解释，表达了他对儒家士大夫能够“以师道自居”的期盼，赞扬了那种能够在王权面前表现出师道尊严的精神。后来其弟子张栻也是将复兴师道追溯到孔孟之道，他感叹秦汉以后“师道之不可不立也久矣”，故而主张复兴先秦孔孟的师道精神：“是则秦汉以来师道之立，宜莫盛于今也。”[②] 可见，道学派追求的“道”，恰恰就是原始儒家孔孟奠定的师道。

宋儒复兴师道的制度基础，就是学校与书院。胡宏一直对书院特别重视，他是南宋时期最早表达出将师道精神与书院教育结合的道学家。人们注意到他曾经谢绝了秦桧以出仕相邀。而他的回信中，就表达了其师道承担的理想，他说：

> 稽诸数千年间，士大夫颠冥于富贵、醉生而梦死者，无世无之，何啻百亿。虽当时足以快胸臆，耀妻子，曾不旋踵而身名俱灭。某志学以来，所不愿也。至于杰然自立，志气充塞乎天地，临大节而不可夺，有道德足以赞时，有事业足以拨乱，进退自得，风不能靡，波不能流，身虽死矣，而凛凛然长有生气，如在人间者，是真可谓大丈夫矣。[③]

①〔宋〕胡宏：《释疑孟·师》，《胡宏集》，中华书局，1987 年，第 324 页。

②〔宋〕张栻：《三先生祠记》，《新刊南轩先生文集》卷十，《张栻集》第 3 册，中华书局，2015 年，第 917—918 页。

③〔宋〕胡宏：《与秦会之书》，《胡宏集》，中华书局，1987 年，第 104 页。

胡宏希望担任岳麓书院山长，以成全自己的师道理想。他说：“以某有继述其先人之志，特命为山长，依州县监当官，给以廪禄，于以表朝廷崇儒广教之美。”[①] 虽然秦桧没有能够帮助他实现师道理想，但是他最终还是建成了著名的碧泉书院，他期望：“伏愿上梁以后，远邦朋至，近地风从；袭稷下以纷芳，继杏坛而跄济；云台断栋，来求概日之楩楠；天路渐逵，看引风生之骐骥；驱除异习，纲纪圣传；斯不忝于儒流，因永垂于士式。”[②] 书院建成后，即成为南宋初年的道学基地。著名理学家张栻及彪居正等人，皆是在此书院问学拜师于胡宏。可见，胡宏正是通过碧泉书院，成全了他的师道理想，也使得他在南岳潜心学术二十多年，完成了他对道学的学术建构与思想传承。

（二）哲学思辨之道：性体心用

在宋学史上，“道学”一直有狭义或广义之分。一般来说，狭义的道学往往是指自我标榜“道学”的程朱学派，而广义的道学则是指宋代复兴和重建儒学的广大儒家学者。[③] 广义的“道学”主要关注文化价值的相同，而狭义的“道学”不仅包括文化价值的相同，同时还要强调哲学思辨的一致性。胡宏以师道精神，表达出对“道学”的自觉承担，从学统而言他也是二程的三传弟子。但是，他的学术后来并没有被列为“道学”，他也没有能够进入“道统”脉络。其主要原因不是文化价值，而是在哲学思辨方面与

①〔宋〕胡宏：《与秦会之书》，《胡宏集》，中华书局，1987 年，第 105 页。

②〔宋〕胡宏：《碧泉书院上梁文》，《胡宏集》，中华书局，1987 年，第 202 页。

③ 学界中，张立文教授所讲的道学是狭义的，而田浩教授主张的道学是广义的。他提出“道学”内涵包括三个层次：（1）哲学思辨；（2）文化价值；（3）现实政论。参阅：〔美〕田浩：《朱熹的思维世界》，江苏人民出版社，2011 年，第 11 页。

程朱的重要区别。这就要进一步分析胡宏的哲学思辨之道。

胡宏以师道为终生理想，并承担道的理论的建构。胡宏与其他所有道学家一样，常常喜欢以“体用”的话语论述“道”。但是，他在定义“道”的“体用”时，有时候是将性与心看作是道的体与用，有时候又将仁与义看作是体与用。其实，这两个看法的角度是不一样的。当他以心性论讲道之体用时，是从哲学思辨的角度；而当他以仁义讲道之体用，却是从文化价值而言。

这里，我们首先讨论胡宏以哲学思辨的心性论讲道之体用。在胡宏看来，“道”是一种心性论的体用之学，他说：

> 有是道则有是名也。圣人指明其体曰性，指明其用曰心。[1]

胡宏在这里论述的道、道学的体用问题，完全是以心性论而言，这无疑属于对道、道学的哲学思考，而他在后面以仁义论“道”之体用时，则属于道、道学的文化价值问题。

首先必须指出，胡宏的道学包涵的精深哲学思辨，集中体现为一种心性论的建构。根据完全成型的、系统化的朱熹道学体系，一般而言道学的哲学体系总是包括理气论、心性论、工夫论三个方面。胡宏之学虽然传承了北宋道学，但是他的哲学思辨却体现出自己的路径和特色。首先，他反对用宇宙生成论说明“道”的哲学特性和终极意义，他说：

> 一阴一阳之谓道。有一则有三，自三而无穷矣。老氏

① 〔宋〕朱熹：《宋朱熹胡子知言疑义》，载〔宋〕胡宏：《胡宏集》附录一，中华书局，1987 年，第 336 页。

谓‘一生二，二生三’，非知太极之蕴者也。[①]

胡宏批判了老子《道德经》中提出的“一生二,二生三”的宇宙生成论，他希望从《周易》的“一阴一阳之谓道”来说明“道”的终极意义。所以，胡宏坚决反对将“道”理解成生成宇宙的存在，他不承认有一个离开“物”而存在的形而上之“道”，他说：“道不能无物而自道，物不能无道而自物。道之有物，犹风之有动，犹水之有流也。”[②] 胡宏认为热衷于离物求道的恍惚之论，最终会流于“多寻空言，不究实用”的弊端。他坚持认为自己的“道学”，从来就是一种“体用该备，可举而行”[③] 的思想学说。所以，在胡宏“道学”的哲学思辨中，不需要具有宇宙生成论意义的理气论，而是由两个核心范畴即性与心构成的心性论，他以简洁的心性论来建构其道学的哲学大厦。

首先，“性”在胡宏道学思想中，具有了完全不一样的哲学意义。在《知言》中，胡宏反复论述了性范畴，以它作为宇宙的本体，他说，

天命之谓性。性，天下之大本也。[④]
性也者，天地之所以立也。[⑤]

---

①〔宋〕胡宏：《知言·阴阳》，《胡宏集》，中华书局，1987 年，第 7 页。

②〔宋〕胡宏：《知言·修身》，《胡宏集》，中华书局，1987 年，第 4 页。

③〔宋〕张栻：《胡子知言序》，《新刊南轩先生文集》卷十四，《张栻集》第 3 册，中华书局，2015 年，第 974 页。

④〔宋〕朱熹：《宋朱熹胡子知言疑义》，载〔宋〕胡宏：《胡宏集》附录一，中华书局，1987 年，第 328 页。

⑤〔宋〕朱熹：《宋朱熹胡子知言疑义》，载〔宋〕胡宏：《胡宏集》附录一，中华书局，1987 年，第 333 页。

非性无物，非气无形。性，其气之本乎！[①]

胡宏明确提出，性是“天下之大本”，是“气之本”，而这里所言的“本”，也就是指本体。因此，在胡宏的哲学体系中，性就远远超过了一般的人性意义，而是一个标志宇宙本体的最高哲学范畴。性成为宇宙间天地万物的形而上之本体，它是“天地之所以立”的依据，故而是一切形而下的天地万物的终极存在。

胡宏以性为天下之大本，也就是说，尽管天地之间的器物、动植、人类不齐，但均是以性为其大本大源。胡宏以高度的哲学思辨，解决了宇宙的统一性问题。但是，作为一个重建儒学之道的宋代道学家，他还必须面对几个重大的理论问题。其中第一个最大的问题就是，天地万物的差异性如何形成的问题。胡宏提出“万物皆性所有也”[②]的思想，以解决纷纭复杂的天地万物的统一性问题，但是，天地万物的差异是否也是由性决定？如果性不能够说明天地万物的差异，它作为宇宙世界的依据又如何能够确定？一些学者敏感地意识到，事物的差异性问题可能是新儒学遇到的理论困难，甚至认为这一困难“在新儒学那里似乎并没有得到很好的解决”[③]。这里需要进一步考察胡宏的性论，看看他是如何解决人性与物性的差异性问题。

胡宏以性论统一天地万物以来，就注意到人性与物性的差异性问题。他既要坚守孟子的人性论，又要将此性诠释为天地万物之本体，确实面临很大的理论困难。他在批判司马光的“疑孟”时，专门著《释疑孟》，对人性与物性的差异作出哲学化诠释。他说：

①〔宋〕胡宏：《知言·事物》，《胡宏集》，中华书局，1987年，第22页。
②〔宋〕胡宏：《知言·一气》，《胡宏集》，中华书局，1987年，第28页。
③ 方旭东：《新儒学义理要诠》，生活·读书·新知三联书店，2019年，第20页。

形而在上者谓之性，形而在下者谓之物。性有大体，人尽之矣。一人之性，万物备之矣。论其体，则浑沦乎天地，博浃于万物，虽圣人，无得而名焉；论其生，则散而万殊，善恶吉凶百行俱载，不可掩遏。论至于是，则知物有定性，而性无定体矣，乌得以不能自变之色比而同之乎？①

这一段话，包涵着胡宏关于人性、物性的差异性与统一性的两点哲学思考。其一，胡宏的观点是坚持“性”是差异性与统一性的结合，他以所谓“物有定性，而性无定体”来表述自己对这一重大问题的思考。“物有定性”是肯定“性”的统一性，即天地万物均是由其“性”决定的；而“性无定体”则是肯定“性”的差异性，即天地万物之性体的内涵是不同的。所以胡宏特别主张：“观万物之流形，其性则异；察万物之本性，其源则一。”②其二，胡宏对人性、物性的差异性是以“尽”与“不尽”、“全”与“不全”加以区别。他认为，人作为天地之精华，人性无疑能够尽天地万物之性，而万物之性则是不完全的。譬如，我们对所谓“性有大体，人尽之矣”，可以理解为人除了人所特有的人之性（仁义礼智信）外，还有动物具有的动物之性（饥食渴饮），甚至还有一般物体存在的物理之性。与人性比较，其他的动物、物体的性均是不全的。所以，胡宏批判了告子将人性与犬牛之性混同的错误，他说：“告子知羽雪玉之白，而不知犬牛人之性，昧乎万化之原。此孟子所以不得不辨其妄也。”③孟子与告子辩论时就强调人性与犬牛之性的区别，即人虽然也与犬牛一样具有食色的需求，而人性

①〔宋〕胡宏：《释疑孟·辨》，《胡宏集》，中华书局，1987年，第319页。
②〔宋〕胡宏：《知言·往来》，《胡宏集》，中华书局，1987年，第14页。
③〔宋〕胡宏：《释疑孟·辨》，《胡宏集》，中华书局，1987年，第319页。

恰恰主要体现在除了食色之性以外的仁义礼智之性。

胡宏以性为天地之大体，最主要是从“人尽之矣”的万理皆具的人性而言。他说：

> 大哉性乎！万理具焉，天地由此而立矣。世儒之言性者，类指一理而言之尔，未有见天命之全体者也。①

他把性看成是“天命之全体者”，肯定万理只存在于人的性体之中。这也可以解释，胡宏为什么以“性”为“道之体”“天下之大本”，而不是以“理”“天理”为“道之体”“天下之大本”。

胡宏诠释的“性”是“道之体”“天下之大本”，他必然还面临一个重大理论问题，就是这一内涵丰富、具有形上意义的“性”与儒家人性论传统是什么关系？这一呈现于天地万物之中的“性”，与儒家热心讨论的人性善恶问题如何处理？

由于胡宏充分肯定人能够尽万物之性，其实也就是肯定了人的一切特征、功能均源于其本来之性。所以，胡宏在讨论人性问题时，常常提出许多与其他道学家不一样的观点。其一，他将人的生理感官、好恶情欲等等，均看作是其性使然，也都具有性体的依据，正如他所说：

> 夫人目于五色，耳于五声，口于五味，其性固然，非外来也。②

①〔宋〕胡宏：《知言·一气》，《胡宏集》，中华书局，1987 年，第 28 页。

②〔宋〕胡宏：《知言·阴阳》，《胡宏集》，中华书局，1987 年，第 9 页。

好恶，性也。[1]

由于胡宏肯定人的生理功能、好恶情欲均源于其性，故而他进一步肯定："天理人欲同体而异用，同行而异情。进修君子宜深别焉。"[2]胡宏的这一结论，显然是由于他将"性"看作是一个包括人之性（仁义礼智信）、动物之性（饥食渴饮）甚至物理之性的宇宙普遍本性。其二，既然胡宏道学体系的"性"是天地万物的普遍存在的本性，那么人文世界的理与欲同均源于性之体，也就是说性本体是不受善恶、是非评价的，所以他主张性无善无恶论：

性也者，天地鬼神之奥也，善不足以言之，况恶乎？[3]

胡宏的"性"是天地万物的普遍本性，具有"天地鬼神之奥"的形而上的超越性，当然也超越人文世界的善恶评价。所以，胡宏之所以得出上述"理欲同体""性无善恶"的人性论，源于他希望建构一种天地万物普遍本性的本体论哲学。但是，道学的人性论是为了肯定仁义道德的内在依据，同时希望强化儒家道德主体性，故而需要弘扬孟子的性善论。而胡宏的"理欲同体""性无善恶"的人性论，显然与道学家普遍认同的性善论是悖逆的。所以胡宏的人性论不能够得到道学家的肯定，后来受到朱熹等道学家的学术清算。

①〔宋〕朱熹：《宋朱熹胡子知言疑义》，载〔宋〕胡宏：《胡宏集》附录一，中华书局，1987年，第330页。

②〔宋〕朱熹：《宋朱熹胡子知言疑义》，载〔宋〕胡宏：《胡宏集》附录一，中华书局，1987年，第329页。

③〔宋〕朱熹：《宋朱熹胡子知言疑义》，载〔宋〕胡宏：《胡宏集》附录一，中华书局，1987年，第333页。

现在讨论胡宏心性论中的“心”。在胡宏的道学诠释中，“心”只是道之用，但是并不意味着“心”不重要。在胡宏对心的诠释中，“心”具有更加重要的思想意义和实践意义。胡宏认为，“性”是天地万物之所以立的最终根源，但是“性”是否能够实现自我则取决于“心”。所以，在胡宏的心性论中，“心”却成了本体之性的实现者和天地万物的主宰者，胡宏这样说：

> 心也者，知天地，宰万物，以成性者也。①
> 气之流行，性为之主。性之流行，心为之主。②

一方面，“心”总是通过个体意识才能够呈现出来，它是作为个体存在的自我；另一方面，“心”又是终极性的性本体的体现，它是能够主宰天地万物的根本精神。在心性的关系上，性为本体，心为功用，功用必须以本体为依据，心必须以性为本，即所谓“此心本于天性，不可磨灭，妙道精义具在于是。圣人则寂然不动感而遂通”③。心本之于性，心所体现的妙道精义，皆源之于性。但是，心性关系还有另一个方面，即心体现性。性是纯粹、无声无臭的，性的本体作用必须要通过心才能体现出来，胡宏说：“夫性无不体者，心也。”④“心也者，知天地，宰万物，以成性者也。六君子（指尧、舜、禹、汤、文王、孔子），尽心者

---

①〔宋〕朱熹：《宋朱熹胡子知言疑义》，载〔宋〕胡宏：《胡宏集》附录一，中华书局，1987年，第328页。

②〔宋〕胡宏：《知言·事物》，《胡宏集》，中华书局，1987年，第22页。

③〔宋〕胡宏：《与原仲兄书二首》，《胡宏集》，中华书局，1987年，第120—121页。

④〔宋〕胡宏：《知言·仲尼》，《胡宏集》，中华书局，1987年，第16页。

也，故能立天下之大本。”[1] 于是，在胡宏的心性论中发生了一个倒转，本来是性体心用，那么，应是性决定心，但是从性的实现过程来说，则应是“心成性”，即心决定性。

胡宏肯定“知性”的理性能力是人所独具的，他说：“视万形，听万声，而兼辨之者，则人而已。睹形色而知其性，闻声音而达其义，通乎耳目之表、形器之外，非圣人则不能与于斯矣。”[2] 人的意志能力也称之为“心”，胡宏主张耳目的感觉器官必须受到“心”的控制，理性的“心”也须通过耳目之官才得以实现。他说：“夫耳目者，心之所以流通也。若夫目形具而不能见，耳形具而不能闻，则亦奚用夫耳目之官哉！”[3] 胡宏在他的道德修养论中，把“求放心”作为学问之道的根本，他说：

> 心无不在，本天道变化，为世俗酬酢，参天地，备万物。人之为道，至大也，至善也。放而不知求，耳目闻见为己蔽，父子夫妇为己累，衣裘饮食为己欲，既失其本矣，犹皆曰我有知……故孟子曰：“学问之道无他，求其放心而已矣。”[4]

他在这里复述孟子的“求放心”，他本人完全赞同并十分重视这种“内求”的方法。胡宏对内求方法的重视，又使得他的工夫论

①〔宋〕朱熹：《宋朱熹胡子知言疑义》，载〔宋〕胡宏：《胡宏集》附录一，中华书局，1987 年，第 328 页。

②〔宋〕胡宏：《知言·往来》，《胡宏集》，中华书局，1987 年，第 14 页。

③〔宋〕胡宏：《与吴元忠四首》，《胡宏集》，中华书局，1987 年，第 108 页。

④〔宋〕朱熹：《宋朱熹胡子知言疑义》，载〔宋〕胡宏：《胡宏集》附录一，中华书局，1987 年，第 331 页。

与心本论者有许多相通的地方。

与此相关，胡宏认为儒家理想的圣人，其实也与众人一样具有情、欲、忧、怨等各种情感欲求，这是由他提出“全体之性”的普遍之性的学说决定的。所以胡宏说：“凡天命所有而众人有之者，圣人皆有之。人以情为有累也，圣人不去情；人以才为有害也，圣人不病才；人以欲为不善也，圣人不绝欲；人以术为伤德也，圣人不弃术；人以忧为非达也，圣人不忘忧；人以怨为非宏也，圣人不释怨。”① 那些被认为是损害崇高人格、纯粹道德的情、才、欲、忧、怨等等，都是圣人所具有的。而人与动物的区别、圣人与凡愚的区别在于：“视万形，听万声，而兼辨之者，则人而已。睹形色而知其性，闻声音而达其义，通乎耳目之表、形器之外，非圣人则不能与于斯矣。”② 所以，胡宏又常常肯定道德主体的心是先天蕴含着道德本体，主张心本身即具道德良知，提出“心无不仁”的观点。

（三）文化价值之道：仁体义用

胡宏对“道学”的哲学诠释是性体心用，而他对“道学”的文化价值与政教意义的诠释，却是仁体义用。他说：

> 道者，体用之总名。仁，其体；义，其用。合体与用，斯为道矣。③

---

①〔宋〕朱熹：《宋朱熹胡子知言疑义》，载〔宋〕胡宏：《胡宏集》附录一，中华书局，1987 年，第 333—334 页。

②〔宋〕胡宏：《知言·往来》，《胡宏集》，中华书局，1987 年，第 14 页。

③〔宋〕胡宏：《知言·阴阳》，《胡宏集》，中华书局，1987 年，第 10 页。

胡宏虽然同样以“体用”来表述“道学”的内涵，却提出“仁其体，义其用”的观点，似乎不同于前面以性体心用诠释道学的哲学内涵。显然，胡宏的这一诠释，可以看作是在诠释道、道学的文化价值与政教意义。从哲学思辨而言，性才是体，心却是用，但是从文化价值、政教意义来说，仁成为体。在胡宏的大量论述中，其“仁”往往就是他在哲学思辨之中讲到的“心”。从胡宏的哲学思辨角度，性才是体，仁心只是用；但是从胡宏的文化价值而言，却应该是以仁为体。

从文化价值与政教意义来看，胡宏必须将仁义作为其衡量一切的根本。他认为孔孟创建儒家学派的同时，就确立了仁的核心价值。胡宏以“道学”作为自己“以死自担”的文化使命，在他看来，此“道”的核心也就是“仁”。他提出：

> 仁也者，人也。人而能仁，道是以生。生则安，安则久，久则天，天以生为道者也。[①]
>
> 道非仁不立。[②]

胡宏肯定，“道”之所以能“生”，“道”之所以能“立”，完全是根源于“仁”。仁既然如此重要，而仁又离不开主体的人，特别离不开主体精神的心。所以，胡宏从文化价值意义上论述仁是道之体时，总是会强调仁与人、仁与心的一致性。所以，胡宏有时会将作为核心价值的仁提升为一种超越人生的天地意义、宇宙精神。仁心就具有价值形而上学的意义，他说：

---

①〔宋〕胡宏：《求仁说》，《胡宏集》，中华书局，1987 年，第 196 页。

②〔宋〕胡宏：《知言·修身》，《胡宏集》，中华书局，1987 年，第 4 页。

其合于天地、通于鬼神者，何也？曰：仁也。人而克仁，乃能乘天运，御六气，赞化工，生万物，与天地参，正名为人。①

此心妙无方，比道大无配。妙处果在我，不用袭前辈。得之眉睫间，直与天地对。混然员且成，万古不破碎。②

在胡宏对道、道学作性本体的哲学诠释中，他曾经肯定“性也者，天地鬼神之奥也”；而他在此论述仁的文化价值的崇高意义时，同样将其提升为“合于天地、通于鬼神者”。但是，二者还是有明显区别的：前者是从普遍本质的宇宙哲学而言，后者是从精神境界的价值意义而言；前者依赖于理性的哲学思考，后者借助于实践的精神修炼。

与此同时，胡宏以“体用”来表述“道学”的内涵，并提出“仁其体，义其用”的思想，不仅仅是“仁”的文化价值，还是“义”的革新政令。胡宏曾上书宋高宗，向皇帝陈述自己理解的“王道之本”“仁政之方”。胡宏在上书中提出：

臣闻治天下有本，修其本者，以听言则知其道，以用人则知其才，以立政则知其统，以应变则知其宜。何谓本？仁也。何谓仁？心也。心官茫茫，莫知其乡，若为知其体乎？有所不察，则不知矣。③

胡宏在这一篇万言的上书中，最后提出：

①〔宋〕胡宏：《邵州学记》，《胡宏集》，中华书局，1987 年，第 150 页。
②〔宋〕胡宏：《示二子》，《胡宏集》，中华书局，1987 年，第 68 页。
③〔宋〕胡宏：《上光尧皇帝书》，《胡宏集》，中华书局，1987 年，第 83 页。

陛下幸听臣言，反求诸心，神而明之，施于有政，灭仇雠，诛叛逆，恢复中原，仁覆天下，乃其功矣。①

在这里，我们可以看到胡宏的“仁”之体的意义诠释，这一方面是从文化价值而言，他希望朝廷能够确立仁的核心价值地位，他肯定仁就是心，显然是从文化价值而言。另一方面，更加重要的是，“仁”之体还是指仁体现为治国理政的根本，是政教的核心。这样，胡宏的仁学还体现为一种经世论。

宋学的兴起其实是与两宋时期的政制改革紧密联系在一起的，庆历新政、熙宁新政是宋学兴起的重要契机。宋代儒学中道学一派也有自己的改革方案，胡宏在南宋初年，就十分急切地强调改革的重要性，他说：

国家之败，必有坏乱，不起之处，深知其处。大变革之者，其功大；小变革之者，其功小；不变革者，必沦胥以亡。②

故乘大乱之时必变法。法不变而能成治功者，未之有也。③

他认为只有通过政治改革，才能真正解决政局动乱、国家衰败等一系列问题，达到富国强兵、抵御外侮的政治目的。

所以，胡宏确立的政改方案，恰恰是他仁义思想的体现，他总是将其具体的革新政令的举措与仁义结合起来，他说：

①〔宋〕胡宏：《上光尧皇帝书》，《胡宏集》，中华书局，1987年，第103页。
②〔宋〕胡宏：《中兴业·易俗》，《胡宏集》，中华书局，1987年，第208页。
③〔宋〕胡宏：《知言·事物》，《胡宏集》，中华书局，1987年，第24页。

> 士选于庠塾，政令行乎世臣，学校起于乡行，财出于九赋，兵起于乡遂，然后政行乎百姓，而仁覆天下矣。[①]
>
> 仁心，立政之本也。均田，为政之先也。田里不均，虽有仁心而民不被其泽矣。井田者，圣人均田之要法也。[②]

胡宏提出他的革新政令的方案，并肯定它是“仁”之“本”的实现；也可以说，由胡宏的仁心之体，可以进入到他的革新政令的礼义之用。这些具体的政改思想，其实就是礼义之用中实现仁心之体。胡宏提出：“惟仁者为能所执无非礼，所行无非义。”[③]胡宏往往是从“用”的角度，提出井田、封建、学校、军制等礼义的改革方案。他说：“学圣人之道，得其体，必得其用。有体而无用，与异端何辨？井田、封建、学校、军制，皆圣人竭心思致用之大者也。”[④]由此可见，道学之道，并不完全是一套形而上的心性之学，同时还是一整套形而下的礼义形态、经世方案。

有一个问题，胡宏既以心性学诠释道、道学之体用，又以仁义论诠释道、道学之体用。前者是从普遍本质的宇宙哲学而言，后者是从精神修炼、经世治国而言；前者依赖于理性的哲学思考，后者借助于社会实践修炼。但是二者又是密切联系的。胡宏的“圣人之道”和“圣人之政”，恰恰是紧密联系在一起的。对性的探寻往往与现实的致用有着不可分割的联系。他说：

> 子思子曰：“率性之谓道。”万物万事，性之质也。因

①〔宋〕胡宏：《知言·天命》，《胡宏集》，中华书局，1987年，第1页。
②〔宋〕胡宏：《知言·文王》，《胡宏集》，中华书局，1987年，第19页。
③〔宋〕胡宏：《知言·仲尼》，《胡宏集》，中华书局，1987年，第17页。
④〔宋〕胡宏：《与张敬夫》，《胡宏集》，中华书局，1987年，第131页。

> 质以致用，人之道也。[1]

由于性与万事万物联系在一起，那么，完全可以从“致用”的“人之道”中获得对“性”的形而上的超越，即可以由人道而及天道。

胡宏十分担心专讲心性之学的儒者脱离这些现实功用，他担心地说：“后知学者多寻空言，不究实用，平居高谈性命之际，亹亹可听，临事茫然，不知性命之所在者，多矣。”[2] 他说：

> “维天之命，於穆不已”，圣人知天命存于身者，渊源无穷，故施于民者溥博无尽，而事功不同也。知之，则于一事功可以尽圣人之蕴；不知，则一事功而已矣，不足以言圣人也。庄周乃曰：“圣人之道，真以治身，其绪余土苴以治天下。”岂其然乎？[3]

胡宏所推崇的圣人是将仁爱之体与礼义事功合为一体的理想人格，故而严厉批判庄子那种自命“圣人之道”而否定礼义事功的态度，对庄子的批判其实也是对那些空谈心性的腐儒的批判。胡宏认为“穷则独善其身，达则兼善天下”并非最高的人格理想，因为：“独善其身”的道德实践就脱离了外王的政治事功，违背了圣人之道“体用合一”“成己成物”兼赅的原则。胡宏提出：“‘穷则独善其身，达则兼善天下’者，大贤之分也；‘达则兼善

---

①〔宋〕胡宏：《知言·往来》，《胡宏集》，中华书局，1987 年，第 14 页。

②〔宋〕胡宏：《与樊茂实书》，《胡宏集》，中华书局，1987 年，第 124 页。

③〔宋〕胡宏：《知言·阴阳》，《胡宏集》，中华书局，1987 年，第 9 页。

天下，穷则兼善万世’者，圣人之分也。”①

胡宏提出的义利之辨、理欲之辨也体现出他对心性之学与仁义之学的统一追求。一方面，胡宏频频把寡欲、灭欲的要求指向掌握国家政治权力的统治者们。他说：

> 寡欲之君，然后可与言王道。无欲之臣，然后可以言王佐。②
>
> 汉、唐之盛，忠臣烈士攻其君之过，禁其君之欲，纠其政之缪，弹其人之佞而止已。③

他要求君主能寡欲，要求大臣能无欲，认为他们的私欲过多，已经严重地违犯了儒家道德的“天理”，而这些“天理”代表着天下的人文秩序。他说：“夫上之化下，疾于影响，欺诞之风，习之成俗，又何罪焉？今阁下虽欲察其欺诞，必大致烦苛，诖误吏民，而非将命之本意也。必欲正之，亦盍反其本矣。夫所谓本者何也？正天子之心也。”④他坚持把社会上习俗暴恶、道德堕落的原因归之于“君心多欲”，故而“正天子之心”一直是胡宏理欲论的一个主要宗旨。胡宏提出：“一身之利，无谋也，而利天下者则谋之；一时之利，无谋也，而利万世者则谋之。”⑤他的仁义之道最终代表“利天下”“利万世”，是家国的群体利益与长远的天下利益。胡宏总是把“内圣”的道德自觉与“外王”的政治权

①〔宋〕胡宏：《知言·纷华》，《胡宏集》，中华书局，1987年，第26页。
②〔宋〕胡宏：《知言·好恶》，《胡宏集》，中华书局，1987年，第10页。
③〔宋〕胡宏：《知言·阴阳》，《胡宏集》，中华书局，1987年，第8页。
④〔宋〕胡宏：《与明应仲书》，《胡宏集》，中华书局，1987年，第111页。
⑤〔宋〕胡宏：《知言·纷华》，《胡宏集》，中华书局，1987年，第24页。

力联系起来，他倡导的识心、尽性、行仁的道德能动性，无不和治国行王者之政的政治活动结合在一起。胡宏反复强调："王者，法天以行其政者也。法天之道，必先知天。知天之道，必先识心。识心之道，必先识心之性情。"① "以理义服天下易，以威力服天下难，理义本诸身，威力假诸人者也。本诸身者有性，假诸人者有命。性可必而命不可必，性存则命立，而权度纵释在我矣。是故善为国者，尊吾性而已。"② 可见，"识心""本诸身""尊吾性"的主体性精神，都是为了在"行其政""服天下""善为国"的政治活动中达到一种道德的自主。

第三节　张栻的学统与道统

毫无疑问，张栻是南宋乾道、淳熙之后的重要道学家。陈亮曾经称道："乾道间，东莱吕伯恭、新安朱元晦及荆州（张栻）鼎立，为一世学者宗师。"③ 也就是说，张栻是与朱熹、吕祖谦鼎立的代表理学乾淳之盛的"一世学者宗师"。当然，张栻作为理学家可以有两个定位：其一，张栻是胡宏湖湘之学的重要传人，他在南宋乾道、淳熙年间将湖湘学统发展到一个新的历史阶段；其二，张栻是南宋道学建构的重要道学家，他与朱熹是同时期、同声望的道统继承者。显然，张栻本来认为自己作为湖湘学传人（学统）与道学正统建构者（道统）能够统一。但是，无论是从

①〔宋〕胡宏：《知言·复义》，《胡宏集》，中华书局，1987 年，第 38 页。

②〔宋〕胡宏：《知言·仲尼》，《胡宏集》，中华书局，1987 年，第 16 页。

③〔宋〕陈亮：《与张定叟侍郎》，《陈亮集》（增订本）卷二十九，中华书局，1987 年，第 383 页。

张栻的学术形成和发展过程考察，还是从南宋道学的建构过程来看，张栻后来不得不面临学统和道统之间的紧张。

所以，如果从张栻一生治学过程中面临的学统和道统的关系入手，进而探讨张栻的思想历程与学术特点，可能更能够客观历史地把握张栻之学的学术地位，同时能够彰显两宋道学体系多元一体的历史建构特点。

（一）从学统走向道统

学界一直对张栻之学有不同理解和看法，他既可以被看作是胡宏湖湘学统的主要传人，又往往被看作是乾道以后与朱熹思想一致的道学集大成者。显然，这两个身份是有一些矛盾的，因为代表湖湘学统的胡宏之学未能够列入道统脉络，他的许多重要思想恰恰与朱熹理解的道学有重要差别，故而受到朱熹的诸多质疑和批判。在两宋许多道学家那里，学统与道统是统一的，但是，在张栻之学的形成过程中，这两个方面却是有一些差异而充满紧张关系的。张栻面临了学统和道统什么样的差异与紧张？他是如何处理学统与道统的差异与紧张的？

首先，需要对张栻之学的学统作一追溯。张栻是胡宏先生的大弟子，胡宏是南宋初年湖湘学统的开创人，也是绍兴时期影响最大、地位最高的理学家。绍兴三十一年（1161），张栻从学胡宏于碧泉书院，故而成为湖湘学统的重要传人。据他本人所记：“仆自惟念，妄意于斯道有年矣，始时闻五峰胡先生之名，见其话言而心服之，时时以书质疑求益。辛巳之岁（绍兴三十一年），方获拜之于文定公书堂。先生顾其愚而诲之，所以长善救失，盖有在言语之外者。”① 张栻当时就受到胡宏的高度赞扬：“河南之门，有人继起，幸甚！幸甚！”② 张栻因此得湖湘之学统，并成为胡宏门下最重要的湖湘学传人。在后来的湖湘学统的传播过程中，张栻一直居于重要的核心地位。胡宏的代表著作《知言》就是由张栻整理出版的，这是胡宏在衡山的长期学术思考，其一生都在撰写修订，作者晚年病重之时，还没有来得及完全订正脱稿便与世长辞了，最后是张栻将其编辑成书并作序。在序中，张栻高度评价《知言》在道学中的地位：“是书乃其平日之所自著，其言约，其义精，诚道学之枢要，制治之蓍龟也。”③ 张栻弟子吴儆在《题五峰先生知言卷末》中写道：“某受此书于南轩先生，谨诿诸同志汪伯虞锓木，以广其传。”④ 这些史实均表明，张栻能够成为著名道学家，与他成为胡宏之学主要传人有极大关系。正因为张栻成为湖湘学派的领袖人物，故而朱熹说：“敬夫说本出胡氏。胡氏之说，惟敬夫独得之，其余门人皆不晓，但云当守师之说。”⑤ 可见，张栻密友朱熹就肯定张栻是“独得”胡宏湖湘学统的学者。所以，只有将张栻之学置入湖湘学派的学统脉络，才能够把握张栻的一系列学术思想。

其次，张栻是南宋时期的道学家，他是与朱熹学术交往最密

①〔宋〕张栻：《答陈平甫》，《新刊南轩先生文集》卷二十六，《张栻集》第 4 册，中华书局，2015 年，第 1156 页。

②〔宋〕胡宏：《与孙正孺书》，《胡宏集》，中华书局，1987 年，第 147 页。

③〔宋〕张栻：《胡子知言序》，《新刊南轩先生文集》卷十四，《张栻集》第 3 册，中华书局，2015 年，第 975 页。

④〔宋〕吴儆：《宋吴儆题五峰先生知言卷末》，载〔宋〕胡宏：《胡宏集》附录二，中华书局，1987 年，第 340 页。

⑤〔宋〕朱熹：《胡氏门人》，《朱子语类》卷一百三，《朱子全书》第 17 册，上海古籍出版社，安徽教育出版社，2002 年，第 3420 页。

切、学术思想最默契的道友，也是朱熹极少承认与自己学术思想一致的同时代学者。朱熹与张栻的年龄学养、学术背景均十分接近，而且均有发展推动道学发展和集大成的思想抱负。他们二人通过书信、会讲而展开全面的学术交流，并成为宋代学术史上少见的相互欣赏、相互倾听、相互提升、共同成长的学人。所以，张栻与朱熹的学术交往过程，也恰恰是他进一步获得学术发展的过程。如果从宏观的宋学发展史角度来看，恰恰也是道学逐渐成为宋学主流并走向集大成的过程，同时也是张栻学术日益正统化发展的过程。但是十分可惜的是，这一过程因张栻不幸早逝而中断，这一重要的学术使命只能够由其道友朱熹独立完成了。所以，朱熹亲自为张栻撰写了两篇祭文，对此作了系统的总结，也表达其内心的遗憾。他说："我昔求道，未获其友。蔽莫予开，吝莫予剖。盖自从公，而观于大业之规模，察彼群言之纷纠，于是相与切磋以究之，而又相厉以死守也。"[①] 这不是一般的客套话，事实上，朱熹与张栻二人经历过"缴纷往反者几十余年，末乃同归而一致"[②]。只是张栻逝世之后学术未能够有进一步发展，而此后的朱熹思想还有二十多年的发展，他能够有充分精力进一步推动道学体系的建构与完善。尽管如此，但他们二人在很多学术创建方面已经取得共识。所以，张栻能够与朱熹并列，成为进入《宋史·道学传》的南宋著名道学家。

由上可见，张栻之学的思想历程，是一个由学统而进入道统的不断演变过程，故而需要以理学发展、思想建构的历史视角考

① 〔宋〕朱熹：《祭张敬夫殿撰文》，《晦庵先生朱文公文集》卷八十七，《朱子全书》第 24 册，上海古籍出版社，安徽教育出版社，2002 年，第 4074 页。

② 〔宋〕朱熹：《又祭张敬夫殿撰文》，《晦庵先生朱文公文集》卷八十七，《朱子全书》第 24 册，上海古籍出版社，安徽教育出版社，2002 年，第 4076 页。

察张栻之学。其实，由学统而走向道统是其他道学家也要经历的心路历程。如他的道友朱熹同样也经历了对“道南”学统的修正问题，但是朱熹似乎并没有面临学统和道统的紧张。朱熹于南宋绍熙五年（1194）在武夷山创建了沧州精舍，他将祭祀对象由孔子、颜回、孟子，进一步拓展到宋以来的理学家周敦颐、程颢、程颐、邵雍、司马光、张载、李侗。朱熹将自己的老师李侗列入北宋七子之中，从而将自己的学统与道统统一起来。应该说，李侗的学术成就和地位远不及胡宏，但是恰恰由于胡宏的学术地位和影响，有所谓“绍兴诸儒，所造莫出五峰之上”①，而这一思想体系与朱熹、张栻正在共同建构的思想体系存在许多不同，朱熹必须首先完成对胡宏《知言》学术思想的系统批判，才能够同时致力于道学体系的建构和完善。所以，在南宋道学集大成的过程中，胡宏及其《知言》成为朱熹希望纠偏、修正的重要对象。张栻与朱熹的学术交流过程中，就同时面临胡宏的师统与理学的道统关系问题。在朱熹、张栻共同推动的道学进入集大成阶段过程中，朱熹对《知言》的许多观点提出挑战，他认为《知言》有八大错误：“《知言》疑义，大端有八：性无善恶，心为已发，仁以用言，心以用尽，不事涵养，先务知识，气象迫狭，语论过高。”②朱熹和张栻、吕祖谦反复讨论辨析，并将各人讨论时发表的不同意见综合起来，从而形成《知言疑义》。在留下的文献中，可以看到张栻也参与了批判、纠正胡宏《知言》中哲学思辨的言论。

①〔清〕黄宗羲撰，全祖望补修：《五峰学案》，《宋元学案》卷四十二（第2册），中华书局，1986年，第1366页。

②〔宋〕朱熹：《程子门人》，《朱子语类》卷一百一，《朱子全书》第17册，上海古籍出版社，安徽教育出版社，2002年，第3389页。

如何看待这一历史现象？本来，研究张栻之学，既可以从湖湘学统的视角，考察胡宏、张栻一系的传承关系以及他们的义理脉络；也可以从宋代道学与道统的视角，考察朱熹和张栻共同建构道学的义理系统。胡宏曾经呼吁“吾徒当以死自担”的“道学”，其实是包括哲学思辨与文化价值的不同内涵。显然，从文化价值角度而言，胡宏是以仁义论定义道之体用；从哲学思辨角度，胡宏又主张以心性论诠释道之体用。而张栻之学的学统与道统之所以是一种紧张的关系，最主要体现在哲学思辨方面的重要差异。

所以说，胡宏、张栻一系的传承关系，从文化价值角度而言，一直是一脉相承的。胡宏曾经以仁义定义道之体用，就是强调儒家文化价值的根本，他以此既可以区别于佛老之学，又可以区别于申韩之术。张栻继承了胡宏的这一以仁义为核心的文化价值之道，他心目中的“道学”“道统”就是这一核心文化价值。张栻在论述道学与道统时说：

> 盖自孔孟没，而其微言仅存于简编，更秦火之余，汉世儒者号为穷经学古，不过求于训诂章句之间，其于文义不能无时有所益。然大本之不究，圣贤之心郁而不章，而又有专从事于文辞者，其去古益以远，经生、文士自岐为二涂。及夫措之当世，施于事为，则又出于功利之末，智力之所营，若无所与于书者。于是有异端者乘间而入，横流于中国。儒而言道德性命者，不入于老，则入于释，间有希世杰出之贤攘臂排之，而其为说复未足以尽吾儒之指归，故不足以抑其澜，而或反以激其势。嗟乎！言学而莫适其序，言治而不本于学，言道德性命而流入于虚诞，吾

儒之学其果如是乎哉？陵夷至此，亦云极矣。①

张栻心目中的“道”，就是以“仁义”为核心的孔孟之道。张栻多重强调：“仁义礼智是乃道也。”② 张栻从文化价值而言，总是肯定道统就是讲仁义的孔孟之道。所以他谈到“惟二程先生唱明道学，论仁义忠信之实，著天理时中之妙，述帝王治化之原，以续孟氏千载不传之道”③，往往是首先关注仁义价值。

但是，张栻心目中的“道学”“道统”，还包括一系列哲学思辨。事实上，张栻与朱熹成为宋学史上难得的亲密道友，除了文化价值的完全一致外，另在哲学思辨方面的道学建构也有着非常接近的思路。而张栻之所以参与朱熹批判、纠正胡宏《知言》的讨论并赞同朱熹的观点，也是因为他们共同致力于儒学的道学化建构。

（二）天道论的拓展

朱熹建构了一个成熟的哲学思辨的道学体系，主要包括天道论体系的理气论，人道论体系的心性论，修道论体系的格物主敬论。以这一个成熟的道学体系来考察胡宏、张栻的湖湘学，会发现胡、张二人在哲学思辨方面的变化和发展。胡宏希望以心性论解决天人合一问题，以性为体、心为用来建构道学。张栻不满足于以心性论代替道学的哲学体系，而希望将心性论纳入他和朱熹共同建构的天道论为主导的道学体系之中。

---

①〔宋〕张栻：《道州重建濂溪周先生祠堂记》，《新刊南轩先生文集》卷十，《张栻集》第 3 册，中华书局，2015 年，第 906—907 页。

②〔宋〕张栻：《答朱元晦秘书》，《新刊南轩先生文集》卷二十，《张栻集》第 4 册，中华书局，2015 年，第 1067 页。

③〔宋〕张栻：《永州州学周先生祠堂记》，《新刊南轩先生文集》卷十，《张栻集》第 3 册，中华书局，2015 年，第 912 页。

张栻与朱熹最初都是关注心性论。朱熹最初从学李侗时，就特别关注“于静中看喜怒哀乐未发时作何气象”的心性论与工夫论问题。张栻从学胡宏时，显然与朱熹一脉有明显差异，但是同样关注未发已发的心性论及工夫论问题。张栻在乾道三年（1167）与朱熹在长沙会讲，两人关注的核心问题是《中庸》关于人喜怒哀乐的“已发”“未发”的心性论与工夫论问题。因他们二人均推崇周敦颐，故而也讨论了“太极”问题。他们会讲后同游南岳，分手时互相赠诗，均谈到“太极”问题，但是这一“太极”并不是宇宙论意义的，而是“惟应酬酢处，特达见本根”的心性论为核心的太极说。这一说法，恰恰是张栻在很长一段时间内的主要观点。

张栻在为胡宏《知言》写序的时候，就对其师的道学的哲学内涵作了总体的诠释，他说：

> 析太极精微之蕴，穷皇王制作之端，综事物于一源，贯古今于一息，指人欲之偏以见天理之全，即形而下者而发无声无臭之妙，使学者验端倪之不远，而造高深之无极，体用该备，可举而行。①

张栻在高度评价胡宏《知言》的时候，重点诠释了其哲学思辨的特色。胡宏以性体心用来诠释“道”“太极”“道学”，提出了一种以心性论为核心的宇宙哲学。这也就是张栻在《序》中表述的“即形而下者而发无声无臭之妙，使学者验端倪之不远，而造高深之无极”。从学统上讲，张栻深得胡宏之学的精髓。张栻喜欢

---

①〔宋〕张栻：《胡子知言序》，《新刊南轩先生文集》卷十四，《张栻集》第 3 册，中华书局，2015 年，第 974 页。

用“体用一源”来说明形而上者和形而下者的关系，将道学家表达宇宙本体的“太极”与表达万物本质的“性”合而为一，他在表述自己的哲学本体论时说：

> 体用一源，显微无间，其太极之蕴欤！[①]
> 有太极则有物，故性外无物；有物必有则，故物外无性。[②]

“太极”作为形而上之道，它是事物存在的根据，故称为“体”，不能为人所感知，故称“微”；而具体事物为形而下之器，它是道的感性体现，故为“用”，能被人的感官感知，故称“显”。张栻肯定二者之间是“体用一源，显微无间”，即不可分离的关系。可见，张栻继承了胡宏的性本论观点，他在开始接受《周易》的“太极”范畴时，往往是将“太极”和“性”统一起来。他说：

> 天可言配，指形体也。太极不可言合，太极性也。[③]

为了进一步完善这一种性本论哲学，张栻还将“性”区分为“统体之性”与“存乎人者之性”，他说：“某窃详所录明道先生之说，盖明性之存乎人者也；伊川先生之说，盖明性之统体无乎不在

① 〔宋〕张栻：《答吴晦叔》，《新刊南轩先生文集》卷十九，《张栻集》第4册，中华书局，2015年，第1054页。

② 〔宋〕张栻：《告子上》，《南轩先生孟子说》卷第六，《张栻集》第2册，中华书局，2015年，第546页。

③ 〔宋〕张栻：《答周允升》，《新刊南轩先生文集》卷三十一，《张栻集》第4册，中华书局，2015年，第1234页。

也。”[①] 这一“性之统体”，也就是张栻思想中的普遍意义的“太极”。

胡宏的道学重视人道论，故而具有“体用该备，可举而行”的特点，但是也因此其天道论显得薄弱。其实，北宋周敦颐、张载、邵雍等道学家的重要哲学贡献，就是拥有丰厚的天道论思想资源。包括周敦颐的《太极图说》、张载的《正蒙》、邵雍的象数易学等等，均包含了丰厚的宇宙衍化的天道论哲学。南宋道学要能够进一步发展，就必须融合和发展这些天道论哲学思想。特别是对于张栻而言，他必须在胡宏的“体用该备，可举而行”的心性论基础之上，发展出丰厚的宇宙衍化的天道论哲学。

这一点，从胡宏、张栻对北宋周敦颐之学的不同关注和诠释中，就可以看出来。周敦颐在北宋时期的学术地位并不高，恰恰是湖湘学者胡宏、张栻的推崇，才确定了周敦颐的道学地位。但是，胡宏、张栻张扬周敦颐的学术重点不一样。周敦颐的道学地位，与他留下的《太极图说》《通书》两部著作有关，但是《太极图说》是建构宇宙化生的天道论哲学，而《通书》是建构心性论为核心的人道论哲学。胡宏推崇周敦颐之学，主要是整理印刷《周子通书》并阐发孔颜乐处及其心性论依据，而对《太极图说》与道家宇宙论却显然是不赞成的。胡宏在《周子通书序》中，肯定周敦颐之所以具有道学开山的地位，是他引导程明道“寻仲尼、颜子所乐者何事”[②]，使程明道能够达到“吟风弄月以归”[③]，而孔颜乐处的依据恰恰是《通书》重点阐发的心性论思想。胡宏《序》中对人们所传《太极图说》源于穆修、种放、陈抟的道教

---

①〔宋〕张栻：《答胡伯逢》，《新刊南轩先生文集》卷二十九，《张栻集》第 4 册，中华书局，2015 年，第 1210—1211 页。

②〔宋〕胡宏：《周子通书序》，《胡宏集》，中华书局，1987 年，第 160 页。

③〔宋〕胡宏：《周子通书序》，《胡宏集》，中华书局，1987 年，第 161 页。

来源问题，显然是有疑虑的，故而他在《知言》中明确表达不赞成老子的宇宙生成论，说："老氏谓'一生二,二生三'，非知太极之蕴者也。"[①] 周敦颐的《太极图说》就明显受过道教宇宙论影响。可见，胡宏主要推崇周敦颐的精神境界和心性论，这是与他本人的道学体系是一致的。

但是，张栻在与朱熹的学术交往过程中，逐渐由心性论人道哲学向理气论的天道哲学发展。南宋乾道三年的交往时期，张栻喜以太极论性，朱熹当时颇受其影响。朱熹"后来在己丑所作的《已发未发说》中朱熹仍然强调周敦颐讲无极而太极是指论性而言。这都说明朱熹在很长一个时间中还没有深入到《太极图说》的本体论问题"[②]。但是，朱熹在四十四岁（乾道九年）完成《太极解义》，已经明确以"理"解释"太极"，以"气"解释"阴阳五行"，故而更加强调周敦颐的《太极图说》的道学贡献。胡宏主要刻印周敦颐的著作《通书》，而将受道教影响的《太极图说》作为附录列入《通书》之后。朱熹认为："盖先生（指周敦颐）之学，其妙具于《太极》一图。《通书》之言，皆发此《图》之蕴。而程先生兄弟语及性命之际，亦未尝不因其说。"[③] 他认为周敦颐的《太极图说》是其学说的精华，二程的洛学也只是《图说》的进一步发展。朱熹刻印周敦颐的著作，便将《太极图说》列入篇首，《通书》列之于后，并改名《太极通书》。张栻的道学体系建构与朱熹是同步的，他与朱熹一同讨论周敦颐的《太极图说》，一同讨论从无极太极到阴阳五行、万物化生的宇宙论问题。

所以，张栻接受了朱熹将《太极图说》列之于首的新体例，

①〔宋〕胡宏：《知言·阴阳》，《胡宏集》，中华书局，1987 年，第 7 页。

② 陈来：《朱子哲学研究》，华东师范大学出版社，2000 年，第 76—77 页。

③〔宋〕周敦颐：《周敦颐集》卷二，中华书局，2009 年，第 44 页。

而放弃了胡宏的看法。张栻为其书作跋时说："濂溪周先生《通书》，友人朱熹元晦以《太极图》列于篇首，而题之曰《太极通书》，某刻于严陵学宫。"[①] 所以，张栻也同样更为推崇周子的《太极图说》，因为此时张栻与朱熹一样不满足于心性论，而是以理气论建构道学的天道哲学。他在为《通书》作《跋》时，就肯定《太极图说》的"纲领"地位，他说："惟先生生乎千有余载之后，超然独得夫《大易》之传，所谓《太极图》乃其纲领也。推明动静之一源，以见生化之不穷，天命流行之体无乎不在。"[②] 强调《太极图说》的纲领地位，其实是为了进一步拓展道学的宇宙论的天道哲学，将心性论人道哲学纳入到理气论的天道哲学系统之中。

所以，张栻在后来修建濂溪祠、刊刻周敦颐著作时，无不凸显《太极图说》的重要性，并把它作为儒家道统承续的代表作品。譬如，他为南康军、韶州新建濂溪祠作记时，均首先大讲他的《太极图说》对道学的贡献：

> 惟先生（周敦颐）崛起于千载之后，独得微旨于残编断简之中，推本太极，以及乎阴阳五行之流布，人物之所以生化，于是知人之为至灵，而性之为至善，万理有其宗，万物循其则，举而措之，则可见先生之所以为治者，皆非

①〔宋〕张栻：《通书后跋》，《新刊南轩先生文集》卷三十三，《张栻集》第 4 册，中华书局，2015 年，第 1272 页。

②〔宋〕张栻：《通书后跋》，《新刊南轩先生文集》卷三十三，《张栻集》第 4 册，中华书局，2015 年，第 1272—1273 页。

私知之所出，孔孟之意于以复明。[①]

某尝考先生之学，渊源精粹，实自得于其心，而其妙乃在《太极》一图，穷二气之所根，极万化之所行。[②]

张栻在哲学思辨方面发展了道学体系，他之所以大力表彰周敦颐的道学思想与道统地位，就是强调《太极图说》的宇宙论建构，因为道学体系的更高目标，就是要将儒家心性论思想奠定在宇宙论哲学的基础之上。

张栻与朱熹在南宋时期重建道学、道统论的过程中达成了许多共识，尤其在对周敦颐之学的定位和评价方面形成共识：其一，周敦颐是代表宋儒传承千年中断的孔孟之道，必须将其纳入道统论的关键人物序列之中；其二，周敦颐之学的纲领是《太极图说》，也就是强调道学、道统的关键与核心应该天道论的哲学建构。所以，朱熹、张栻同时为《太极图说》作“解义”。朱熹以《太极解义》开始天道论哲学，将周敦颐的“太极”与二程的“天理”统一起来，表彰周敦颐的道学功绩是“推一理、二气、五行之分合，以纪纲道体之精微”[③]，最终完成了致广大、尽精微的道学体系的哲学建构。张栻也同样作有《太极图解后序》，并表示：“近岁新安朱熹尝为图传，其义固多得之。栻复因之，约以己见，与同志者讲焉。”[④] 张栻也是通过对周敦颐《太极图说》

①〔宋〕张栻：《南康军新立濂溪祠记》，《新刊南轩先生文集》卷十，《张栻集》第 3 册，中华书局，2015 年，第 916 页。

②〔宋〕张栻：《濂溪周先生祠堂记》，《新刊南轩先生文集》卷十，《张栻集》第 3 册，中华书局，2015 年，第 914 页。

③〔宋〕周敦颐：《周敦颐集》卷二，中华书局，2009 年，第 49 页。

④〔宋〕张栻：《太极图解后序》，《太极图说解义钩沉》，《张栻集》第 5 册，中华书局，2015 年，第 1610 页。

的解义，阐发道学的天道论哲学。朱熹、张栻面临一个共同的问题，即如何将周敦颐《太极图说》《通书》的无极太极、诚、阴阳五行与二程“发明”的“天理”统一起来，二人均在推动这一工作。可惜的是，张栻于淳熙七年（1180）48岁时不幸英年早逝，他未能进一步对此作出圆融的阐释与深刻的建构。而朱熹一直在这些重要问题上不断深入思考、开展辩论，他从乾道五年（1169）开始校刊诠释周敦颐的著作，一直到淳熙十四年（1187）重新注释《通书》，他在《通书后记》中，才最终完成了周敦颐、二程之间的义理构架的统一性，他一方面强调《太极图说》《通书》“并出程氏，以传于世”[①]；另一方面将无极太极、诚、阴阳五行与二程“发明”的“天理”统一起来，肯定周、程之学“实相表里，大抵推一理、二气、五行之分合，以纪纲道体之精微”[②]。即周敦颐的太极、诚就是二程的“天理”。这样，朱熹最终将心性论的人道哲学纳入到理气论的天道哲学体系之中。

（三）心性论回归正统

张栻作为南宋道学集大成的一代宗师，不仅在天道论方面作出重大拓展，同时也修正胡宏的性无善恶、心为已发的心性论观点，回归道学主流。朱熹提出的“《知言》疑义”中，特别批判了胡宏的性无善恶、心为已发的心性论观念。胡宏提出理欲同体、性无善恶的思想，明显与道学主流的人性论是相抵牾的，所以受到朱熹的激励批判。张栻作为湖湘学统的传人，也希望回归到道学主流观念中来，故而也说：“论性而曰‘善不足以名之’，

①〔宋〕周敦颐：《周敦颐集》卷二，中华书局，2009年，第49页。

②〔宋〕周敦颐：《周敦颐集》卷二，中华书局，2009年，第49页。

诚为未当，如元晦之论也。夫其精微纯粹，正当以至善名之。”[1]可见，张栻显然希望回归作为道学正统的性善论。

张栻之所以要否定性无善恶，是因为他坚持人性应该是“纯粹至善”的。他说：“原人之生，天命之性，纯粹至善，而无恶之可萌者也。”[2]他肯定，作为本体存在的性是“渊源精粹”的，故而应该以“至善”名之。具体而言，他主张回归孟子的心性论，即人的仁、义、礼、智之性来源于心之“四端”，他说：

> 仁义礼知具于性，而其端绪之著见，则为恻隐、羞恶、辞让、是非之心。……故原其未发，则仁之体立，而义、礼、知即是而存焉。循其既发，则恻隐之心形，而其羞恶、辞让、是非亦由是而著焉。[3]

他肯定仁义礼智之性源于心之“四端”，和孟子的性善论是一致的。但是，这只是就“人性”而言，胡宏之所以提出“性为大本”的本体论，此性不仅指人性，亦是指物性。胡宏对人性、物性的差异性是以“尽”与“不尽”、“全”与“不全”加以区别，认为人性能够尽天地万物之性，而万物之性则是不完全的。所以，动物只有饥食渴饮的动物之性，人除了饥食渴饮之性外还有人所特有的仁义礼智信之性。也就是说，只有人性具有“尽”与“全”的“万理”，而其他物性之理都是不尽、不全的。这一种

① 〔宋〕朱熹：《宋朱熹胡子知言疑义》，载〔宋〕胡宏：《胡宏集》附录一，中华书局，1987 年，第 331 页。

② 〔宋〕张栻：《告子上》，《南轩先生孟子说》卷第六，《张栻集》第 2 册，中华书局，2015 年，第 538 页。

③ 〔宋〕张栻：《公孙丑上》，《南轩先生孟子说》卷第二，《张栻集》第 2 册，中华书局，2015 年，第 373 页。

形而上意义的“性”，显然不能够以善恶言之。

张栻、朱熹既要回归孟子的性善论，同时又需要将此人性与天理结合起来，故而肯定人性与物性均来自于太极、天理，都应该是善而无恶的。所以，张栻提出“人性”“物性”也都是“纯粹至善”的观点，他说：

> 原性之理，无有不善，人物所同也。论性之存乎气质，则人禀天地之精，五行之秀，固与禽兽草木异。①

既然人性、物性均源于太极、天理，人、物之性就没有区别，皆可言善。那么，人、物的区别何在呢？张栻认为区别在于“气质”。人的“气质”是由“天地之精，五行之秀”所构成的，而禽兽草木的“气质”则是由粗疏、繁杂之气构成的。这种“气质”上的差异就构成了人、物的根本区别：人因得二五之精而最灵，具有“能推”的理性意识能力，故能使仁义礼智的本性体现出来；而物却产生于繁杂之气而不具有这种“能推”的理性能力，故本体之性不能显露出来。他说：“至若禽兽，亦为有情之类，然而隔于形气，而不能推也。人则能推矣。其所以能推者，乃人之道，而异乎物者也。”② 人具有“能推”的理性能力的“心”，故“人为万物之灵，其虚明知觉之心，可以通夫天地之理，故惟人可以闻道”③。最终使人达到“天人合一”的精神境界。

①〔宋〕张栻：《阳货篇》，《南轩先生论语解》卷第九，《张栻集》第1册，中华书局，2015年，第275页。

②〔宋〕张栻：《离娄下》，《南轩先生孟子说》卷第四，《张栻集》第2册，中华书局，2015年，第483页。

③〔宋〕张栻：《里仁篇》，《南轩先生论语解》卷第二，《张栻集》第1册，中华书局，2015年，第126页。

张栻所谈的性是“天命之性”“本然之性”，为一切人所具有，因而人人都有行善的潜在可能性，而现实中的人往往是有善有恶，故而存在个性的差异，他说：“人者天地之精，五行之秀，其所以为人者大体固无以异也，然各就其身亦有参差不齐者焉。”[①] 人之所以“参差不齐”，是因为构成其形体的“气质”不同。现实生活中的人所以有品质上的差异，张栻认为与人的“气禀”有关，他说：“然有太极则有二气五行，絪缊交感，其变不齐，故其发见于人物者其气禀各异，而有万之不同也。”[②] 由于气有清浊、厚薄、纯杂等不同，不仅人、物禀气各异，就是人与人之间禀气也有区别，终而导致人的现实品格的差异。“气禀”固然是人得以形成、产生的条件，但又是人产生恶的原因。他说：“盖有是身，则形得以拘之，气得以汩之，欲得以诱之，而情始乱，情乱则失其性之正，是以为不善也，而岂性之罪哉？”[③] 人有形体之后，由于受到形拘、气汩、欲诱等影响，使其潜在的善良之“性”不能体现出来，而“失其性之正”，终于流于为恶。因而，恶只与人的气质有关，而与性无关。

胡宏还提出以心为用的观点，也受到朱熹的批判。张栻在这一个问题上接受了朱熹的观点，他也承认：“心性分体用，诚为有病。”[④] 在之后张栻对“心”的哲学诠释中，可以看到他的心性

①〔宋〕张栻：《告子上》，《南轩先生孟子说》卷第六，《张栻集》第2册，中华书局，2015年，第541页。

②〔宋〕张栻：《告子上》，《南轩先生孟子说》卷第六，《张栻集》第2册，中华书局，2015年，第540页。

③〔宋〕张栻：《告子上》，《南轩先生孟子说》卷第六，《张栻集》第2册，中华书局，2015年，第539页。

④〔宋〕朱熹：《宋朱熹胡子知言疑义》，载〔宋〕胡宏：《胡宏集》附录一，中华书局，1987年，第337页。

论发生了很大的变化。当然，张栻对“心”的哲学诠释也不完全同于朱熹，他认为，虽然“物物各具太极”，但物为其气禀所隔，太极之体不能体现出来；而人心则最灵，能代表太极实现对万物的主宰。张栻说：

> 而人为天地之心。盖万事具万理，万理在万物，而其妙著于人心。……心也者，贯万事，统万理，而为万物之主宰者也。①

朱熹也认为“心”有“具万理、应万事”的主宰作用，但“心”的这种作用要受“理”所主宰，所以他说：“心固是主宰底意，然所谓主宰者，即是理也，不是心外别有个理，理外别有个心。”② 但张栻不同，他直接把“心”看成是“贯万事，统万理”的“主宰者”，因为太极的作用必须通过“心”来实现，他说：“太极之动，发见周流，备乎己也。然则心体不既广大矣乎？道义完具，事事物物无不该、无不遍者也。”③ 太极的“发见周流”必须体现于“心体”的活动之中。这样，张栻称“心”为“本体”，把“心”看成和“太极”“性”一样，均可以纳入“体”的范畴。因而当有人提出“惟天地及人，具此大本（指太极）”的主张时，张栻认为此说“有病”，没有突出“心”的地位，他认

①〔宋〕张栻：《敬斋记》，《新刊南轩先生文集》卷十二，《张栻集》第 3 册，中华书局，2015 年，第 938 页。

②〔宋〕朱熹：《理气上·太极天地上》，《朱子语类》卷一，《朱子全书》第 14 册，上海古籍出版社，安徽教育出版社，2002 年，第 117 页。

③〔宋〕张栻：《扩斋记》，《新刊南轩先生文集》卷十一，《张栻集》第 3 册，中华书局，2015 年，第 934 页。

为:“人仁则太极立，而天地之大，万物之多，皆吾分内耳。”[1] 张栻肯定只要发挥人心的功能，就会实现太极对世界的主宰，依此逻辑，可以说宇宙之间的天地万物“皆吾分内”。

（四） 工夫论的融通

宋儒建构的道学体系，固然包括了天道的理气论、人道的心性论，但是如何实现天道与人道的合一境界，却必须有一套修身工夫论。在道学家群体中，工夫论既是一个哲学理论问题，更是一个生活实践问题。对于张栻而言，如果说他在天道论方面的特点是拓展太极论与理气论，在人道论方面是修正胡宏的心性论的偏差的话，而他在工夫论方面，却是将湖湘学的工夫论与朱子学的工夫论结合起来，以推动南宋道学工夫论体系的融通和集大成发展。

田浩先生曾经提出:“如何经由功夫修养而达到与天地万物合一？12 世纪上半叶的道学内部有两种不同的流派主张：一派在福建，另一派在湖南。”[2] 福建一派是由罗从彦、李侗到朱熹的闽学系统，主张通过默坐澄心的方式体认“未发”之大本；湖南一派则是胡宏、张栻的湖湘学统，主张在应事处世的生活实践之中，即喜怒哀乐“已发”之后对性体的察识工夫。李侗逝世以后，朱熹在了解了湖湘学统的修身工夫以后，意识到闽学、湖湘学两派在工夫论方面的差异，但他对孰是孰非问题以及如何确立修身工夫感到十分困惑。

所以，就有了南宋乾道三年（1167）的张栻、朱熹的岳麓书院会讲。尽管两派因学术差异而产生激烈争论，最后朱熹还是被

---

①〔宋〕张栻：《答吴晦叔》，《新刊南轩先生文集》卷十九，《张栻集》第 4 册，中华书局，2015 年，第 1054 页。

②〔美〕田浩：《朱熹的思维世界》，江苏人民出版社，2011 年，第 58 页。

张栻说服，开始认同湖湘学统的工夫论，他肯定在日用常行中省察工夫的优先性和重要性，肯定学者应该在察识的基础上作存养工夫。也就是说，在道学的建构过程中，张栻最初坚持湖湘学统并说服了朱熹。但是，乾道五年（1169）朱熹思想又发生重大变化而有所谓“己丑之悟”，朱熹对张栻的工夫论产生怀疑，他通过反复读程子之书，意识到修身工夫论必须将察识与持养结合起来，同时还必须重视致知工夫。这时，朱熹提出了“涵养须用敬，进学则在致知”的完整修身工夫论。所以，当朱熹有所谓“己丑之悟”后，就马上写了《与湖南诸公论中和第一书》向湖南的道友张栻等人报告，据朱熹说当时“惟钦夫复书深以为然”。可见，张栻在与朱熹的学术交流过程中，其工夫论发生了很大变化。应该说，存养、省察作为两种重要的修身工夫均很重要，张栻对以前工夫论的各执一偏进行了反省。一方面张栻对自己过去不重视持养的片面性进行了检查，他说：“觉向来工夫不进，盖为存养处不深厚，存养处欠，故省察少力也。”① 另一方面，张栻也批评了朱熹不重视省察的片面性，他说：“元晦谓略于省察。向来某与渠书，亦尝论此矣，后便录呈。如三省、四勿，皆持养、省察之功兼焉。”② 他认为省察持养的功效互相影响，因而朱熹轻视省察是不正确的。总之，这两种方法都是重要而不可偏废的。

与此同时，张栻也接受了朱熹强调的“进学则在致知”的致知论思想，在修身工夫论方面，增加了《大学》的“格物致知”

① 〔宋〕张栻：《寄吕伯恭》，《新刊南轩先生文集》卷二十五，《张栻集》第 4 册，中华书局，2015 年，第 1133 页。

② 〔清〕黄宗羲撰，全祖望补修：《南轩学案》，《宋元学案》卷五十（第 2 册），中华书局，1986 年，第 1614 页。

的思想。值得注意的是，张栻将《大学》的“格物致知”工夫，与他的理气论结合起来，他认为：“格，至也；格物者，至极其理也。此正学者下工夫处。”① 张栻对“格物致知”工夫论的解释，与朱熹终生倾注心血的《大学章句》十分一致。这样，张栻的修身工夫论就不仅仅是一种内向的省察、持养的心性体认和精神境界，同时还是一种外向的物理认知和知识探索。可见，张栻与朱熹一道发展了道学的工夫论思想，共同开拓了宋代道学的知识论道路。张栻对《大学》“格物致知”的意义表达出期许，他说：“所谓大学之道格物致知者，由是可以进焉。至于物格知至，而仁义礼知之彝得于其性，君臣、父子、兄弟、夫妇、朋友之伦皆以不乱，而修身、齐家、治国、平天下无不宜者，此先王之所以教，而三代之所以治，后世不可以跂及者也。”②

张栻与朱熹对《大学》“格物致知”工夫的强调，受到陆九龄、陆九渊兄弟的质疑和反对。陆氏兄弟曾经给张栻写信批评朱熹的致知工夫论，希望得到张栻的支持，但是张栻回信表达了自己和朱熹学术一致的观点。张栻在《答陆子寿》一书中说：“考圣人之教人，固不越乎致知力行之大端，患在人不知所用力耳。莫非致知也，日用之间，事之所遇，物之所触，思之所起，以至于读书考古，苟知所用力，则莫非吾格物之妙也。”③ 张栻是《大学》格物致知论的赞同者，所以他坦率表示，朱熹是“真金石之友”的同道。

张栻在与朱熹的学术交往中，共同形成了“涵养须用敬，进

① 〔宋〕张栻：《答江文叔》，《新刊南轩先生文集》卷二十六，《张栻集》第 4 册，中华书局，2015 年，第 1161 页。

② 〔宋〕张栻：《邵州复旧学记》，《新刊南轩先生文集》卷九，《张栻集》第 3 册，中华书局，2015 年，第 885 页。

③ 〔宋〕张栻：《答陆子寿》，《新刊南轩先生文集》卷二十六，《张栻集》第 4 册，中华书局，2015 年，第 1167 页。

学则在致知”的完整工夫论。当然，由于重视生活实践的湖湘学统的深刻历史影响，张栻在强调格物致知论的同时，仍然特别重视实践工夫的重要性，体现出他对湖湘学统长处的坚守。所以，张栻的工夫论还表现出一个重要特点，就是通过对“知行互发”的倡导，推进了宋代道学工夫论的融通和发展。黄宗羲称赞张栻“见处高、践履又实”，正反映了张栻工夫论的特点。

所以，在南宋理学家群体之中，张栻以重躬行而著称。南宋出现一种轻视躬行的虚浮之习，张栻对其十分不满，认为产生这种弊端的原因就是不懂致知力行互发的关系。他说：“然近岁以来，学者又失其旨，曰吾惟求所谓知而已，而于躬行则忽焉。故其所知特出于臆度之见，而无以有诸其躬，识者盖忧之。此特未知致知力行互相发之故也。”[①] 可见，张栻主张“知行互发”就是为了解决这一严重问题。张栻对知与行的关系有一个精彩的论述：“始则据其所知而行之，行之力则知愈进，知之深则行愈达。是知常在先，而行未尝不随之也。知有精粗，必由粗以及精；行有始终，必自始以及终。内外交正，本末不遗，条理如此，而后可以言无弊。”[②] 张栻认为这种离行之知并非真知。他说：“若如今人之不践履，直是未尝真知耳；使其真知，若知水火之不可蹈，其肯蹈乎？”[③] 这就在实际上否定了离行之知。他虽然也承认行而不知的可能性，但认为这是一种盲目的行动，有误入歧途的危险，他说：“知之而行，则譬如皎日当空，脚踏实地，步步相应；

①〔宋〕张栻：《论语说序》，《新刊南轩先生文集》卷十四，《张栻集》第 3 册，中华书局，2015 年，第 969—970 页。

②〔宋〕张栻：《论语说序》，《新刊南轩先生文集》卷十四，《张栻集》第 3 册，中华书局，2015 年，第 970 页。

③〔宋〕张栻：《答朱元晦》，《新刊南轩先生文集》卷三十，《张栻集》第 4 册，中华书局，2015 年，第 1217 页。

未知而行者，如暗中摸索，虽或中，而不中者亦多矣。”[1]可见，他对于离行之知和离知之行的片面性都持否定态度，他所坚持的是两者并重，相互促进。

①〔宋〕张栻：《答朱元晦》，《新刊南轩先生文集》卷三十，《张栻集》第4册，中华书局，2015年，第1217页。

第九章
王船山的实有之道

王夫之（1619—1692），字而农，号薑斋。湖南衡阳人。因晚年隐居衡阳石船山，被称为船山先生。王夫之早年求学及中晚年治学均在湖南，是湘学的重要代表人物。作为明清之际最伟大的思想家之一，王夫之与黄宗羲、顾炎武并称为明末清初“三大儒”。王夫之的学问博大精深，广泛涉及哲学、经学、史学、文学、政治、自然科学等各个方面。但是，其影响最大的，当属其道论。谭嗣同曾说：“五百年来学者，真通天人之故者，船山一人而已。”[①] 其“通天人”的思想也就是道论。

为了突出“道”是一种终极存在，理学家们总是反复强调“道”是一种超越性的形上本体。于是，他们就使得那来源于现实生活的道、太极、天理、性等变得抽象化、玄虚化。特别是到了明代，出现了以“心”为宇宙本体的心学思潮，天人之道都变成了主体之“心”的规定。这样，就使“道”更加玄虚化。明代学界盛行“蹈虚”“崇无”“空谈”之习，以至明代末年出现了亡国的惨祸。

① 梁启超：《清代学术概论》，上海古籍出版社，2000 年，第 19—20 页。

王夫之隐居治学，潜心著述，留下了著作一百多种、四百余卷、八百余万字。他希望对中国思想文化作一全面系统的反思，同时总结明朝灭亡的历史教训。他所思考、反思的领域涉及思想文化的各个方面，而道论是其中的核心。他认为要总结教训、挽救时弊，最重要的是要解决思想文化的支柱——道的问题。宋明以来思想文化界的致命弱点是崇无蹈虚，而他的使命就是要使那已经被玄虚化形而上之道重新回归到具体的、现实的世界中来。所以，他的原道，就是要使虚化的道变成为一种实有之道。

第一节　天道之实

如何才能使被玄虚化的“道”转化为实有的存在？王夫之的主张是使道归之于器、使理归之于气，让那个从形而下世界分离、抽象出来的形而上之道重新回归到实有的现实世界。

王夫之所言的“道”与宋明理学家相近，即是指包括自然法则与人文法则在内的宇宙终极存在。他说：“道者，天地人物之通理。”[1] 显然，“道”是包括天地自然与社会人文的所有法则在内。由于“道”是“通理”、法则，故王夫之亦同意称其为“形而上者”。但是，将“道”称为形而上者，并不是指有一个时间上在先、空间上独立的存在，他说：“道者天地精粹之用，与天地并行而未有先后者也。使先天地以生，则有有道而无天地之日

①〔明〕王夫之：《太和篇》，《张子正蒙注》卷一，《船山全书》第12册，岳麓书社，2011年，第15页。

矣，彼何寓哉？而谁得字之曰道？”[①]在这个关键问题上，他批判了佛老之学以“虚”“无”为本的思想，同样也批评了程朱、陆王使“道”脱离器物而作为天地的本原的观念，他坚持认为，“道”只能存在于“器”之中，它们虽有“显”“隐”的差别，但是均统一于物之“形”，他说：

> 统此一物，形而上则谓之道，形而下则谓之器，无非一阴一阳之和而成。尽器则道在其中矣。[②]
>
> 形而上者谓之道，形而下者谓之器，统之乎一形。[③]

由于“道”只能存在于“器”之中，那么，“器”是比“道”更为根本的存在。王夫之异乎寻常地突出了“器”，他说：

> 天下惟器而已矣。道者器之道，器者不可谓之道之器也。无其道则无其器，人类能言之。虽然，苟有其器矣，岂患无道哉！……故无其器则无其道，诚然之言也，而人特未之察耳。故古之圣人，能治器而不能治道。治器者则谓之道。[④]

总之，宇宙之间只有器的存在，而讲到“道”时，总是指“器”

①〔明〕王夫之：《乾》，《周易外传》卷一，《船山全书》第1册，岳麓书社，2011年，第823页。

②〔明〕王夫之：《思问录内篇》，《船山全书》第12册，岳麓书社，2011年，第427页。

③〔明〕王夫之：《周易外传》卷五，《船山全书》第1册，岳麓书社，2011年，第1029页。

④〔明〕王夫之：《系辞上传第十二章》，《周易外传》卷五，《船山全书》第1册，岳麓书社，2011年，第1027—1028页。

中间而存在的“道”。

王夫之在“道”与“器”的关系问题上，使“道”回归于“器”。同时，在“理”“气”问题上，使“理”归之于“气”。为了确立对儒家伦理的坚定信仰，程朱将儒家人文法则上升为天理，主张以理为终极存在。王夫之否定了理本论，希望将儒家天道信仰奠定在以气为宇宙本原的思想基础之上。如果说，北宋时期张载提出的气本论是为了以实体论对抗佛、道两家“空”“无”的虚无本体论，那么，明清之际王夫之重倡气本论，则更主要是针对理学内部中的理学派、心学派过分张扬理、心这一“无形无象”的形而上者，从而导致理学末流空谈义理、体悟心性的弊端。他认为，“朱子之说正近于释氏灭尽之言”[①]，认为陆王心学也是“陷于佛者”[②]。所以，气本论成为他寻找宇宙终极依托的根据。像张载一样，他坚持宇宙的本原是气，完善和发展了宋明理学中的元气本体论一派。他认为气是宇宙的惟一本原，他说：“天人之蕴，一气而已。”[③]而所谓“理”，则不过是气的内在规律与本质，它就存在于气之中。他说：“气外更无虚托孤立之理也。”[④]“天下岂别有所谓理，气得其理之谓理也。气原是有理底，

①〔明〕王夫之：《太和篇》，《张子正蒙注》卷一，《船山全书》第12册，岳麓书社，2011年，第21页。

②〔明〕王夫之：《太和篇》，《张子正蒙注》卷一，《船山全书》第12册，岳麓书社，2011年，第26页。

③〔明〕王夫之：《孟子·告子上篇》，《读四书大全说》卷十，《船山全书》第6册，岳麓书社，2011年，第1054页。

④〔明〕王夫之：《孟子·告子上篇》，《读四书大全说》卷十，《船山全书》第6册，岳麓书社，2011年，第1054页。

尽天地之间无不是气，即无不是理也。”[①] 正像道器论上，他坚持“天下惟器”的主张，同样，在理气论上，他坚持“天下一气”的主张。

在宇宙本体论上，王夫之强调了“气”“器”的本原性，这是否会淡化或消解那作为中国文化精神依托的“道”呢？“道”必须依赖于“器”而存在，如果是“据器而道存，离气而道毁”[②] 的话，“道”还能作为中华民族的精神依托吗？还能作为中华文化的精神的支柱吗？应该说，王夫之并没有在将“器”“气”归为本体之后，而使“道”“理”的重要性被淡化或消解，相反，他要通过“道器一体”“理气一体”的命题，尤其是通过“道器交与为体”“理与气相互为体”的论证，使“道”成为宇宙中客观存在的法则，从而使中国文化之道奠定在客观的、现实的气化世界的基础之上。

王夫之认为，道并不是器（或气）之中附属的、第二性的存在，它本身就是客观事物的法则，故而，“道”与“器”均可谓之为“体”，它们是一种“交与为体”的关系，王夫之说：

> 道以阴阳为体，阴阳以道为体，交与为体。[③]

道以阴阳为体较好理解，因为王夫之认为天地之间不过是一气而已，道必须要据气而存，那么，阴阳之气当然是道之体了。但

① ［明］王夫之：《孟子·告子上篇》，《读四书大全说》卷十，《船山全书》第 6 册，岳麓书社，2011 年，第 1060 页。

② ［明］王夫之：《大有》，《周易外传》卷二，《船山全书》第 1 册，岳麓书社，2011 年，第 861 页。

③ ［明］王夫之：《咸》，《周易外传》卷三，《船山全书》第 1 册，岳麓书社，2011 年，第 903 页。

是，王夫之又认为阴阳之气又要以“道”为本体，这如何理解呢？在王夫之看来，“道”本来是客观事物的本质与规律，它决定、支配着该事物实际状况和发展趋势；而且，“道”的存在有一定的普遍性，一个具体的器物有成毁的过程，但是那个具有普遍意义的“道”，则可能继续存在。他说：“器有成毁，而不可象者寓于器以起用，未尝成，亦不可毁，器敝而道未尝息也。”①由于“道”的主宰决定作用和普遍性特征，那么，亦可以将“道”看作是阴阳之气的“体”，所以王夫之又认为：“物与我皆气之所聚，理之所行，受命于一阴一阳之道，而道为其体。”②可见，“道”可以以“阴阳”为体，同样，“阴阳”亦可以以“道”为体，两者可以“交与为体”。那么，宇宙的终极存在，其实就是“道”与“器”两者的统一体，即如他所说的：“理与气互相为体，而气外无理，理外亦不能成其气，善言理气者必不判然离析之。”③

王夫之不仅强调“道”与“器”、“理”与“气”是一个统一体，更进一步揭示了两者统一的基础——诚。

“诚”是王夫之思想体系中一个十分重要的范畴。本来，早在《中庸》及周敦颐的《通书》，“诚”就是一个具有本体意义的范畴。王夫之利用并改造了这一范畴，并赋予它以新的意义。

首先，王夫之以“实”“实有”来规定“诚”，使“诚”具有了客观实在性这一物质存在的最基本、最普遍的规定性。他说：

①〔明〕王夫之：《太和篇》，《张子正蒙注》卷一，《船山全书》第12册，岳麓书社，2011年，第21页。

②〔明〕王夫之：《大心篇》，《张子正蒙注》卷四，《船山全书》第12册，岳麓书社，2011年，第151页。

③〔明〕王夫之：《孟子·尽心上篇》，《读四书大全说》卷十，《船山全书》第6册，岳麓书社，2011年，第1117页。

诚者，天之道也，阴阳有实之谓诚。[①]

诚也者实也；实有之，固有之也。[②]

“诚”不是一种主观的精神境界，也不等同于有形有象的气物世界，而是从客观世界抽象出来的客观实在的规定性，即“实”“实有”的客观规定。王夫之对诚的这个规定，使他的道论与理学派、心学派的理论泾渭分明，同时也比他以前的气本论主张有了更高的理论水平。

其次，王夫之进一步以“诚”作为“道”“器”这个统一体的客观基础。无论是“道”，还是“器”，尽管它们因或隐或显而有差别，但是它们有一个统一的根据，那就是“实”“实有”，这也就是“诚”，他说：“至诚者，以其表里皆实言也。”[③]所以，一方面，器或气是实有的，他所说的“阴阳有实之谓诚”，就是讲阴阳之气的“诚”，因为阴阳之气是“实”“实有”的存在；另一方面，“道”“理”也是“实有”的，故而诚就是天道，“人受此理于天，天固有其道矣，诚者，则天之道也”[④]。可见，“道”与“器”均为“实有”，即都是客观实在的统一体，“道”是这个统一体的根本，物是这个统一体的实体，即“道者本也，物者体

①〔明〕王夫之：《太和篇》，《张子正蒙注》卷一，《船山全书》第12册，岳麓书社，2011年，第25页。

②〔明〕王夫之：《洪范三》，《尚书引义》卷四，《船山全书》第2册，岳麓书社，2011年，第353页。

③〔明〕王夫之：《中庸》，《读四书大全说》卷三，《船山全书》第6册，岳麓书社，2011年，第562页。

④〔明〕王夫之：《中庸二》，《四书训义》卷三，《船山全书》第7册，岳麓书社，2011年，第182页。

也，化也。道统天，体位天，而化行天也。”①

由此可见，尽管王夫之强调了“天下惟器”“天地一气”的宇宙本体论，强调了器物世界、阴阳之气是构造宇宙天地的实体存在，但是，他并没有忽视“道”作为中华民族的精神依托的重要地位，相反，他这样做只是力图使中华文化之道从形而上的超越世界回归到形而下的现实世界，使天道不会因此失去了客观的、现实的基础而消解为一种虚无的存在。由于王夫之的天道论是建立在“诚”的基础之上，这就不仅使“道”具有了“有”“实有”，即客观实在性的理论基础，同时亦使“天道”“天理”作为宇宙法则和人文法则，显示出客观必然性的特点。当王夫之讲“诚者，则天之道也”“道统天”时，我们能够更加坚定对“道”的信念，因为它不只是一种人文理想、精神境界，而是和我们生活的这个实存世界合为一体的现实存在和必然趋势，它就是实有之道。

第二节　人道之实

在天道论方面，王夫之倡导道器一体而归之于“诚”，从而确立了天道是一种“实有”的客观法则；同样，在人道论方面，王夫之同样力主天人一体而归之于“诚”，从而确立了道亦是一种“实有”的法则。

王夫之所讲的“道”，有时是讲天道，有时是讲人道，还有许多时候讲的是天人一体之道，因为在他的道论中，明确继承了中国传统的天人合一思想，肯定人道来之于天道，他说：

①〔明〕王夫之：《中庸》，《读四书大全说》卷三，《船山全书》第6册，岳麓书社，2011年，第563页。

> 天以其一真无妄之理为阴阳、为五行而化生万物者曰天道。阴阳五行之气化生万物，其秀而最灵者为人，形既成而理固在其中。于是有其耳目则有其聪明，有其心思则有其智睿；智足以知此理、力足以行此理者曰人道。①

由此可见，人道来之于天道，天道的进一步展开则是人道。那么，天道与人道原本就是一体的。

前面已经讲到，王夫之以道器一体论来讲天道，并将天道归之于“诚”，从而使被理学末流玄虚化的天道转化为一种“实有”的宇宙法则。王夫之又以天人一体论来讲人道，此人道同样可以归本于“诚”，从而使儒家的人道论成为务实的人文法则。他说：

> 唯天以诚为道，故人得实有其道之体。乃诚为天之道，则道之用非天所为功，而存乎人，于是有诚之者焉。有是心以载是德，故诚可存也；有是才以备是道，故诚可发也。②

在王夫之看来，天道是宇宙自然的必然法则，它真实无妄，故而为诚；而人以此真实无妄以存乎人，即所谓“诚之者”，使天道之诚转化为人道之诚。

人道之诚表现在哪些领域呢？首先是人性论。他说：“天命

---

①〔明〕王夫之：《中庸一》，《四书训义》卷二，《船山全书》第7册，岳麓书社，2011年，第105页。

②〔明〕王夫之：《中庸二》，《四书训义》卷三，《船山全书》第7册，岳麓书社，2011年，第182页。

之性，一诚而已矣。”[①] 由于天道之“诚”是以“实”“实有”为其根本特点，同样，人道之诚也是以“实”“实有”为特征，具体来说，它体现在具有自然感性、社会生活内容的基础之上。

王夫之认为，人道与天道的内容一样，均以“实”“实有”为特征。但是，人道的形成却首先表现为主体化的形式，即人性。人性就是天道以主体的形式表现于人。王夫之说：“天道之本然是命，在人之天道是性。”[②] 人性就是天道在人的存在的体现，它和万物之理一样，是天道之必然性的具体体现。如果仅仅从这一点看，王夫之的人性论似乎与宋儒没有多少区别。但是，王夫之的天道论是建立在道器一体以归之于诚的基础之上，其天道并不是凌驾于器物之上，而是与器物融为一体的内在法则，故而，他的人性论也不是超验的人伦法则，而是人的自然存在、社会存在以及融自然与社会一体的习得过程，从而表现出很突出的人道之实的特色。

首先，王夫之并不像宋儒那样将人性归结为人伦的准则，他肯定了人首先是一种自然存在这个事实。什么是人性？这是自先秦诸子以来讨论得极为热烈而又歧见百出的一个问题。论者的最主要的分歧之一，就是或者将人的自然属性（食色之性）视为人性，或者将人的社会属性（仁义之性）视为人性。宋明以来，由于理学兴起，那种将人的道德本性视为人性的看法，成为占统治地位的观点。在正统理学的观念中，人生是绝对排斥“声色臭味”的自然欲望的，天理与人欲是对立的。然而王夫之与此相

①〔明〕王夫之：《中庸三》，《四书训义》卷四，《船山全书》第7册，岳麓书社，2011年，第189页。

②〔明〕王夫之：《中庸》，《读四书大全说》卷三，《船山全书》第6册，岳麓书社，2011年，第532页。

异，他坚持认为，人性是人的自然属性和社会属性的统一，在人性结构的内部，天理与人欲是一个统一的整体。他说：

> 盖性者，生之理也。均是人也，则此与生俱有之理，未尝或异；故仁义礼智之理，下愚所不能灭，而声色臭味之欲，上智所不能废，俱可谓之为性。①

王夫之坚持认为，人的道德观念与感性欲求“俱可谓之为性”，他力图从自然属性与社会属性的统一、从人的物质属性与精神本性的统一来探讨人性。这一见解，就突破了传统的片面以人的社会道德属性或是以自然物质属性为人性的观点，使人性具有了自然物质属性的坚实基础。

王夫之不仅把性视为一个自然属性与社会属性的统一体，而且还将性之成视为与“习”相结合的建构过程，把人的先天因素和后天因素统一起来。王夫之指出，人性是通过社会环境、后天学习的“习”的过程而形成的，即所谓“习与性成者，习成而性与成也”②。他说：

> 孟子言性，孔子言习。性者天道，习者人道。《鲁论》二十篇皆言习，故曰“性与天道不可得而闻也”。已失之习而欲求之性，虽见性且不能救其习，况不能见乎！《易》言“蒙以养正，圣功也”。养其习于童蒙，则作圣之基立于

---

①〔明〕王夫之：《诚明篇》，《张子正蒙注》卷三，《船山全书》第 12 册，岳麓书社，2011 年，第 128 页。

②〔明〕王夫之：《太甲二》，《尚书引义》卷三，《船山全书》第 2 册，岳麓书社，2011 年，第 299 页。

> 此。人不幸而失教，陷入于恶习，耳所闻者非人之言，目所见者非人之事，日渐月渍于里巷村落之中，而有志者欲挽回于成人之后，非洗髓伐毛，必不能胜。[①]

在王夫之看来，社会环境、后天习染对人性的建构起着十分关键的作用，它能决定人的本质与行为。诚如他所说的：“习之于人大矣，耳限于所闻，则夺其天聪；目限于所见，则夺其天明；父兄熏之于能言能动之始，乡党姻亚导之于知好知恶之年，一移其耳目心思，而泰山不见，雷霆不闻；……故曰：‘习与性成。’”[②]王夫之从“性”与“习”的统一建构过程来考察人性，就突破了那种将人性视为一种静止而凝固不变的传统观念。

在此基础上，王夫之提出了人性“日生日成”的思想与命题，并以此建构其人性论思想体系。根据这一观点，人性不再是某种先验不变的东西，不再是某种片面的特质，而是处于一种生成状态。他说：

> 夫性者生理也，日生则日成也。则夫天命者，岂但初生之顷命之哉！……夫天之生物，其化不息。……二气之运，五行之实，始以为胎孕，后以为长养，……无以异也。形日以养，气日以滋，理日以成；方生而受之，一日生而一日受之。……故天日命于人，而人日受命于天。故曰性者生也，日生而日成之也。……惟命之不穷也而靡常，故性屡移而异。抑惟理之本正也而无固有之疵，故善来复而无难。未成

①〔明〕王夫之：《俟解》，《船山全书》第12册，岳麓书社，2011年，第494页。

②〔明〕王夫之：《三国》，《读通鉴论》卷十，《船山全书》第10册，岳麓书社，2011年，第375页。

可成，已成可革。性也者，岂一受成侀，不受损益也哉？[①]

王夫之承认每一个人都具有先天的禀赋，所以他有“性者天道”之说，但天道本身也是生生不息的，即所谓“天之生物，其化不息”。因此，那“受命成性”的人性并非是一成不变、无可损益的，而恰恰处于一种“日生日成”的状态之中，处于“未成可成，已成可革”的变动状态之中。

总之，王夫之从人的自然属性与社会属性的统一、从人的先天禀赋和后天习染的过程来探讨人性，提出了性“日生日成”这一独具特色的思想，使得他的人性观、人道论奠定在客观实有基础之上。

其次，王夫之的人道之实亦体现在知行论方面。

人道虽来之于天道，并且具有客观实在性的特点，但在表现形式上却大不相同。天道是自发地对天地自然发生作用，而人道则往往要通过人的主体意识而自觉地发生作用。那么，人道之实就必须依赖于主体的“存诚”功夫。王夫之说：

无不善之谓诚，以实心行实理之谓善。[②]

“实心”是对天道的自觉意识，而“行实理”则是要将这个对天道的自学意识贯彻到行为实践中去。只有将天道的心知和实理的躬行结合起来，才是人道之“诚”的真正实现。

---

①〔明〕王夫之：《太甲二》，《尚书引义》卷三，《船山全书》第2册，岳麓书社，2011年，第299—301页。

②〔明〕王夫之：《孟子七》，《四书训义》卷三十一，《船山全书》第8册，岳麓书社，2011年，第448页。

可见，在人性论上须将性与感性自然、社会习染结合起来，才能保证其人道成为一种实有之道，那么，在知行论上则必须努力将知与行紧密结合，才能使人道真正成为实有之诚。为了在知行论上突出人道之诚，王夫之提出了两个重要命题：第一，行先知后；第二，知行相资以为用。

首先看王夫之的行先知后的观点。程朱向来主张知先行后的观点。王夫之否定了那种认为可以离开“行”而“致知”的观点。具体而言，他批判了程朱学派将“知”与“行”视为先后两个不同阶段的“知先行后”说。他说：“宋诸先儒欲折陆、杨‘知行合一，知不先，行不后’之说，而曰‘知先行后’，立一划然之次序，以困学者于知见之中，且将荡然以失据，则已异于圣人之道矣。”[①] 他认为，“知先行后”的谬误就在于离开生活实践而进行知识的灌输，那么，这种教育的后果则是：“其卑者，则训诂之末流，无异于词章之玩物而加陋焉；其高者，瞑目据梧，消心而绝物，得者或得，而失者遂叛道以流于恍惚之中。”[②] 王夫之认为，在整个知行活动过程中，躬行实践居于不可忽视的重要地位。他指出：“立教有本，躬行为起化之原；谨教有术，正道为渐摩之益。”[③] 也就是说，一切教育活动，必须建立在“躬行”的基础之上，受教育者能够产生道德观念，形成道德品质，均离不开“躬

①〔明〕王夫之：《说命中二》，《尚书引义》卷三，《船山全书》第 2 册，岳麓书社，2011 年，第 311 页。

②〔明〕王夫之：《说命中二》，《尚书引义》卷三，《船山全书》第 2 册，岳麓书社，2011 年，第 314 页。

③〔明〕王夫之：《孟子八》，《四书训义》卷三十二，《船山全书》第 8 册，岳麓书社，2011 年，第 527 页。

行”这个基础。他相信，“君子之学，未尝离行以为知也必矣”[①]。

为了说明躬行的重要作用，王夫之论述了行先知后的道理，强调了行在生活过程中的重要作用和突出地位。他说：

> 且夫知也者，固以行为功者也。行也者，不以知为功者也。行焉可以得知也，知焉未可以收行之效也。将为格物穷理之学，抑必勉勉孜孜，而后择之精，语之详，是知必以行为功也。行于君民、亲友、喜怒、哀乐之间，得而信，失而疑，道乃益明，是行可有知之效也。……行可兼知，而知不可兼行。[②]

这就是说，在知行二者之中，行是最根本的。这是因为：知来源于行，故必须依靠行，而行却不必依靠知；知的效果必须通过行方得以体现，而行的效果却不一定要通过知来体现；行本身可以包括知在内，而知却不一定包括行在内。这样，才能保证人道的真实性、实在性。

其次看王夫之提出“知行相资以为用”的观点。

王夫之认为，人的有意识活动虽然可以分为“知”和“行”两个方面，知与行各有自己的特点和作用，但是，它们二者之间并不是能截然分开的，恰恰相反，它们是一个紧密联系、相互作用的有机整体。王夫之知行论的精妙之处就在于，他能够深入揭示二者之间的关系，有力地证明二者的不可分离关系。他说：

---

①〔明〕王夫之：《说命中二》，《尚书引义》卷三，《船山全书》第2册，岳麓书社，2011年，第314页。

②〔明〕王夫之：《说命中二》，《尚书引义》卷三，《船山全书》第2册，岳麓书社，2011年，第314页。

> 知行相资以为用，唯其各有致功而亦各有其效，故相资以互用。①

正由于“知”和“行”各有自己的特点、功能，故而能够“相资以互用”。这种“相资以互用”，导致了“知”和“行”的不可分割的内在联系。正如王夫之所说：“繇知而知所行，繇行而行则知之，亦可云并进而有功。”②那么，知之愈多，就应行之愈笃；行之愈力，则知之愈深，知和行之间是一个并进而有序的整体。

由此可见，王夫之通过“行先知后”“知行相资以为用”的观点，从而在知行论上体现出人道之诚，即“以实心行实理”之诚。

第三节 历史观之实

王夫之道论的最大特色是崇实黜虚，他不仅在天道论、人道论方面均归于“诚”的实有，同时在历史观方面，也通过理与势的统一，从而使得那脱离并凌驾于客观历史进程之上的“道”能够回归于实际发生的历史进程本身。

中国古代文化向来就具有深刻的历史意识，反省历史也是宋明理学家的学术追求。但是，理学家在反省历史时总表现出一个相同的趋向，那就是坚持道德本位的伦理主义立场，以“道统”为标识任意裁剪历史，以“心术”为准绳去裁量历史人物。他们

①〔明〕王夫之：《中庸》，《礼记章句》卷三十一，《船山全书》第4册，岳麓书社，2011年，第1256页。

②〔明〕王夫之：《论语》，《读四书大全说》卷四，《船山全书》第6册，岳麓书社，2011年，第600页。

不尊重历史的实际社会真相，不探索历史的客观发展进程，故而也就不能真正总结历史的经验和评判历史的功过。王夫之试图扭转这种道统的历史观。他对历史事实的尊重和对历史进程的探索，使得他在历史学领域中恢复了历史主义的地位，摆脱了那种以道统、心术为核心的伦理主义历史观念。

作为理学的传人，王夫之的思想中仍包含着许多理学思想传统，如在历史观方面，他就以理、道去思考和评价历史，他提出："儒者之统，与帝王之统并行于天下，而互为兴替。其合也，天下以道而治，道以天子而明；及其衰，而帝王之统绝，儒者尤保其道以孤行而无所待，以人存道，而道可不亡。魏、晋以降，玄学兴而天下无道，五胡入而天下无君，上无教，下无学，是二统者皆将斩于天下。"[①] 这种观念，仍明确保存着那种以"道""理"去思考历史进程、评价历史人物的道统、心术的历史观。但是，王夫之的卓绝之处就在于，他并不将理、道与儒家伦理完全等同。更重要的是，他相信"理"就存在于历史事实的演变和历史发展的趋势的实际历史过程之中。因此，他能够摆脱理学的天理论历史观的藩篱，从历史的实际进程中思考历史的发展趋势，提出了"理势合一"的新历史观。

对一般理学家来说，历史演变过程的"势"并不是一个值得重视的东西。但是，在王夫之的历史观中，"势"获得了充分的认定，相当于天道论中对"气""器"的地位的认定。可以说，他的历史观是以"势"为基础而建立起来的。所谓"势"，本是指历史发展的趋势，也就是指那种在历史过程中不受人的主观意志、道德动机所支配的客观必然性。王夫之说："秦以私天下之

①〔明〕王夫之：《宋文帝》，《读通鉴论》卷十五，《船山全书》第10册，岳麓书社，2011年，第568页。

心而罢侯置守，而天假其私以行其大公，存乎神者之不测，有如是夫！”① 他发现人类历史中存在着一种超越于人的主观动机之上的、“存乎神者之不测”的历史必然性趋势。他吸取了唐代一些历史学家如刘知幾、杜佑、柳宗元的观点，将这种历史必然性趋势简称为“势”。关于什么叫“势”，他解释说：

> 一动而不可止者，势也。②

他抓住了“势”的根本特点，那就是客观历史进程中主观意志不能影响、作用的必然趋势。他列举了许多史实，证明了历史过程中，确实存在着这样一个不受主观影响的、被称为“势”的东西的存在。那么，对“势”的思考，就成为王夫之的历史主义史学观的出发点。

思考的结果是，王夫之认识到“理”与“势”的统一是探索历史规律性的关键。他认为，“理”不是某种超越于历史进程之外的某种道德理念，而是在历史进程的趋势中所体现出来的历史规律、历史法则。因而，“势”与“理”是统一的。他说：

> 故其始之有理，即于气上见理；迨已得理，则自然成势，又只在势之必然处见理。……“势”字精微，“理”字

---

①〔明〕王夫之：《秦始皇》，《读通鉴论》卷一，《船山全书》第10册，岳麓书社，2011年，第68页。

②〔明〕王夫之：《宋孝武帝》，《读通鉴论》卷十五，《船山全书》第10册，岳麓书社，2011年，第582页。

广大，合而名之曰“天”。[①]

王夫之所言的“理”不是某种超历史过程的东西，它就存在于历史进程之中。那么，历史活动中之理会自然成势，化为历史的必然趋势；在历史的必然趋势中，又体现出理的规律。他在许多地方均论证了这种“理势合一”的历史观念，他说：

顺必然之势者，理也；理之自然者，天也。君子顺乎理而善因乎天；人固不可与天争，久矣。[②]

势既然而不得不然，则即此为理矣。[③]

天者，理而已矣；理者，势之顺而已矣。[④]

由于王夫之坚持“理势合一”的历史观，这样，“势”不再是历史进程中的盲目趋势；同样，“理”也不是一种超越历史事实、历史进程之外的道统、心术，而是历史必然趋势中所体现出的历史法则。

王夫之“理势合一”的历史主义思考，使得他的历史观能够从宋明理学的道统、心术史观中摆脱出来，达到一种以客观的历史事实及其进程为本体的新历史观。当然，由于王夫之所言的“理”还包含着宋明理学的伦理色彩，因而，王夫之“理势合一”

①〔明〕王夫之：《孟子·离娄上篇》，《读四书大全说》卷九，《船山全书》第6册，岳麓书社，2011年，第994—995页。

②〔明〕王夫之：《哲宗》，《宋论》卷七，《船山全书》第11册，岳麓书社，2011年，第177页。

③〔明〕王夫之：《孟子·离娄上篇》，《读四书大全说》卷九，《船山全书》第6册，岳麓书社，2011年，第992页。

④〔明〕王夫之：《哲宗》，《宋论》卷七，《船山全书》第11册，岳麓书社，2011年，第179页。

的历史观就还包含着伦理与历史的深刻矛盾，他没有能够明确指出这种矛盾。

第四节　船山之道与近代湘学

王船山以毕生精力从事学术研究，留下了一个博大精深的思想文化遗产。他自己曾声称“六经责我开生面”，充分体现了他学术思想传承和变革的双重性。一方面，他全面继承、系统总结了以“六经”为代表的中国思想、儒家文化的传统；另一方面，他又根据历史发展的趋势，大胆创新、全面发展了中国的传统思想、儒家文化。这样，他留给后人的是一个既有深厚中国学术文化传统、又有超前时代意义的学术思想体系。尽管船山留下的可观著述并不为当时所知，但他坚信自己思想遗产的历史价值。他嘱咐后人将其书稿好好保留下来，相信它们在二百年后一定能为人们所接受而光大于世。果然，就在他去世的二百年后的 19 世纪下半叶，他的著述开始被湖湘之地的士大夫广泛刊刻与阅读，并成为那个时代湖湘学术文化建设的重要资源之一。

19 世纪下半叶，湖湘学术文化的发展出现两个重要特征：其一，湖湘学术文化崛起，成为当时中国最有影响的地域文化之一；其二，湖湘学术文化转型，湖湘士人的思想观念急剧变化，成为转型最显著的地域学术文化。值得注意的是，湖湘学术文化发展的两个特点，深刻地体现在对船山之道的理解与诠释上。博大精深、丰富多姿的船山思想为不断演变发展的湖湘学术文化提供了充实的、多样的文化资源，而迅速崛起、不断演变的湖湘文化则通过对船山之道的多元性诠释而实现学术文化体系的重新建构。

这里以晚清至民国初短短几十年时间为限，考察船山之道的诠释与湘学近代化的历史过程的相互关系，以阐发船山之道对湘学的近代转型的深刻影响。

（一）船山之道与湖湘道统

王船山是宋明理学的继承者、总结者，他的儿子王敔在为船山所作的《行述》中所说“至于守正道以屏邪说，则参伍于濂、洛、关、闽”[①]，说明了他的理学学术思想主旨。同时，在理学诸派中，船山最崇拜的又是关学一派，他自撰墓志铭中讲到“希张横渠之正学”就说明了这一点。而湖南自两宋就被称作“理学之邦”，北宋时期理学开山祖周敦颐是湖南人，南宋时期，胡氏家族和张氏家族长期在湖南讲学而形成南宋理学的一支——湖湘学派，著名的岳麓书院、石鼓书院又均是理学的重镇，故而源远流长的理学传统成为湖湘文化的核心内容之一。所以，在这一大的背景下，湖湘士大夫对船山思想的最初解读，当然是将他看作湖湘理学的正统传人。

在王船山逝世不久，他的著作开始部分流传。少数有卓见的人发现了船山学说的博大精深，由衷赞扬船山先生“其学无所不窥，于六经皆有发明。洞庭之南，天地元气，圣贤学脉，仅此一线耳”[②]。当然，他们对船山思想的理解，完全是放到理学史背景下的解读，将其思想学说看作是对阳明之学的批判，而目的则是回归濂、洛、关、闽的道学正统。正如湖广学政缪沅于康熙五十七年（1718）所

①〔清〕王敔：《大行府君行述》，载〔明〕王夫之：《船山全书》第16册，岳麓书社，2011年，第73页。

②〔清〕刘献廷：《广阳杂记》，载〔明〕王夫之：《船山全书》第16册，岳麓书社，2011年，第519页。

说："薑斋王先生忧之深，以为姚江之说不息，濂、洛、关、闽之道不著；濂、洛、关、闽之道不著，生民之祸将未有已。"[1] 这种看法是当时的主流观念，同时也有相当的道理。

船山思想真正成为湖湘学术文化的重要资源，受到湖南士大夫、学术文化界的广泛关注与热烈推崇，则是到了晚清道光、咸丰、同治时期。这一切均与此时湖湘地区士大夫群体的崛起有关。道光时期，湖湘地区涌现出一批在政坛、学界有影响的人物。到了湘军崛起后，湖南的军事地位、政治地位更是迅速提高，由于湘军比清朝的国家军队发挥了更加重要的历史作用，湖湘地区的儒生、士大夫及军人主宰了清朝的主要军事力量和地方政府。政治、军事、经济地位的提高，必然体现在思想文化方面。于是，博大精深的船山学说就成为湖湘学术文化建设的主要资源，刊刻船山的著作、修建船山的祠堂与书院、宣扬船山的思想，就成为湘军的儒将们所特别关切的事情。

首先，于道光二十二年（1842），湖湘士大夫开始系统刊刻船山的著作，这就是守遗经书屋版的《船山遗书》，收船山著作18种，150卷，湖湘地区的著名士大夫纷纷参与其事，由邓显鹤、何绍基等人校阅，邹汉勋、左宗植、左宗棠、欧阳兆熊、罗汝怀等人编校，著名理学家、曾担任曾国藩老师的唐鉴为之作序。继此之后，是曾国藩、曾国荃兄弟于同治四年（1865）刊刻的金陵本《船山遗书》，收船山著作56种，288卷。值得注意的是，这个版本出版正是湘军攻克太平天国首都"天京"之后，湖南的政治地位、军事地位达到历史顶点之时。所以，船山学说不仅成为湘军诸儒将的文化底蕴，也成为湖湘文化崛起的重要文化资源。湘军将领

①〔清〕缪沅：《王船山先生集序》，载〔明〕王夫之：《船山全书》第16册，岳麓书社，2011年，第400页。

除了刊刻船山先生遗书之外，还修建纪念船山先生的祠堂。城南书院系南宋理学家张栻所创，故后来建有“南轩祠”，郭嵩焘于同治九年（1870）主持长沙城南书院时，于南轩祠边建船山祠，“期以乡里先贤开示学者，知所归向”[①]。可见他建船山祠有很强烈的振兴乡邦文化的意识。后来，郭嵩焘还多次上奏朝廷，奏请将船山从祀文庙，以提升他作为清代大儒的地位。

自王船山于清康熙三十一年（1692）逝世以后，由最初的默默无闻，到嘉道时名声骤起，再到咸同时的极度推崇，船山先生的地位发生了重大的变化，但是，这段时期对船山思想内涵的诠释却没有发生变化，即均是沿袭康熙时期以来将船山学说诠释成孔孟儒家的圣贤学脉、濂洛关闽的正统理学的传人。譬如，在康乾时期，从王船山著作由其家人刊刻开始，无论是其家人，还是初步接触船山学说的乡贤、士大夫，均将船山学说看作是传承宋明理学的学统。如缪沅的《王船山先生集序》就表达得十分清楚，他认为船山之学所传“儒者之道”，不过是承孔、孟、程、朱而来。从道光到咸同，船山先生的遗书得到广泛的传播，而他们所理解的船山思想，仍是与康乾时期没有多少区别。如主持守遗经书屋《船山遗书》刊刻的名儒邓显鹤在《船山著述目录》中，将船山学的意义纳入宋儒所创的道统学说中，认为“自孔子没而大道微”，至“宋世真儒出，群经乃有定论”。但是到了近世，“陋儒空谈心性，逸于考古”[②]，致使圣道不传，他这样论述船山：“先生忧之，生平论学，以汉儒为门户，以宋五子为堂

①〔清〕郭嵩焘：《书城南书院经费册端》，《郭嵩焘诗文集》，岳麓书社，1984年，第139页。

②〔清〕邓显鹤：《船山著述目录》，载〔明〕王夫之：《船山全书》第16册，岳麓书社，2011年，第410页。

的湖湘之地还有这样一位承传孔孟、总结理学的学术大师、思想巨人时，他们几乎是欣喜若狂地将其作为重振湖湘学术文化、承传湖湘学统的重要资源。

所以，晚清咸同时期湖湘士大夫们刊刻船山著作、推崇船山精神、诠释船山思想，大多均怀有重振湖湘学术文化和理学学统的强烈愿望。邓显鹤主持刊刻守遗经书屋本《船山遗书》的思想动力，首先就是培养湖湘后学、重振湖湘学统的愿望。他提出：

> 船山先生于胜国为遗老，于本朝为大儒，……乡曲里师，乃不能举其名姓，盖其书之若存若没、湮塞不行久矣。……安得士夫家有珍藏全部善本，重为审校开雕，嘉惠后学，使湖湘之士共知宗仰，岂非羽翼吾道、表扬前哲一大功乎？①

邓显鹤一方面强调船山是宋代道学的正宗传人，另一方面又希望湖湘之士传承道统，显然是出于建构湖湘文化、重振湖湘道学学统的需要。因为自元明至清初，湖湘理学的地位在下降。当清初名士刘献廷发现船山之学时，竟然说："洞庭之南，天地元气，圣贤学脉，仅此一线耳。"② 这一方面是肯定王船山在儒学史上的学术地位，另一方面也说明元明清以来的"圣贤学脉"是何等不堪。在这种背景下，以邓显鹤为代表的湖湘士大夫张扬、诠释船山之学，当然是希望以此为契机，重振湖湘道学，建设乡邦文化。

---

①〔清〕邓显鹤：《王夫之》，载〔明〕王夫之：《船山全书》第16册，岳麓书社，2011年，第105页。

②〔清〕刘献廷：《广阳杂记》，载〔明〕王夫之：《船山全书》第16册，岳麓书社，2011年，第519页。

曾国藩、郭嵩焘等湘军集团的儒将推崇船山之学，不仅是重新刊刻《船山遗书》，还修建祭祀船山先生的祠堂，并上奏朝廷请求将船山从祀文庙等，均是为了重振湖湘道学，建设湖湘文化。这一点，郭嵩焘在长沙城南书院创建船山祠时，表达十分明确：

> 自有宋濂溪周子倡明道学，程子、朱子继起修明之，于是圣贤修己治人之大法灿然昭著于天下，学者知所宗仰。然六七百年来，老师大儒，缵承弗绝，终无有卓然能继五子之业者。……意必有其人焉，而承学之士无能讲明而推大之，使其道沛然施显于世。若吾船山王先生者，岂非其人哉？[①]
>
> 盖濂溪周子与吾夫子，相去七百载，屹立相望。揽道学之始终，亘湖湘而有光。……意庶以乡贤之遗业，佑启后进，辟吾楚之榛荒。[②]

郭嵩焘一方面表彰周敦颐、王夫之两位湖湘学人能够“揽道学之始终，亘湖湘而有光”，对湖湘文化光大于世作出了杰出的贡献；另一方面则是希望由濂溪、船山所开创的“乡贤之遗业”激励、启发以后的湖湘学子，以“辟吾楚之榛荒”的精神重振湖湘文化。郭嵩焘奏请朝廷将船山从祀文庙，其内心有一种强烈的光大乡邦文化的愿望，当他的上奏被礼部驳回，而浙抚上奏辅广从祀文庙获准，他感叹说：“吾楚人不务表章先达，竟无一能主其事

①〔清〕郭嵩焘：《船山祠碑记》，载〔明〕王夫之：《船山全书》第16册，岳麓书社，2011年，第584页。

②〔清〕郭嵩焘：《船山先生祠安位告文》，载〔明〕王夫之：《船山全书》第16册，岳麓书社，2011年，第585页。

者。闻浙抚此奏，为之垂涕竟日。”[①] 从中可以看出他的乡邦文化情结。

由此可见，船山先生逝世后曾有很长一段时间并不为人们所了解而默默无闻。但是，到了道光、咸丰、同治时期，由于湖湘士大夫群体的逐步崛起，特别是湘军集团成为晚清中国的主宰力量后，船山学的潜在学术价值、文化资源价值为湖湘士大夫所发现、理解与推广。但由于这个时期湖湘士大夫的主导文化思想是理学，所建构的是理学为核心的湖湘学术文化，所以，他们所理解、诠释的船山学说，就是承宋代濂洛关闽以来的正统理学。他们刊刻遗书、修建祠堂、请祀文庙，均是由于这一根本原因。

（二）船山之道的诠释与湘学的近代转型

晚清中国的政治格局、文化观念的变革甚为剧烈。湘军的军事骄傲及相关的文化自信很快就受到了挑战。中方在中日甲午海战中惨败，一批湘军名将在牛庄、营口与日军的战役也大败，从而严重挫伤了湘军的锐气。《马关条约》签订之后，列强瓜分中国的狂潮出现，从而激起了中国走维新变法、民族自强的道路。晚清以来湖湘士大夫一直都有强烈的经世情怀，他们敏锐地感觉到变法图强的必然趋势，在他们的努力下，湖南成为维新变法运动中开风气之先的省份。正如梁启超所说：“湖南以守旧闻于天下，然中国首讲西学者，为魏源氏、郭嵩焘氏、曾纪泽氏，皆湖南人，故湖南实维新之区也。”[②] 维新运动在湖南的蓬勃开展，带来了这个地区“官与绅一气，士与民一心，百废具举，异于他

---

①〔清〕郭嵩焘：《郭嵩焘日记》第 4 卷，湖南人民出版社，1983 年，第 43 页。

② 张品兴主编：《梁启超全集》第 1 册，北京出版社，1999 年，第 242 页。

日”[1]的全面改革发展。

在这一大的背景下，文化观念正在发生急剧的变化。湖湘之地参加维新变法的士大夫群体，不仅强调社会政治制度的改革发展，同时还强调文化观念的演变转型，从而推动了湖湘文化的近代化发展。湖湘文化的近代化转型，带来了对船山思想的重新解读和诠释。船山思想本来就博大精深、内容丰富，船山先生不仅有对两千多年中华思想文化精华的系统总结，同时也在“道莫盛于趋时”的感悟中对文化发展的趋势也有深入的思考。所以，船山思想又成为湖湘文化近代转型的重要资源。在对船山思想的重新诠释中，被梁启超称为当时思想界彗星的谭嗣同是十分值得关注的。

作为一个晚清的湖湘学人，谭嗣同很早就学习了船山的思想学说，他自称是“私淑船山也”。但是，他是一个有着鲜明近代思想的激进思想家，以“冲决思想网罗”而著称当世。所以，尽管他与道光、咸丰、同治时期湖湘士大夫一样极力推崇船山学说，但相较于曾国藩等人所理解、诠释的船山学说，其思想观念、价值倾向、历史意义则发生了重大变化。曾氏等人所诠释的船山学说是“纲维万事，弭世乱于未形”[2]“卓然一出于正，惟以扶世翼教为心”[3]，而谭嗣同所诠释的船山学说则是现实社会纲常名教的对立者，是要引发“世乱”的启蒙思想。所以，谭嗣同从几个重要的方面对船山思想作出完全不同于前人的诠释。

① 张品兴主编：《梁启超全集》第1册，北京出版社，1999年，第250页。

②〔清〕曾国藩：《诗文·〈王船山遗书〉序》，《曾国藩全集》第14册，岳麓书社，2011年，第210页。

③〔清〕郭嵩焘：《请以王夫之从祀文庙疏》，载〔明〕王夫之：《船山全书》第16册，岳麓书社，2011年，第582页。

首先，谭嗣同从学脉、道统上将船山学说与宋明理学作了严格的区分。与唐鉴、曾国藩将船山看作是濂洛关闽的道学传承者不一样，谭嗣同认为：

> 宋儒以善谈名理，称为道学，或曰理学。理之与道，虚悬无薄，由是辄易为世诟病。王船山先生乃改称精义之学，然不若六朝人目清谈元旨为义学也。①

一方面，宋儒之学是“为世诟病”的“虚悬无薄”之学，而船山之学是“精义之学”；另一方面，更重要的是，宋儒的“道”与“理”是维持这个不合理社会秩序的，而船山先生的“精义之学”，则是鼓励人们随着世界的变化而“变法”的。他说：

> 窃疑今人所谓道，不依于器，特遁于空虚而已矣。故衡阳王子有“道不离器”之说，……信如此言，则道必依于器而后有实用，果非空漠无物之中有所谓道矣。今天下亦一器也，所以驭是器之道安在耶？今日所行之法，三代之法耶？周、孔之法耶？抑亦暴秦所变之弊法，又经二千年之丧乱，为夷狄盗贼所羼杂者耳。于此犹自命为夏，诋人为禽，亦真不能自反者矣。故变法者，器既变矣，道之且无者不能终无，道之可有者自须亟有也。②

---

①〔清〕谭嗣同：《石菊影庐笔识·学篇》，《谭嗣同全集》（增订本），中华书局，1981年，第122页。

②〔清〕谭嗣同：《兴算学议·上欧阳中鹄书》，《谭嗣同全集》（增订本），中华书局，1981年，第160—161页。

谭嗣同从王船山“道不离器”的哲学思想中，诠释出了器变道亦变的变法思想的理论依据，船山思想因此成为维新变法、学习西法的文化理念。

与此相关，谭嗣同在诠释船山思想时，从船山学说中引申出了许多新的思想观点，这些思想观念成为湖湘学术文化的近代化的重要资源，故而与中国传统思想的近代转型十分合拍。在政治思想上，谭嗣同认为船山是倡民权的思想家，他说：“更以论国初三大儒，惟船山先生纯是兴民权之微旨；次则黄梨洲《明夷待访录》，亦具此义；顾亭林之学，殆无足观。”[①] 他认为船山学说中大量民本思想，完全表达了近代兴民权的政治要求，故而是建构中国近代化文化、实现湖湘学术文化转型的重要资源。在伦理思想上，他认为船山的理欲论是完全不同于程朱理学的，他说：“世俗小儒，以天理为善，以人欲为恶，不知无人欲，尚安得有天理！吾故悲夫世之妄生分别也。天理，善也；人欲，亦善也。王船山有言曰：‘天理即在人欲之中；无人欲，则天理亦无从发见。’”[②] “王船山曰：‘天理即在人欲之中。’无人欲则天理亦无从发见，最与《大学》之功夫次第合；非如紫阳人欲净尽之误于离，姚江满街圣人之误于混也。”[③] 他认为船山先生充分肯定人欲的伦理观念，也是合乎时代发展、实现学术文化转型的近代思想。

谭嗣同对船山思想的诠释，使得船山在湖湘学术文化史上的身份、性质发生了重大的变化，他不再是濂洛关闽之道学的正统

① 〔清〕谭嗣同：《上欧阳中鹄（十）》，《谭嗣同全集》（增订本），中华书局，1981年，第464页。

② 〔清〕谭嗣同：《仁学一》，《谭嗣同全集》（增订本），中华书局，1981年，第301页。

③ 〔清〕谭嗣同：《仁学一》，《谭嗣同全集》（增订本），中华书局，1981年，第333页。

传人，不再充当“扶世翼教”的文化责任，相反，他是维新变法的倡导者，是鼓吹民权、自由、平等等观念的近代思想家。船山思想成为正在建构的近代湖湘学术文化的重要资源。

维新运动失败后，许多立志于推动中国近代化运动的人们开始倡导推翻清朝的近代资产阶级革命，而“驱逐鞑虏，恢复中华”的民族主义思潮蓬勃兴起。曾经是维新运动开风气之先的湖南省又出现了一大批倡导推翻清朝政权的革命派人物。值得注意的是，船山思想中本来就包含大量反清复明的民族主义思想，湘军集团领袖人物虽极端推崇船山学说，却对船山思想中反清的民族主义思想只字不提。但是，从戊戌到辛亥，船山思想中反清的民族主义思想受到当时革命派人士的密切关注。正如革命派人士章太炎后来回忆这一段时期所说的：“当清之季，卓然能兴起顽懦，以成光复之续者，独赖而农一家言而已矣。”[①] 当时的革命派十分推崇船山学，并将其作为反清排满的思想武器。

湖湘士人的反清民族主义思想可以追溯到谭嗣同，他曾对清王朝以异族的“蛮野凶杀之性气以窃中国”[②] 表现出强烈的愤慨。维新失败后，许多湖湘士人走上反清排满的革命道路，而他们不仅仅以民权、自由、平等诠释船山思想，还特别强调其反清的民族主义思想。章士钊先生就是一位在维新失败后力主排满反清的革命派人物，他特别重视阐发船山先生反清的民族主义思想。他于 1903 年发表《王船山史说申义》一文于《国民日报》上，就是专门以船山史学观念而诠释船山民族主义思想的。文章一开篇

① 章太炎：《重刊船山遗书序》，载〔明〕王夫之：《船山全书》第 16 册，岳麓书社，2011 年，第 441 页。

②〔清〕谭嗣同：《仁学一》，《谭嗣同全集》（增订本），中华书局，1981 年，第 337—338 页。

就说："亡国多才，自古已然。王船山者，亡国之一国民也，故其言皆亡国之音，所说多亡国之惨。今绎其义，可得而言。"[①] 所以，章士钊通过对船山史学的引申，借古代史上夷夏之争的民族问题，以号召人们排斥满洲贵族为"异族"。在他眼里，船山思想的核心是民族主义，他在文章的最后说："船山之史说，宏论精义，可以振起吾国之国魂者极多。故发愿申说，以告世之不善读船山之书，深辜船山之意者。"[②] 几十年后，章士钊先生谈到他当年之所以作《王船山史说申义》一文，仍然强调船山反清的民族主义思想，他在《疏"黄帝魂"》一书中说："太炎于前明遗老，推服船山至上，其所为推服之故，则在船山入山惟恐不深，志与'群胡'断绝关系。"[③] 他还认为"船山志在鼓励本族，从事光复"[④]。

如辛亥革命时期著名的革命家、宣传家杨毓麟也以反清排满的民族主义诠释船山思想，他说：

> 王船山氏平生所著书，自经义、史论以至稗官小说，于种族之戚，家国之痛，呻吟呜咽，举笔不忘，如盲者之思视也，如痿者之思起也，如喑者之思言也，如饮食男女

① 章士钊：《王船山史说申义》，载〔明〕王夫之：《船山全书》第16册，岳麓书社，2011年，第818页。

② 章士钊：《王船山史说申义》，载〔明〕王夫之：《船山全书》第16册，岳麓书社，2011年，第827页。

③ 章士钊：《疏"黄帝魂"》，载〔明〕王夫之：《船山全书》第16册，岳麓书社，2011年，第828页。

④〔清〕章士钊：《疏"黄帝魂"》，载〔明〕王夫之：《船山全书》第16册，岳麓书社，2011年，第830页。

之欲一日不能离于其侧，朝愁暮思，梦寐以之。[①]

杨毓麟的反清民族思想，曾深受谭嗣同的影响，谭嗣同曾以湘军的保卫清室是“铲灭同种，以媚胡族，实负天下之大罪”[②]，而杨则深以为然，以此为“湖南负罪于天下也”[③]。所以，他对船山先生的“种族之戚”有着强烈的同感，并引王船山为湖南人中“有特别独立之根性”[④]的杰出代表，以期望建设一个独立的“新湖南”，最终实现“存湖南以存中国”[⑤]。

值得进一步说明的是，尽管这段时期由于船山的著作广泛刊行、船山思想广泛传播，王船山已经成为闻名全国的大儒，其学说已超越了地域学术、地域文化的意义，已经成为中华思想文化的重要组成部分，并在中国思想文化的近代化过程中继续发挥作用。但是，谭嗣同、章士钊、杨毓麟等人对船山思想的诠释，既有强化其地域文化背景、弘扬地域文化的意义，又有实现湖湘文化、湘学的近代转型的特别意义。

一方面，可以从湖湘地域思想文化背景来看这些维新派、革命派人物对船山学的推崇与学习。自从道光、咸丰、同治时期湖湘士大夫积极刊印船山著作、修建船山祠堂以后，船山学已经成为湖湘地域文化的杰出代表与重要资源，地方意识很强的湖湘士大夫无不积极读船山著作，受到船山学的深刻影响。据谭嗣同的父亲谭继洵所说：“是以咸、同之际，中兴将帅，半湘省儒生，

---

①〔清〕杨毓麟：《新湖南》，《杨毓麟集》，岳麓书社，2008年，第31页。

②〔清〕杨毓麟：《新湖南》，《杨毓麟集》，岳麓书社，2008年，第34页。

③〔清〕杨毓麟：《新湖南》，《杨毓麟集》，岳麓书社，2008年，第35页。

④〔清〕杨毓麟：《新湖南》，《杨毓麟集》，岳麓书社，2008年，第32页。

⑤〔清〕杨毓麟：《新湖南》，《杨毓麟集》，岳麓书社，2008年，第47页。

其得力夫之之遗书者居多。”[①] 不仅是“咸、同之际”，此后的光绪、宣统之时，湖湘的知识群体、政界名流，亦得力于船山之遗书。谭嗣同能够提出那么深刻的思想而成为思想界的彗星，也是由于他从小就接触、学习船山学之故。所以当时湖湘士大夫们热烈推崇船山学说，也有很强的弘扬乡邦学术、光大地域文化的特别意义。清初有三大儒黄宗羲、顾炎武、王夫之，道光、咸丰时期，湖湘士大夫大多强调船山是三大儒之一。但是，到了戊戌、辛亥时期，湖南士大夫大多强调船山学更加重要、地位更高。他们推崇船山学，也是推崇湘学与湖湘文化。正如杨毓麟所说：“且我湖南有特别独立之根性……胜国以来，船山王氏以其坚贞刻苦之身，进退宋儒，自立宗主。当时阳明学说遍天下，而湘学独奋然自异焉。”[②]

另一方面，戊戌、辛亥时期湖湘知识群体对船山思想的近代性内容的诠释，有一种推动湖湘文化、湘学的近代转型的重要意义。这一点，在辛亥革命后创建船山学社、创刊《船山学报》的革命派人士刘人熙那里表现得很充分。他在《船山学报叙意》中提出：“不佞湘产也，在湘言湘，愿与湘人士昌明正学，以新吾湘；又民国一分子也，愿广船山于天下，以新天下。”[③] 刘人熙推崇船山学，是立足于“与湘人士昌明正学，以新吾湘”的湖湘学术文化建构与发展，而他所诠释的船山先生的“独往独来之精神”，正是近代湖湘学术文化建设的目标。

---

①〔清〕谭继洵：《拟请王夫之从祀文庙折》，载《邗江王氏五修族谱》，转引自彭大成《湖湘文化与毛泽东》，湖南人民出版社，2003 年，第 178 页。

②〔清〕杨毓麟：《新湖南》，《杨毓麟集》，岳麓书社，2008 年，第 32—33 页。

③〔清〕刘人熙：《船山学报叙意》，载〔明〕王夫之：《船山全书》第 16 册，岳麓书社，2011 年，第 874 页。

第十章
魏源之道的传承与变革

魏源（1794—1857），原名远达，字默深，湖南邵阳人。道光年间进士。早年曾从今文经学家刘逢禄学《公羊春秋》，晚清时期重要的今文学家，近代著名思想家，与龚自珍并称“龚魏”。

清朝乾隆、嘉庆以来，学术思想界盛行以考据训诂为主流的学术思潮，世称乾嘉学派。这种学术思潮很快亦暴露出严重弊端，那就是使知识学问脱离国计民生和生活实践，儒学的社会功能日渐丧失。为了纠正这一学术文化之偏，清道光以后学术风尚发生了重大转向，龚自珍、魏源等继承了汉代今文经学的经世致用传统，以竭力扭转当时的学风。魏源曾受贺长龄所托，编《皇朝经世文编》，影响深远。他还关注河政、漕政、盐政等方面的现实问题。在西方列强对中华民族的主权构成严重威胁之时，魏源主张对外开放，学习西方的科学技术，编有《海国图志》，提出“师夷之长技以制夷”①，成为极富时代感的响亮口号。

魏源为学倡经世致用，对后世影响深远。梁启超说：“故后

---

①〔清〕魏源：《筹海篇一·议守上》，《海国图志》卷一，《魏源全集》第 4 册，岳麓书社，2004 年，第 1 页。

之治今文学者，喜以经术作政论，则龚、魏之遗风也。”[①] 但是，魏源并没有将自己的学思局限在现实功利、经世技艺方面，他一直对“道”的问题有一种深切的关怀。这里，专门对魏源的道的观念作一追溯与剖析，以展示这位湘学代表人物的原道思想。

第一节　天人之道的坚守

魏源是一位对现实充满忧患意识的学者，他的改革主张、经世情怀均源于此。而且，我们还可以发现，在魏源的思想深处，仍然也像历代儒生一样，充满着对道的深切关怀，这是由于，他对道的关怀与对现实的关怀是联为一体的。

魏源也像他前代的湘学学者一样，坚信这形而下的宇宙世界有一个形而上的根本，它是世界的主宰者和本原。他说：

> 万事莫不有本，众人与圣人皆何所本乎？人之生也，有形神、有魂魄。于魂魄合离聚散，谓之生死；于其生死，谓之人鬼；于其魂魄、灵蠢、寿夭、苦乐、清浊，谓之升降；于其升降，谓之劝戒。虽然，其聚散、合离、升降、劝戒，以何为本，以何为归乎？曰：以天为本，以天为归。……大本本天，大归归天，天故为群言极。[②]

他所言的“天”也即是“道”，他经常将它们合称为“天道”。所以他也肯定“道”的本原性，提出“天地万物自道出”“众甫与

① 梁启超：《清代学术概论》，上海古籍出版社，2000 年，第 77 页。

②〔清〕魏源：《默觚上·学篇一》，《魏源集》，中华书局，1976 年，第 5 页。

化迁流，而道则终古自若，故曰‘自古及今，其名不去’。以阅众甫”。[①] 在他的思想体系中，天道的观念一直居于十分重要的核心地位。我们知道，魏源不仅对乾嘉之学沉溺于繁琐的考证不满，对宋明诸儒离开社会实际而空谈先天无极亦强烈反对，他曾说过："先天无极之说，君子所不道也。"[②] 但是，他本人却仍然对推究形而上的“天道”表达出强烈的关注，这显然是由于他继承了中国思想文化及湘学传统中以天道为本根的精神，并且保持着对天道论的坚定信仰。

魏源所坚守和信仰的“道”，具有下面所论的一系列基本特征。

第一，恒常性。魏源认为，一切形下的气化世界均是变动不居的，人类历史的发展趋势也是日变而不可复的，而只有那主宰世界的“道”才是恒常不变的，他说：

> 故气化无一息不变者也，其不变者道而已，势则日变而不可复者也。[③]

魏源还在《拟进呈元史新编序》中表达过相同的意思，他曾说：“伏闻天不变道亦不变，国可灭史不可亡。”[④] 可见，在他看来，“道”与形下的事物不同之处，首先在于“道”是一种超越时间

---

①〔清〕魏源：《老子本义 · 上篇 · 第十八章》，《魏源全集》第2册，岳麓书社，2004年，第673页。

②〔清〕魏源：《默觚上 · 学篇一》，《魏源集》，中华书局，1976年，第2页。

③〔清〕魏源：《默觚下 · 治篇五》，《魏源集》，中华书局，1976年，第48页。

④〔清〕魏源：《拟进呈元史新编序》，《古微堂外集》卷三，《魏源全集》第12册，岳麓书社，2004年，第204页。

者安命矣。[①]

“利害”（包括吉凶、得失）与客观情势相关，受制于客观必然的天命；“是非”与主观评价相关，取决于人们的善恶观念。魏源主张“是非之与利害一”“天道之与人事一”，也就强调“道”应是客观规律性与主观目的性的统一，也就是“道”的主客合一性。

从魏源对“道”的思考和论述来看，他确是充满着对道的深切关怀。尽管他一直被认定为晚清时期“好作经济谈，而最注重边事”，“喜以经术作政论”，即充满经世情怀之士。然而，他所钻研的一切经世之学、治世之术，都有“道”的依托。所以，对“道”的深切关怀，一直贯穿着魏源的学术思想，构成了他的学术思想的核心。

第二节　道、学、治的统一

面对浩瀚天地与沧桑人世，魏源坚定地相信有一个称之为“道”的形上存在在支配、主宰着一切。这是他对前辈的湘学学者、中国传统思想文化的继承。然而，魏源是一位开一代学风的近代思想家，他彻底否定了“治经之儒与明道之儒、政事之儒，又泮然三途”[②]的局面，将清朝学术思想界已分裂为三的道、学、治重新统一起来，从而使形上之道落到了经世致用的现实历史活动之中。

应该说，湘学史早就形成一个重要传统，那就是将形而上之道体与形而下之器用更加紧密地结合起来，特别是明清之际的船

①〔清〕魏源：《默觚上·学篇八》，《魏源集》，中华书局，1976年，第20页。

②〔清〕魏源：《默觚上·学篇九》，《魏源集》，中华书局，1976年，第23页。

山之学，更是力图使“道”回归于器的现实世界、“理”回归于势的历史进程、“性”回归于习的生活实践，从而将形而上之道与形而下之器统一起来。魏源的原道观念显然继承了这一湘学传统，尤其是继承发扬了船山学的道学观念。

魏源学术思想的代表作《默觚》共分上、下两篇，上篇论学，下篇论治，正表达出他在学术思想方面的重要特色，就是将“道”的终极关怀与“学”的知识追求、“治”的经世情怀统一起来，从而实现儒家人文理想——道、学、治的统一。我们也将从“学”与“治”两个侧面来讨论这一特色。

首先，是“道”与“学”的统一。

人们常常发现，宋儒的特点是将“道”的信仰与“学”的知识结合起来，其实，宋儒只是强化和发展了中国古代儒家士大夫的思想倾向，同时，宋儒在将“道”与“学”结合时，强调了伦理道德（义理）至上性。魏源是晚清时期倡导今文经学、呼唤经世致用的开新风人物，他仍然是将“道”与“学”的统一作为自己的学术追求，他说：

> 且夫文质再世而必复，天道三微而成一著。今日复古之要，由训诂、声音以进于东京典章制度，此齐一变至鲁也；由典章、制度以进于西汉微言大义，贯经术、故事、文章于一，此鲁一变至道也。①

由训诂、声音到典章制度，是由文字学到历史学的探求，这是乾嘉汉学的知识学特色；由乾嘉古文经学的训诂考据，再发展

①〔清〕魏源：《两汉经师今古文家法考叙》，《魏源集》，中华书局，1976年，第152页。

到道光时今文经学的微言大义，今文经学才使得“天道”明朗起来，也就是完全达到“至道”的境界。在魏源看来，后者才是自己学术追求的目标。

为什么只有西汉今文经学才算是“至道”呢？乾嘉汉学推崇东汉古文经学，这一学派的特征是“以孔子为史学家，以‘六经’为孔子整理古代史料之书，所以偏重于‘名物训诂’，其特色为考证的，而其流弊为烦琐”①。而今文经学的研究则重在阐发经典中的“微言大义”，这“大义”就不再是知识方面的文献考据、典章制度，而是现实的社会政治和人文价值，即儒家的“圣人之道”，它们均属“道”的范畴。

魏源充满着对“道”的关怀和执着，但是，他坚信“文之外无道”②，也就是说，“道”是通过儒家经典、历史文献方得以一代代传递下来，那么，学者的使命就是要以“学”为本，在那些经典、文献中探寻“微言大义”，也就是探寻“道”。魏源潜心于经典、文献的研究，广泛地求师问学，他“问宋儒之学于姚敬塘先生学塽，学《公羊》于刘申受先生逢禄”③。他在研治经学时留下了大量的著作，主要有《诗古微》《书古微》《董子春秋发微》《公羊春秋论》《孝经集传》《礼记别录考》《易象微》《大戴礼记微》《论语类编》《孟子类编》等。魏源因对经史的研究而得到学术史家的肯定，如梁启超说：“道光末，魏源著《诗古微》，始大攻《毛传》及《大小序》，谓为晚出伪作。其言博辩，比于阎氏

① 周予同：《经学历史·序言》，载〔清〕皮锡瑞著，周予同注释：《经学历史》，中华书局，1959 年，第 3 页。

②〔清〕魏源：《默觚上·学篇二》，《魏源集》，中华书局，1976 年，第 8 页。

③〔清〕魏耆：《邵阳魏府君事略》，载〔清〕魏源：《魏源集》，中华书局，1976 年，第 948 页。

之《书疏证》，且亦时有新理解。……源又著《书古微》，谓不惟东晋晚出之《古文尚书》（即阎氏所攻者）为伪也，东汉马、郑之古文说，亦非孔安国之旧。”[1]可见，魏源的经学、史学研究，从学术史的角度看亦有重要意义，这是他潜心于“学”的结果。

但是，魏源并不像乾嘉学者那样，将学术的关注点完全放在文史知识的学方面，而是坚持“学”与“道”的统一。他在为自己的《书古微》作序说：“《书古微》何为而作也？所以发明西汉《尚书》今、古文之微言大谊，而辟东汉马、郑古文之凿空无师传也。”[2]他所说的“微言大谊”，也就是他所追求的“圣人之道”，这才是他研治经学的重点。他说：

> 圣人忧患天下来世其至矣！删《诗》《书》，正礼乐，皆述而不作，有大义，无微言，岂预知有《论语》为后世入道门哉？假年绝韦来，天人性命之理，进修聚辨之方，无咎寡过之要，胥于《易》乎在，子思本祖训发挥之，故《中庸》一《易》道也；……盖《易》《论语》明成德归，《诗》《书》《礼》《春秋》备经世法，故《坊记》以《春秋》律《礼》，《缁衣》以《诗》《书》明治，体用显微，同源共贯，于道之大而能博者，其亦具体而微矣。[3]

他所要探索、阐发的“大义”，包括了“天人性命之理”“进修聚辨之方”“无咎寡过之要”的“大道”，并在“体用显微”的儒家经典中均有全面的体现。他认为，后人学习儒家经典，就是

---

①梁启超：《清代学术概论》，上海古籍出版社，2000年，第76页。

②〔清〕魏源：《书古微序》，《魏源集》，中华书局，1976年，第109页。

③〔清〕魏源：《子思子章句序》，《魏源集》，中华书局，1976年，第144页。

要探明其“大义”，也就是探明“圣人之道”。他在为《论语孟子类编》作序时亦强调：“夫圣人之道，大而能博，贤人学之，各得其性所近。故圣人之言必引而就卑，不如此则人不亲；贤人之言或亢而自高，不如此则道不尊。且教法因人、因时，原无定适。”① 这一切，均表明他对“大义”的兴趣，对价值关怀、人文信仰的“道”的强烈关注。

但是，魏源对“大义”的关怀和宋儒的原道精神又有什么根本区别呢？那正是下面需进一步讨论的。魏源不仅仅倡导“学”与“道”的统一，还强调“道”“学”与“治”的统一，他总是以通经致用为根本目的，将经术和治术统一起来，使得“道”与“学”的统一，最终要通过“治”方能获得真正的实现。

在上面谈到魏源的经学思想时我们已经发现，他不仅要在经学中求“道”（大义），而且更加强调此“道”与“治事”活动保持有内在联系，所谓“以其事笔之方策，俾天下后世得以求道而制事，谓之经”②。“经”不仅是天下后世得以“求道”的文本，尤其是要能获“制事”的功效。而且，在“道”与“治”的关系上，他强调“治”的外在功用与“道”的价值信仰的统一，标榜出他与宋儒的明显区别。他说：

> 三代以上，君师道一而礼乐为治法；三代以下，君师道二而礼乐为虚文。古者岂独以君兼师而已，自冢宰、司徒、宗伯下至师氏、保氏、卿、大夫，何一非士之师表？……自孔、孟出有儒名，而世之有位君子始自外于儒

①〔清〕魏源：《论语孟子类编序》，《魏源集》，中华书局，1976 年，第 146 页。

②〔清〕魏源：《默觚上·学篇九》，《魏源集》，中华书局，1976 年，第 23 页。

矣；宋贤出有道学名，而世之儒者又自外于学道矣。……有位与有德，泮然二途；治经之儒与明道之儒、政事之儒，又泮然三途。[1]

他痛心于有位者之治和有德者之道的分裂，感叹于“治经之儒”“明道之儒”“政事之儒”的“泮然三途”。他倡导通经致用，就是力图将“治”与“道”统一起来，使“治经”“明道”“政事”三者合为一途。否则的话，离开“治经”“明道”的“政事”，必会失去方向而败坏；离开“政事”的“治经”“明道”，则又必会空疏无用。

所以，在“道”“学”与“治”的关系上，魏源一直坚持三者的统一。首先，为了防止清乾嘉之时学术思想界的沉溺烦琐考据之习，魏源往往将治事的外在功用放在更加显著的地位，要求将治事的务实活动贯彻到治经中去，他说：

曷谓道之器？曰“礼乐”；曷谓道之断？曰“兵刑”；曷谓道之资？曰“食货”。道形诸事谓之治；以其事笔之方策，俾天下后世得以求道而制事，谓之经；藏之成均、辟雍，掌以师氏、保氏、大乐正，谓之师儒；师儒所教育，由小学进之国学，由侯国贡之王朝，谓之士；士之能九年通经者，以淑其身，以形为事业，则能以《周易》决疑，以《洪范》占变，以《春秋》断事，以《礼》《乐》服制兴教化，以《周官》致太平，以《禹贡》行河，以《三百五

① 〔清〕魏源：《默觚上·学篇九》，《魏源集》，中华书局，1976 年，第 23 页。

篇》当读书，以出使专对，谓之以经术为治术。[1]

魏源认为，有关“礼乐”“兵刑”“食货”等国计民生的治事，是儒者之经的基本内容；“经术”不能再流弊于“训诂音声”“名物器服”“象数”“鸟兽草木”等烦琐的考证，而是要以“经术为治术”，“通经致用”。在这里，他已将“治”放在更加显著的地位，而和宋儒大不一样。

因此，魏源坚决反对那些只会空谈心性、闭门修养的腐儒，这些人自以为是“明道之儒”，却对国计、吏治、兵赋等不闻不问，一味谈义利之辨、王霸之分，这完全是一种脱离治事实用的恶习。如果说乾嘉之学是将“学”与“治”分离开来的话，这种理学末流则是将“道”与“治”分离开来。魏源说：

后儒特因《孟子》义利、王伯之辩，遂以兵食归之五伯，讳而不言，曾亦思足兵、治赋皆圣门之事，农桑、树畜即孟子之言乎？抑思屈原志三后之纯粹，而亦曰“惜往日之曾信兮”，“国富强而法立”，孔明王佐之才而自比管、乐乎？王道至纤至悉，井牧、徭役、兵赋，皆性命之精微流行其间。使其口心性、躬礼义，动言万物一体，而民瘼之不求，吏治之不习，国计边防之不问；一旦与人家国，上不足制国用，外不足靖疆圉，下不足苏民困，举平日胞与民物之空谈，至此无一事可效诸民物，天下以安用此无用之王道哉？[2]

①〔清〕魏源：《默觚上·学篇九》，《魏源集》，中华书局，1976 年，第 23—24 页。

②〔清〕魏源：《默觚下·治篇一》，《魏源集》，中华书局，1976 年，第 36 页。

他十分明确地强调，一切有关井牧、徭役、兵赋、吏治、边防等有关国计民生的“治事”，是落实、完成、衡量那神圣的“王道”、精微的“性命”的最终基础。那离开这些实际“治事”的“无用之王道”，绝不是儒家学者所要追求的王道。

由于魏源将“道”的关怀落实为“治”的实事，而且，“治事”还成为决定、衡量、考察其是否合乎“王道”“圣人之道”的标准，这样，治事、经世反而获得了更为根本的地位。尤其值得指出的是，由于治事、经世的目标总是以社会功用来体现的，故而进一步强化了经学在社会功利性与客观规律性方面的指导作用，魏源所强调的是所谓“以《周易》决疑，以《洪范》占变，以《春秋》断事”等等，并使那些价值目的性的道德功能被弱化。这样，经学之道、圣人之道中的社会功利性与客观规律性的侧面得到了更多的肯定。可见，魏源所言的道不像宋儒片面理解为纲常伦理，而是包含着更多的社会功利、客观规律的内容和特征。

由此可见，由于魏源强调“道”“学”“治”的统一，这样，就使得他的原道意识、弘道观念具有了更多现实性、时代性的特色。更重要的是，急剧演变的社会现实和历史转型，势必使魏源的原道观念发生历史性的变化。

第三节　技与道的张力

魏源确实有着强烈的对“道”的关怀，与此同时，在他的思想深处，又完全服膺实事、功效的价值标准和思维趋向。他受贺长龄所托编《皇朝经世文编》，开辟经世致用的一代学风，而他在《叙》中就明确提出“善言心者，必有验于事”“善言人者，必有资于法”“善言古者，必有验于今”“善言我者，必有乘于物”①，他将“验于事”“资于法”“验于今”“乘于物”作为验证一切形上道理、法则的依据。因此，“道”“理”的合理性即来之于实事、功效，他还说：

> 以匡居之虚理验诸实事，其效者十不三四。②
>
> 以实事程实功，以实功程实事。③

这种重视功效的价值标准、验之实事的思维方式，使魏源的思想从传统的今文经学、内圣外王之道向着近代跨越了一大步。

魏源生活在西学东渐的晚清时代，西方的船坚炮利给了中国士大夫们惨痛的教训，他很快就成为中国近代第一批放眼看世界、倡导对外开放的先进人物。由于他思想深入验之实事的思维方式、重视功效的价值标准，他很快接受了西艺、西学，并率先将其引进到中国来。这在严“夷夏之辨”的文化传统来看，确需要足够的胆略和勇气。

魏源对“器”“技”等西方近代的科学技术作了充分的肯定，并大力倡导学习、引进这些代表西方科学技术的“器”“技”。为了让中国能够更多地了解世界、更新观念，魏源曾编有著名的《海国图志》一书，他在《叙》中说：

> 是书何以作？曰：为以夷攻夷而作，为以夷款夷而

①〔清〕魏源：《皇朝经世文编叙》，《魏源集》，中华书局，1976 年，第 156—157 页。

②〔清〕魏源：《默觚下・治篇一》，《魏源集》，中华书局，1976 年，第 35 页。

③〔清〕魏源：《海国图志叙》，《魏源集》，中华书局，1976 年，第 208 页。

作，为师夷长技以制夷而作。[①]

在这里，他明确提出了“师夷长技”的思想，率先倡导学习西方文化。当然，这里所言的西方文化主要还限定在“夷之长技”，而所谓“长技”又是指军事工业技术方面，即如他所说的：“一、战舰，二、火器，三、养兵、练兵之法。”[②] 但是，这一点，对于闭关锁国的清朝来说，仍是十分激进的主张，对以后的洋务运动、维新运动均起到了重要的推动作用。而这一“师夷长技”主张的思想基础，仍是魏源那重“治事”的经世致用观念，尤其是重功效的价值标准、验之实事的思维取向。一些思想僵化的顽固派仍以西方的科技为“奇技淫巧”[③]。他强调了“道”的社会功利性，他倡导“师夷长技”，也是以功用为价值标准而作的取舍，从而打破了僵化保守的“夷夏之防”。

魏源以“师夷长技”为突破口，不仅仅主张学习西方的军事工业方面制造技术，而且开始广泛学习、引进西方的科学思想、经济思想和政治思想。

首先是科学方面的思想文化。魏源所编的《海国图志》有《地球天文合论》五卷，介绍西方近代自然科学的思想，主要系统介绍了地球形状、运行规律、哥白尼的太阳中心说、日月食理论、彗星理论、空气论、地震论等。这些新颖的科学理论，有的是刚刚介绍进来。如哥白尼的太阳中心说就是如此。明清之际

①〔清〕魏源：《海国图志叙》，《魏源集》，中华书局，1976 年，第 207 页。

②〔清〕魏源：《筹海篇三·议战》，《海国图志》卷二，《魏源全集》第 4 册，岳麓书社，2004 年，第 27 页。

③〔清〕魏源：《筹海篇三·议战》，《海国图志》卷二，《魏源全集》第 4 册，岳麓书社，2004 年，第 28 页。

虽有天主教传教士曾向中国引进了一些西方近代天文学的学说和仪器，哥白尼的名字也被少数中国人知晓，但是哥白尼的日心学说一直没有被传播。而《海国图志》首次将哥白尼的太阳中心论作为自然科学理论系统地介绍给中国。这一系列自然科学思想，在当时的思想文化界产生很大的影响。另外，它们对魏源本人的思想也产生重要影响，他开始将天地世界理解为一部巨大的“机器”，他说：“天地乃运动之机器。”[①] 这有点接近西方近代机械唯物论的观点，反映了西方近代自然科学在中国近代思想文化方面的影响。

其次，在经济方面，魏源亦从功利的价值标准出发，主张大力发展中国的近代民族工业。他意识到中国传统“重农抑商”不利于经济发展，故而提出“缓本急标”的主张，将发展商品经济作为急务的国策。他对漕粮海运十分支持，认为：“海运之事，其所利者有三：国计也，民生也，海商也。”[②] 可见他充分肯定海运的功利价值。魏源还是最早创议兴办中国近代工业的人之一，从“师夷长技以制夷”的观念出发，他主张在广东虎门外的沙角、大角二处创办造船厂、火器局。这些军事工业的设备和技术不仅可以造军舰、炮械，还可以生产民用产品，这样，它们既是军工厂，也是民用工厂。魏源还主张发展民营资本主义企业，让商民自办工厂。他说：“沿海商民有自愿仿设厂局以造船械，或自用、或出售者听之。”[③] 这种主张，也有益于中国近代工商业的兴起和发展。总之，这些经济方面的思想，应是他以社会功利审

①〔清〕魏源：《西南洋·天主教考上》，《海国图志》卷二十七，《魏源全集》第 5 册，岳麓书社，2004 年，第 817 页。

②〔清〕魏源：《户政二十三·漕运下·复魏制府询海运书》，《皇朝经世文编》卷四十八，《魏源全集》第 15 册，岳麓书社，2004 年，第 627 页。

③〔清〕魏源：《筹海篇三·议战》，《海国图志》卷二，《魏源全集》第 4 册，岳麓书社，2004 年，第 33 页。

视西学、学习西学的结果。

最后，在政治思想方面也是如此。从经世致用、社会功利出发，魏源亦深刻地认识到晚清社会政治的各种弊端，故而积极倡导改革变法。他认为："天下无数百年不弊之法，无穷极不变之法，无不除弊而能兴利之法，无不易简而能变通之法。"[①] 所以，他极力主张变革，"小变则小革，大变则大革；小革则小治，大革则大治"[②]。倡言变革是中国数千年重经世致用的士大夫的普遍主张。然而，魏源的独特之处在于，他考察了西方社会的政治制度，并在《海国图志》中作了多方面的介绍：包括民主选择国家总统，废除世袭制，政事决定权在公民，采取少数服从多数的原则，等等。魏源在考察、介绍了西方的政体形式后，亦表达了自己非常倾慕的心情和态度，他在《海国图志后叙》中说："《欧罗巴洲总记》上下二篇尤为雄伟，直可扩万古之心胸。至墨利加北洲之以部落代君长，其章程可垂奕世而无弊。"[③] 他认为欧美的民主政体可"垂奕世而无弊"，可见他以社会功利的态度来评价西方政治制度时，亦表达出对西政的仰慕。

我们发现，魏源关于西方之长技及其科学、经济、政治方面的思想，均可纳入他的"学"与"治"中去，而似乎不会涉及他的"道"。在儒家传统学术观念里，科学、技术、军事、政治、经济等，均可纳入经世致用的"学"与"治"的框架之中。魏源从功用的尺度出发，不仅要求学习"夷之长技"，并进而由长技延伸到科学思想、经济体制、政治制度。这一切，体现他要求改

①〔清〕魏源：《筹鹾篇》，《魏源集》，中华书局，1976 年，第 432 页。

②〔清〕魏源：《土司苗瑶回民・雍正西南夷改流记下》，《圣武记》卷七，《魏源全集》第 3 册，岳麓书社，2004 年，第 291 页。

③〔清〕魏源：《海国图志后叙》，《海国图志》第 1 册，岳麓书社，2021 年，第 7—8 页。

变传统的“学”“治”的思想倾向。

这时，我们似乎发现了魏源思想中的一个深刻悖论。魏源有着深切的对“道”的关怀。当然，他所关怀、追索的“道”和传统儒家士大夫一样，不仅体现出儒家的人文理想，同时也是一种普遍的、永恒的终极存在，从这个角度着眼，他坚信自己倡导学习西夷之长技，不过是在融汇、改进“学”与“治”，而并不涉及“道”，他相信“其不变者道而已”[①]“天不变道亦不变”[②]，这一坚定的思想信仰，是他继续重视和发挥今文经学、微言大义、内圣外王的根本原因，他确是希望能在新的历史时期重振中国传统的内圣外王之道。

但是，魏源亦同样有着深切的现实关怀。由于他对“学”与“治”的社会功用性的执着，又可能使他改变“不变者道而已”的观念。从功用性的价值原则、实践检验的认知原则出发，他敢于打破闭关锁国的沉闷空气，倡导对外开放，引进传统中国从来没有的科学技术、经济体制乃至政治体制，以丰富和完善中国传统的“学术”与“治术”。这些西艺、艺器、西学所以具有合理性，确实在于它们是有功用的“术”而不是“道”。这一点，在他对中国传统内圣外王之道的各种论述中即可反映出来。

但是，根据魏源的思想，同时也是中国传统思想的原则，“术”（或“技”）与“道”之间不是相互隔绝的，而是可以沟通及转化的。具有深厚儒家思想传统的魏源也发现了这一点，他说：

---

①〔清〕魏源：《默觚下·治篇五》，《魏源集》，中华书局，1976年，第48页。

②〔清〕魏源：《拟进呈元史新编序》，《古微堂外集》卷三，《魏源全集》第12册，岳麓书社，2004年，第204页。

技可进乎道，艺可通乎神。[①]

“道”“神”是指宇宙的普遍法则与终极存在，是人们信仰的对象与精神的归宿。然而，作为普遍法则的“道”是如何实现对具有主体能动性的人的主宰和支配的呢？人要能够配合、遵循“道”的普遍法则，均必须在社会实践中掌握那些合规律（程式）、合目的（价值）的操作性的“技”“艺”。不仅仅“技”是“进乎道”、“艺”是“通乎神”的手段，而且，“技”“艺”同样是“道”的必然要求和具体体现。那么，魏源在倡导“师夷长技”，引进西方的科学技术、生产方式和政体形式时，就绝不会仅仅是“治术”的演变、“技艺”的引进，而必然导致“道”的变化。可以说，除了“气化无一息不变”、“势”其“日变而不可复”之外，到了晚清时期，“道”亦可能“无一息不变”“日变而不可复”。

所以，魏源在倡导“师夷长技”以及倡导西学、西艺、西政之后，所改变的绝不仅仅是“学”与“治”，它同样可以引发“道”的剧变。在魏源的思想体系中，现实的关怀与道的关怀是统一的，学、治与道也是统一的，所以，他的“师夷长技”已经鲜明地包含着这一“道”的变改的逻辑，这与他“其不变者道而已”又是相矛盾的。

① 〔清〕魏源：《默觚上·学篇二》，《魏源集》，中华书局，1976年，第5页。

第十一章
曾国藩的道贯群学

曾国藩（1811—1872），字伯涵，号涤生。湖南湘乡人。晚清著名的政治家、学者。因创建湘军并取得对太平天国围剿的胜利而名闻天下，亦是晚清洋务运动的倡导人。他的政治事功和学术成就振奋了一代湘人。

在群星灿烂的湘学学者群体中间，曾国藩无疑是十分杰出者之一。所谓“湘运之兴，从湘军起”，这不仅是指以曾国藩为代表的湘军的振兴，导致湖湘人才的群兴；同样包括以曾国藩为代表的湘学，亦再度崛起于中华大地。清廷在《御制碑文》中表彰他“阐程朱之精蕴，学茂儒宗”[①]。他注重个人修身、治家的言行亦得到广泛的赞誉。

曾国藩为什么会在晚清社会产生那么大的影响？人们总是不断地赞誉他的显赫事功，称道他的人格修炼，欣赏他的学问文采，但是，无论是政治事功、人格修炼，还是知识学问、文章才华，都依托于他的道学信仰。他的文化生命的最根本之点，即是通过“阐程朱之精蕴”而保持对“道”的执着。他的道学思想，

①〔清〕黎庶昌、王定安等编撰：《曾国藩年谱（附事略 荣哀录）》，岳麓书社，2017 年，第 409 页。

不仅传承湘学形成以来的道学正统，在晚清的动荡中保持着对道学的信仰；同时，他还使得道光以后的中国学术风尚发生转向，他坚持儒家经世致用的传统，并重新确立了自晚明王夫之所执意追求的在器中以见道的学术追求。

第一节　晚清学风与道学重光

在中国学术史上，清代乾隆、嘉庆时期代表着一个十分重要的历史发展阶段，那就是乾嘉汉学的兴起。乾嘉学者一改宋明理学热衷于讨论道器、理气、有无、心性、动静的义理之学，转而潜心研究历史文献，重视对历史典籍的考据训诂。乾嘉学者似乎表现出了一种为学问而学问的态度，他们虽有一种学术的冷静，但是偏离了儒者的人文关怀。他们皓首穷经，在传统学问的基础上不断扩展，形成了新的目录学、版本学、校勘学、金石学等等；而在有关价值关怀以及国计民生方面，他们却又显得有些隔膜，似乎忘记了作为儒家学者所必须具备的忧患意识。

乾嘉汉学在中国学术史上取得了一系列重大的学术成果，在文化史上是值得大写特写的。但是，这种过分偏重考据训诂的学术亦有严重的弊病，对于儒学而言，知识学问与"道"的信仰、"术"的经世技能应该是一个整体。[1] 但是，乾嘉学者的知识学问却脱离了人文信仰的"道"与经世技能的"术"，那么，儒学所具有的维护人心世道、辅助经世治国的功能就会弱化。这一点，连乾嘉学者中大师级人物亦已经发现并深感忧虑，据陈寿祺所记：

① 参阅拙著《宋明理学通论》第二章，湖南教育出版社，2000 年。

> 仪征阮夫子（即阮元）、金坛段若膺（即段玉裁）寓书来，亦兢兢患风俗之弊。段君曰："今日大病，在弃洛、闽、关中之学，谓之庸腐，而立身苟简；气节败，政事芜。专言汉学，不治宋学；乃真人心世道之忧。"仪征曰："近之言汉学者，知宋人虚妄之病，而于圣贤修身立行大节，略而不谈，乃害于其心其事。"二公皆当世通儒，上绍许、郑，而其言若是。[1]

段玉裁、阮元均为一代考据学派的大师，但是他们也发现，如果一味沉溺汉学、不讲宋学，则会有"气节败，政事芜"的严重弊端，从而引起儒者的"人心世道之忧"。

所以，就在乾嘉汉学大盛之后的道光年间，中国的学术界又经历了一场巨大的变革。据王国维说，清朝三百年间学术思潮发生三次大的演变，他说："我朝三百年间，学术三变：国初一变也，乾嘉一变也，道咸以降一变也。"[2]学术界所以会出现道光、咸丰以来的又一变迁，就在于乾嘉汉学的学术倾向导致了儒家士大夫们的"人心世道之忧"。而这一学术风尚的转向体现在两个方面：一是出现了今文经学的经世致用，一是出现了理学经世派。前者以魏源为代表，后者以曾国藩为代表，他们均是清代湘学中的重要人物。

由此可见，曾国藩之学在清代学术发展史上具有其特殊的地位。和今文经学不同，曾国藩在思想文化上的突出表现，就是他

---

①〔清〕陈寿祺：《孟子八录跋》，《左海文集》卷七，《续修四库全书》第1496册，上海古籍出版社，2002年，第297页。

② 王国维：《沈乙盦先生七十寿序》，《观堂集林》卷二十三，上海古籍出版社，1983年，第26—27页。

恢复儒家之道在思想文化领域中的至高无上的地位，也就是将弘扬儒家之道的宋儒之学、义理之学作为一切学术、思想、文化的根本。在曾国藩刚去世不久，清廷专门作有《御制碑文》称他“阐程朱之精蕴，学茂儒宗”①。这就明确肯定他在承传宋儒道统、弘扬孔孟之道的重要地位。

曾国藩常自称“一宗宋儒”。在乾嘉学风大盛、学界对宋儒非议四起之时，他坚持自己崇奉宋学的立场，尤表达出自己对宋儒周敦颐、朱熹等人的极度推崇，他说：

> 朱子之学固以阐明义理、躬行实践为宗，而其才力雄伟，无所不学，训诂、辞章，百家众技无不究心，后人专精一业者皆难窥其堂奥。②

他充分肯定宋儒朱熹是“无所不学”“无不究心”的。但是，他推崇宋儒的根本原因，还是在于他们那主宰人们“始于修身，终于济世”③的“圣人之道”。这个“圣人之道”，也就是宋儒之学成就最高的、曾国藩本人经常标榜的“义理之学”。他在写给各位老弟的信中明确表示：“兄之私意，以为义理之学最大。义理明而躬行有要而经济有本。词章之学，亦所以发挥义理者也。”④义

---

①〔清〕黎庶昌、王定安等编撰：《曾国藩年谱（附事略 荣哀录）》，岳麓书社，2017年，第409页。

②〔清〕曾国藩：《书信之十·复吴廷栋》，《曾国藩全集》第31册，岳麓书社，2011年，第42页。

③〔清〕曾国藩：《诗文·劝学篇示直隶士子》，《曾国藩全集》第14册，岳麓书社，2011年，第487页。

④〔清〕曾国藩：《家书之一·致澄弟温弟沅弟季弟》，《曾国藩全集》第20册，岳麓书社，2011年，第49页。

理之学所以如此重要，也在于它所代表的就是“圣人之道”。

所以，曾国藩能够成为晚清学术界、思想界的一个重要人物，就与他执着的原道精神是分不开的。他努力地在晚清儒林中追溯、探求儒的最根本精神——道，他非常真诚地相信：“闻道者必真知而笃信之。吾辈自己先不能自信，心中已无把握，焉能闻道？”[①]他既有“闻道”的自信，又有“卫道”的坚勇，故不能容忍任何人动摇对儒家之道的信仰。当太平天国领袖洪秀全著有《原道救世歌》《原道醒世训》《原道觉世训》等，利用天主教教义来传播自己的政治理想时，曾国藩亦写了著名的《讨粤匪檄》，表达出他的原道观念和卫道思想。他指斥一旦崇天主教，则“士不能诵孔子之经，而别有所谓耶苏之说、《新约》之书。举中国数千年礼义人伦、诗书典则，一旦扫地荡尽。此岂独我大清之变，乃开辟以来名教之奇变，我孔子、孟子之所痛哭于九原”！[②]所以他召唤一切“抱道君子，痛天主教之横行中原，赫然奋怒，以卫吾道”[③]。他将湘军与太平军的战争，提升为一场民族文化之道的保卫战，他率湘军集团的政治、军事斗争，获得了文化上“卫道”的意义。

应该说明的是，尽管曾国藩获得了“理学家”“学茂儒宗”等种种赞誉，但这些赞誉并不表明他像宋儒周敦颐、二程、张载、朱熹等人那样，在为儒家文化“原道”的同时，重新建构了一整套“性与天道”的理论体系。当然曾国藩也撰文讨论过天

①〔清〕曾国藩：《日记之一·咸丰九年二月初八日》，《曾国藩全集》第16册，岳麓书社，2011年，第407页。

②〔清〕曾国藩：《诗文·讨粤匪檄》，《曾国藩全集》第14册，岳麓书社，2011年，第140页。

③〔清〕曾国藩：《诗文·讨粤匪檄》，《曾国藩全集》第14册，岳麓书社，2011年，第140页。

道、心性等理学问题，譬如他说：“吾之身与万物之生，其理本同一源，乃若其分，则纷然而殊矣。”① 但这些议论既十分粗浅，亦无任何新意，只能是一种非常一般的“老调”。那么，他凭什么能够获得“理学家”“学茂儒宗”的盛誉呢？这恰恰不是由于他对道学理论的发挥，而是他在确立儒家价值信仰的同时，将儒家之道与经世致用、其他学术文化紧密结合起来。

自明清之际以来，中国学术思想史就表现出一个基本的倾向和发展趋势，宋儒曾经从形而下的日用伦常中提升出形而上的宇宙本原的“太极”“太虚”“天理”等，明清之际的学者则在努力使他们回归、还原为形而下的日用伦常。湘学代表人物王船山之学、魏源之学就鲜明地体现了这一特征，应该说，曾国藩能够成为“理学家”并“学茂儒宗”，亦恰恰在这一点上。他有一个著名的学术主张：

> 为学之术有四：曰义理，曰考据，曰辞章，曰经济。义理者，在孔门为德行之科，今世目为宋学者也。考据者，在孔门为文学之科，今世目为汉学者也。辞章者，在孔门为言语之科，从古艺文及今世制义诗赋皆是也。经济者，在孔门为政事之科，前代典礼、政书及当世掌故皆是也。
>
> 人之才智，上哲少而中下多；有生又不过数十寒暑，势不能求此四术遍观而尽取之。是以君子贵慎其所择，而先其所急。择其切于吾身心不可造次离者，则莫急于义理

①〔清〕曾国藩：《书信之一·答刘蓉》，《曾国藩全集》第22册，岳麓书社，2011年，第17页。

之学。[1]

曾国藩在思想史、学术史上的贡献不仅仅在于对义理之学的强调，以在晚清复兴儒家之道；更重要的是，他强调了体现儒家之道的义理之学应该落实于形而下的器用之中。具体而言，它应该和考据、辞章等其他门类的学术文化统一起来，和经邦济世的社会活动统一起来，只有这样，才能使儒家之道不会成为空疏无用的义理；同时，也使得儒家之道能够成为现实世界、文化世界的真正主宰。

第二节　道与经济之学

宋明儒学常常被称为“道学”，因为其主张者总是以继承道统、复兴道学为己任，但他们所云的“道”，主要是内圣之道，即以“道”作为个人安身立命、修养心性的依托。曾国藩“一宗宋儒”而立志于道学，其固然是以“道”来从事个人的修养心性、安身立命；但是，和以前的道学家不同之处在于，他要求将此“道”落实于社会的治国安邦、经世济民之中。这样，他就将道学与经世致用结合起来，“道”不仅是内圣之道，也是外王之道。所以曾国藩又成为晚清时期著名的理学经世派。

曾国藩作为理学经世派，其不同于一般理学家之处在于，他并不热衷于理气有无的抽象思辨，而是力图将儒家之道的价值信仰落实于治国、治军、洋务等现实的经世活动之中，并以卓越的

---

①〔清〕曾国藩：《诗文·劝学篇示直隶士子》，《曾国藩全集》第14册，岳麓书社，2011年，第486—487页。

政治事功而名于当世。他能在碌碌的日常行政、军务之中，孜孜不倦地保持着对儒家之道的价值关怀和人格修养的追求，故而受到后人的尊敬。

所以，我们不能从纯理论的哲学思辨表述曾国藩对儒家之道的探索，而只能从他的政治理念、社会活动中探索他是如何将儒家之道与经世治国结合起来的。

在政治理念方面，他坚持以儒家的仁与礼作为治世的根本。他说："昔仲尼好语求仁，而雅言执礼，孟子亦仁礼并称，盖圣王所以平物我之情，而息天下之争，内之莫大于仁，外之莫急于礼。"① 他认为，"圣王"的经世理念就是仁与礼。宋儒亦重视仁与礼，但他们坚持仁、礼均是"天理"，并为之构造了一套宇宙论的体系，而曾国藩则着重考虑如何在经世活动中实现仁与礼，将天理落实于现实政治。具体来说，"仁"就是要在内心中保持诚心和恕道，这样才能使在下位的人心悦而诚服。譬如，在治军驭将方面，曾国藩不贵权术，而重视推诚，他说："驭将之道，最贵推诚，不贵权术。"② 他主张只要统领军队的将帅能够对部下待之以"诚"，则能使全军团结一心。他认为湘军在军事上、政治上的成功，就依赖于这一"诚心"，他说："吾乡数君子所以鼓舞群伦，历九州而戡大乱，非拙且诚者之效与？"③ 另外，他很强调"恕"。恕道本为孔子提出的"为仁之方"，具体内容是"己所不欲，勿施于人"。(《论语・颜渊》) 曾国藩也将恕道作为修身为仁

①〔清〕曾国藩：《诗文・〈王船山遗书〉序》，《曾国藩全集》第 14 册，岳麓书社，2011 年，第 209 页。

②〔清〕曾国藩：《书信之四・复李鸿章》，《曾国藩全集》第 25 册，岳麓书社，2011 年，第 502 页。

③〔清〕曾国藩：《诗文・湘乡昭忠祠记》，《曾国藩全集》第 14 册，岳麓书社，2011 年，第 174 页。

的根本之道，他说："作人之道，圣贤千言万语，大抵不外敬恕二字。"[①]"须从恕字痛下工夫。"[②]但是，曾国藩思想的独特之处，就是不仅将"恕"看作是为人之道，尤其看作是经世之道。他相信，"恕"不仅是"立德之基"，也是"临时应事之道"[③]；不仅是修养之道的"性功"，也是经世之道的"事功"。他坚持认为："圣门教人不外敬恕二字，天德王道，彻始彻终，性功事功，俱可包括。"[④]因此，他在经世活动中，能坚持以恕道处理各种社会政治关系，使自己在复杂、险恶的政治处境中能够立于不败之地。他说："圣门好言仁，仁即恕也。曰富，曰贵，曰成，曰荣，曰誉，曰顺，此数者，我之所喜，人亦皆喜之。曰贫，曰贱，曰败，曰辱，曰毁，曰逆，此数者，我之所恶，人亦皆恶之。……常以恕字自惕，常留余地处人，则荆棘少矣。"[⑤]曾国藩在经世活动中坚持这种"待人以恕"之道，这是他能够取得政治功业、军事成就的根本原因之一。

另一方面，曾国藩亦很重视"礼"，将礼作为经世之术，这样，以便使儒家之道很确实地落实于经邦治国的活动之中。"礼"本来是三代时期社会生活、政治活动以及文化宗教活动的行为仪

①〔清〕曾国藩：《家书之一·谕纪泽》，《曾国藩全集》第20册，岳麓书社，2011年，第362页。

②〔清〕曾国藩：《诗文·箴言六则规澄侯》，《曾国藩全集》第14册，岳麓书社，2011年，第474页。

③〔清〕曾国藩：《书信之一·复邓汪琼》，《曾国藩全集》第22册，岳麓书社，2011年，第701页。

④〔清〕曾国藩：《家书之一·致沅弟》，《曾国藩全集》第20册，岳麓书社，2011年，第349页。

⑤〔清〕曾国藩：《诗文·箴言六则规澄侯》，《曾国藩全集》第14册，岳麓书社，2011年，第474页。

节，体现为尊卑长幼等不同身份的伦理规范和行为模式，它对于稳定古代的社会政治生活发挥了很重要的作用。所以，在历史上，礼与经世本来就有着内在的联系，即所谓“礼，经国家，定社稷，序民人，利后嗣者也”（《左传·隐公十一年》）。先秦儒家继承了这种礼治思想，但又从礼治中提出仁义的道德观念和精神情操，而宋儒则又进一步将礼制、仁义上升为天理，并建构天理论的思想体系和价值信仰。曾国藩一方面继承宋儒的思想传统，将礼与天道的价值信仰统一起来。他相信“礼”是体现着天下之大体达道的，故而说：“举天下古今幽明万事，而一经之以礼，可谓体大而思精矣。”①他一直认为这种有差等而有万殊之别的礼就是源于“一理”的，他说：“吾之身与万物之生，其理本同一源，乃若其分，则纷然而殊矣。亲亲与民殊，仁民与物殊，乡邻与同室殊，亲有差，贤有等，或相倍蓰，或相什佰，或相千万，如此其不齐也。”②这明显体现了他“一宗宋儒”的思想特征。但是另一方面，他更加强调“礼”的经世功能，并且将礼直接等同于“经世之术”，他说：“盖古之学者，无所谓经世之术也，学礼焉而已。”③这样，“礼”由价值信仰、形上本体的“一理”“天道”而转化为社会运作、政治技艺的“经世之术”。他在治学时十分重视《仪礼》《通典》等书，就是为了从中“周览经世之大法”④。

①〔清〕曾国藩：《诗文·圣哲画像记》，《曾国藩全集》第14册，岳麓书社，2011年，第152页。

②〔清〕曾国藩：《书信之一·答刘蓉》，《曾国藩全集》第22册，岳麓书社，2011年，第17页。

③〔清〕曾国藩：《诗文·孙芝房侍讲刍论序》，《曾国藩全集》第14册，岳麓书社，2011年，第206页。

④〔清〕曾国藩：《诗文·圣哲画像记》，《曾国藩全集》第14册，岳麓书社，2011年，第152页。

尤为重要的是，他在治军、治世时一以贯之地贯彻他的“以礼治人”的主张。譬如他倡导以礼治人的带兵法：

> 礼者，即所谓无众寡，无小大，无欺慢，泰而不骄也；正其衣冠，尊其瞻视，俨然人望而畏之，威而不猛也；持之以敬，临之以庄，无形无声之际，常用凛然难犯之象，则人知威矣。孟子曰：“君子以仁存心，以礼存心。”守是二者，虽蛮貊之邦可行，又何兵勇之不可治哉？①

曾国藩所统领的湘军在当时因纪律严明、英勇善战而闻名一世，确与他将仁、礼的儒家之道贯彻于治军用兵之中有关。总之，曾国藩作为一个封疆大吏而取得巨大的政治事功，确是与他贯彻以礼为经世之术的思想有关，正如他的同僚郭嵩焘所评价的：曾国藩“以为圣人经世宰物、纲维万事，无他，礼而已矣”。②

曾国藩在晚清时期所作的一项名声卓著的经世事业，就是推动洋务运动的开展。中国近代化运动始于引进西方科技教育、军工制造的洋务运动，而曾国藩本人则是洋务运动的倡导人和领导者。他最初在自己统领的内军械所引进西方的机械化生产，不仅制造出了“洋枪洋炮”的近代武器，同时还成功制造了中国的第一台蒸汽机、第一艘轮船。这些举动，导致中国近代洋务运动的开始。之后，以曾国藩为首的洋务派曾大量引进西方近代工业的机器设备，在中国开办了不少近代化工业的军工厂、船厂等，引

---

①〔清〕曾国藩：《日记之一·咸丰九年六月初四日》，《曾国藩全集》第16册，岳麓书社，2011年，第442页。

②〔清〕黎庶昌、王定安等编撰：《曾国藩年谱（附事略 荣哀录）》，岳麓书社，2017年，第426页。

进、翻译了自然科技方面的书籍，创办了讲习西方近代科技的新式学堂，同时向西方发达国家派遣了大量留学生。总之，洋务运动推动了中国的近代化发展，曾国藩也因此而创建了更大的政治事功。然而，曾国藩的洋务运动，亦鲜明地体现了他希望在器物中以显道体的理学经世派思想特征。

毫无疑问，曾国藩兴办洋务、引进西艺与西学的举动，是他的经世致用的重要组成部分。为了维护清朝的政治统治，抵御西方列强的侵犯，这离不开军事力量的强化和师夷之长技。曾国藩明确地表达了他所以兴办洋务、制造枪炮轮船的目的，他说："枪炮固属目前急需之物，而轮船亦不可不赶紧试造。造成此物，则显以定中国之人心，即隐以折彼族之异谋。"[①] 他深知在当时的世界大势中，要想不受列强的欺凌，就必须学习西方的坚船利炮、兴办洋务，他将此理解为"中国自强之道"。他选派留学生出国留学，也是基于民族自强的考虑，他提出"选聪颖幼童送赴泰西各国书院学习，军政、船政、步算、制造诸学，约计十年，业成而归，使西人擅长之技中国皆能谙悉，然后可以渐图自强"[②]。但是，另一方面，曾国藩倡导经世致用、举办洋务，又无不体现出求道、卫道的价值信仰。他在镇压太平天国起义时就是以捍卫道统、扶持名教为旗帜的，同样，他积极倡导、推动洋务运动，仍然是从捍卫道统、扶持名教为宗旨。所以，他在推行洋务运动的同时，大力倡导"尧、舜、禹、汤、文、武、周公之学"，自觉继承孔孟的仁学与礼教，执着地坚守程朱的义理之学。可见，他

①〔清〕曾国藩：《书信之七·复李鸿章》，《曾国藩全集》第28册，岳麓书社，2011年，第835页。

②〔清〕曾国藩：《奏稿之十二·拟选聪颖子弟赴泰西各国肄业折》，《曾国藩全集》第12册，岳麓书社，2011年，第402页。

兴办洋务、吸收西学，其目的是维护中国文化固有的道统。这一思想，在洋务派群体中，是一个十分明确而一致的观念，如他的弟子薛福成在《筹洋刍议》一文中明确提出："今诚取西人器数之学，以卫吾尧、舜、禹、汤、文、武、周、孔之道，俾西人不敢蔑视中华。"[①] 这确切地表达出曾国藩的思想，并终于形成了洋务派所倡导的"中学为体，西学为用"的观念。应该说，曾国藩的所作所为，为洋务派的这一思想奠定了基础。

第三节　道与考据之学

桐城派姚鼐曾将儒者的学问归类为三科："学问之事，有三端焉，曰：义理也，考证也，文章也。"[②] 曾国藩则在此三科的基础上又增加了"经济之学"，并且强调义理之学（即道学）应贯通到经济、考据、辞章之中。关于道与经济之学的关系，上一节已述，这里着重讨论道与考据之学的关系。

所谓考据之学，诚如第一节所述，是乾嘉时期十分兴盛的一种学术思潮。曾国藩的理学经世派兴起，就是为了纠正乾嘉考据之学的偏颇。他表达了自己曾一度对考据之学的冷漠，声称"考据之学，吾无取焉"。但是，不能因此而认为曾国藩一直排斥考据之学，事实上，他也充分肯定考据之学的重要性。他在《劝学篇示直隶士子》中曾明确指出"考据者，在孔门为文学之科，今

①〔清〕薛福成：《筹洋刍议·变法》，《薛福成选集》，上海人民出版社，1987 年，第 556 页。

②〔清〕姚鼐：《述庵文钞序》，载贾文昭编：《桐城派文论选》，中华书局，2008 年，第 91 页。

世目为汉学者也”，并以它作为儒家士子应该学习的科目之一。曾国藩反对乾嘉学者对义理之学的批评指责，同样，他亦不赞成简单地将考据之学贬低排斥。他说：“乾嘉以来，士大夫为训诂之学者，薄宋儒为空疏。为性理之学者，又薄汉儒为支离。鄙意由博乃能返约，格物乃能正心。”[①]可见，曾国藩之学不是独尊宋儒，而是兼容汉宋。

所以，曾国藩本人亦不断地学习、研究考据之学，他阅读了大量清代考据学派的著作，包括顾炎武的《日知录》、王引之的《经义述闻》与《经传释词》、阎若璩的《古文尚书疏证》、段玉裁所注《说文解字》及《六书音韵表》等。曾国藩思想一大特点是重视礼教，因为“礼”源于他的价值信仰的“道”，体现了他在学术思想方面“一宗宋儒”的特点。然而，他又认为，为了更有效地推行礼教，对《礼经》的详尽、全面的考证也是十分重要的，那么，汉学的考据之学就显得十分重要。他说：“必从事于《礼经》，考核于三千三百之详，博稽乎一名一物之细，然后本末兼该，源流毕贯，虽极军旅战争，食货凌杂，皆礼家所应讨论之事。”[②]可见，对他来说，清代的汉学也是不可偏废的，因为考据之学可以服务于义理之学。所以，他对清代乾嘉的考据之学亦十分欣赏，他要求自己的子弟在治学时虽不要标榜汉学的名目，但是对顾亭林、阎百诗、戴东原、江慎修、王怀祖等考据大师的学问要认真研习，他还称赞两汉的经学具有重要学术价值，是值得读书人好好学习的。他要求自己的子弟在阅读典籍时，“必先

①〔清〕曾国藩：《书信之二・复夏炘》，《曾国藩全集》第23册，岳麓书社，2011年，第730页。

②〔清〕曾国藩：《书信之二・复夏炘》，《曾国藩全集》第23册，岳麓书社，2011年，第730页。

通于小学、训诂之书”[①]。

曾国藩对汉学的兼容，使得他能够对汉学、宋学的各自长处有充分的认识和理解，他说：“言艺则汉师为勤，言道则宋师为大，其说允已。”[②]他对自己的学问要求则是兼取其长，他说：“仆窃不自揆，谬欲兼取二者之长，见道既深且博，而为文复臻于无累。”[③]所以，他反对将汉学、宋学对立起来，因为这种汉宋之争既不能发现对方的长处，又不能正视自己的短处，从而陷入目光短浅的门户之争，他说：“今之讲理学者，动好评贬汉唐诸儒而等差之；讲汉学者，又好评贬宋儒而等差之，皆狂妄不知自量之习。”[④]

曾国藩所以在学术思想上坚持兼习汉宋，一方面由于无论是汉学还是宋学，所研习的均是儒家经典，所尊崇的均是孔学礼教。在晚清社会动荡、文化濒危的关键时刻，最重要的是维护孔学礼教的至尊地位，而不要再因汉宋之争的无端耗费而忘记了更加重要的文化使命。另一方面，还有一个重要原因，就是曾国藩在学术上认为，宋学所坚持的义理之学主要是强调对道的价值信仰，而这种价值信仰是以儒家经典为依据的，那么，对儒生而言，对儒经的考据训诂是原道的前提条件，是义理的学问基础，这是曾国藩告诫子弟求学“必先通于小学、训诂之书”的根本理由。他认为，即使是他极为推崇的著名理学家朱熹、王夫之，其

①〔清〕曾国藩：《家书之一·谕纪泽》，《曾国藩全集》第20册，岳麓书社，2011年，第295页。

②〔清〕曾国藩：《诗文·送唐先生南归序》，《曾国藩全集》第14册，岳麓书社，2011年，第239—240页。

③〔清〕曾国藩：《书信之一·致刘蓉》，《曾国藩全集》第22册，岳麓书社，2011年，第8页。

④〔清〕曾国藩：《日记之四·同治七年三月廿五日》，《曾国藩全集》第19册，岳麓书社，2011年，第32页。

实也是究心于训诂、辞章之学的，他说：

> 朱子之学固以阐明义理、躬行实践为宗，而其才力雄伟，无所不学，训诂、辞章、百家众技无不究心，后人专精一业者皆难窥其堂奥。[①]
>
> 来示称王船山先生之学以汉儒为门户，以宋儒为堂奥，诚表微之定论。观其生平指趣，专宗洛、闽，而其考《礼》疏《诗》，辨别名物，乃适与汉学诸大家若合符契。[②]

朱熹、王船山之学均是以原道为根本的，是义理之学的大家，而他们亦很重视训诂辞章、考《礼》疏《诗》、辨别名物，是因为这些知识学问是明道、义理的前提和基础。但是，曾国藩又总是牢牢地把 握住儒学的根本是明道，是义理，所以他在谈到义理之学、经济之学、考据之学等几种不同学问的时候，总是要反复强调“择其切于吾身心不可造次离者，则莫急于义理之学”。这也是他被当时的学界一致认为“一宗宋儒”的根本原因。

第四节　道与辞章之学

在曾国藩所讲的几个学术科目中，还有所谓的“辞章之学”。他所云的辞章之学“在孔门为言语之科，从古艺文及今世制义诗

---

①〔清〕曾国藩：《书信之十・复吴廷栋》，《曾国藩全集》第31册，岳麓书社，2011年，第42页。

②〔清〕曾国藩：《书信之九・复潘黻庭》，《曾国藩全集》第30册，岳麓书社，2011年，第351页。

赋皆是也”[①]。所谓“辞章之学”相当于今天的文学。

曾国藩的文学造诣及成就均很高，他受著名文学家姚鼐的影响，继承和发扬了桐城派的古文之风，在关于古文的理论、创作上独树一帜，形成了文学史上的湘乡派古文。桐城派的文学主张是“义以为经，而法纬之”，恢复韩愈的“文以载道”的传统。作为桐城派的继承者和发扬者，曾国藩将“文以载道”的文学思想作了最彻底、最系统的发挥。他的这种文学主张，同样鲜明地体现了以道统为本、以义理为宗的道学本色。

作为晚清时期一位坚定的道统捍卫者，他时刻不能忘记作为儒者价值信仰的“道”是一切的根本，无论是治国，还是修身，或是作文，均应以道作为终极的标准和归宿。所以，尽管“文”是十分重要的，但它只是传道的载体，是学道的手段，他说：

> 古之知道者，未有不明于文字者也。能文而不能知道者或有矣，乌有知道而不明文字者乎？古圣观天地之文、兽迒鸟迹而作书契，于是乎有文，文与文相生而为字，字与字相续而成句，句与句相继而成篇，口所不能达者，文字能曲传之。故文字者，所以代口而传之千百世者也。[②]

他认为“道”是不能离开“文”的，道“必求以文字传之后世”[③]；但是，“文”也不能离开“道”，不能载“道”的“文”只

①〔清〕曾国藩：《诗文·劝学篇示直隶士子》，《曾国藩全集》第14册，岳麓书社，2011年，第486页。

②〔清〕曾国藩：《书信之一·致刘蓉》，《曾国藩全集》第22册，岳麓书社，2011年，第7页。

③〔清〕曾国藩：《书信之一·致刘蓉》，《曾国藩全集》第22册，岳麓书社，2011年，第9页。

是一驾没有承载任何货物的“虚车”。

因此，曾国藩坚持以“道”作为衡量文章优劣的根本标准，他完全是以载道的多少来评价一篇文章的等级。他说：

> 聪明魁桀之士，或有识解撰著，大抵孔氏之苗裔，其文之醇驳，一视乎见道之多寡以为差。见道尤多者，文尤醇焉，孟轲是也；次多者，醇次焉；见少者，文驳焉；尤少者，尤驳焉。自荀、扬、庄、列、屈、贾而下，次第等差，略可指数。①

按照这种看法，“道”的标准不仅重于“文”的标准，而且可以取代对“文”的独立衡量的可能。根据宋儒的传统，几千年中华文化历史中能被确认为道统系列者，其对道的承担和传递被认定为“正脉”者，只有寥寥数人。所以，能被曾国藩称为“文”与“道”能够“兼至交尽”的文章，同样是寥寥数篇，他说：

> 自孔孟以后，惟濂溪《通书》、横渠《正蒙》，道与文可谓兼至交尽。其次如昌黎《原道》、子固《学记》、朱子《大学序》，寥寥数篇而已。②

从曾国藩对文章的评价标准和评判结果来看，他完全是用道学的标准、道统的观念来思考和讨论文学的评价标准。

---

①〔清〕曾国藩：《书信之一·致刘蓉》，《曾国藩全集》第22册，岳麓书社，2011年，第7—8页。

②〔清〕曾国藩：《书信之一·致刘蓉》，《曾国藩全集》第22册，岳麓书社，2011年，第587页。

曾国藩重新申明、论证“文以载道”，其根本目标仍是要将义理之学与辞章之学统一起来，尤其是要以义理去统率辞章，以“道”去统率“文”，以在晚清大变革、大动荡的社会转型中，做一个坚定不移的卫道之士。

在动荡、变革的中国近代社会，政治、经济、文化思想等各个领域均在发生重大的变迁，曾国藩要求以“道”去统率经济、考据、辞章，以一个坚定的卫道者的身份崛起于晚清的政界和文化界，并且将个人的命运和衰落的清朝紧密联为一体。这样，曾国藩的原道意识、道统观念成为晚清思想文化领域中的一个复杂的文化现象，在当时及后来均产生了重大影响，甚至可以说，中国近代化的曲折进程与此都有密不可分的关系。同时，曾国藩坚持“道”必须统一到经济、考据、辞章中去，尤其是强调在经济之中落实道体，弘扬了湘学传统道器一体、体用一源的基本精神和思想取向。特别是晚清的经世致用思潮衍生出了前后相承的洋务运动、维新运动等。可见，曾国藩的道学、实学实际上成为中国近代化运动的初始阶段——洋务运动的逻辑起点。

第十二章
郭嵩焘的天变道亦变

郭嵩焘（1818—1891），字伯琛，号筠仙，晚更号玉池老人。因筑室养知书屋，又称养知先生。湖南湘阴人。因与曾国藩等人一道筹建湘军，开始步入近代中国的政治舞台，后成为著名的洋务派领袖人物，我国首任驻外公使。

郭嵩焘也是一位著述丰富的思想家、学者，他那敢于对外开放的胸襟，使得他的思想学说大大突破了洋务派的思想视界，成为当时清廷中一位思想最为开放、倡导变革、引进西学的人物。尤其有意义的是，他将改革开放、引进西学与传统的道统观念结合起来，其弘道思想体现出强烈的时代性。

郭嵩焘成长在理学观念十分浓厚的湖湘文化中，并在具有强烈道统意识的岳麓书院接受过教育。所以，理学及其道统观念在他的全部思想、学术的生命中，均有深刻的体现。譬如，他对宋儒、理学十分推崇，认为："宋儒出而言理独精。"[1] 另外，从他对周敦颐、王船山这两位湘籍理学人物的极度尊崇中，亦可反映出这一点，他说："盖濂溪周子与吾夫子（指王船山），相去七百

---

①〔清〕郭嵩焘：《答黄性田论学校三变》，《郭嵩焘诗文集》，岳麓书社，1984 年，第 253 页。

载，屹立相望。揽道学之始终，亘湖湘而有光。”[①] 周濂溪和王船山是理学的创立者和终结者，又是湘学传统中的代表人物。郭嵩焘上疏表彰、立祠祭祀、创建讲舍等一系列活动，都与这种推崇道统、弘扬理学的精神有关，体现出他浓厚的乡邦文化意识和道统观念。

然而，道统观念本来就有着强烈的文化守成性，特别是到了晚清时期，它更是成为力拒外来文化、故步自封的思想武器。而郭嵩焘在当时算得上是一个思想开放、强调变革的人物，那么，他的道统观念与他的研经考史、经世致用、引进西学等变革、开放的观念是如何能够统一协调的呢？我们发现，他在试图统一、协调它们的时候使得道统观念发生重大的变异，这种变异又体现出深刻的思想史、文化史的重大变革意义，预示着“天变道亦变”的必然趋势。

第一节　道与汉学

在儒学史上，主要存在两大对峙的学术思潮与学术流派，那就是宋学与汉学。此即如清代学者所概括的：“要其归宿，则不过汉学、宋学两家，互为胜负。夫汉学具有根柢，讲学者以浅陋轻之，不足服汉儒也；宋学具有精微，读书者以空疏薄之，亦不足服宋儒也。”[②] 汉学、宋学因各有其学术立场和特点，故而双方亦互有攻讦和争胜。

---

①〔清〕郭嵩焘：《船山先生祠安位告文》，《郭嵩焘诗文集》，岳麓书社，1984 年，第 538 页。

②〔清〕纪昀等：《经部总叙》，《钦定四库全书总目》，中华书局，1997 年，第 1 页。

郭嵩焘深受理学传统、道统观念的影响，故而对宋学那种探究义理、内圣修养十分重视，将其视为治学的根本目的。他说：

> 古贤言为学先立乎其大，语本孟子。所以谓之大者，心为五官之主，万事之宰也。而君子之所以为学，亦正须于大处着眼。程子所谓大其心使开阔，正以学问规模，须是展放得大，庶足以尽天下之理。[①]

他所说的“从大处着眼”，也正是宋儒治经时对性命义理的关注，其目的就是“尽天下之理”。因此，他对究心义理的宋儒持肯定的态度。他本人精研《礼记》，擅长《礼》学，在《礼记》的考据方面颇有心得，他对宋儒的《礼记》之学多表首肯，认为：“伏读钦定《礼记义疏》，实言《礼》者之圭臬，所录宋儒之说为独多。惟其斟酌古今以求当于理，有宋诸子之所长也。”[②]他对宋儒阐发“四书”义理方面的历史贡献，更是作了充分肯定，认为“《大学》一书，程子始表章之，而温公实发其端。《中庸》一书，则自汉以来儒者多能明其义，而其辨之明而析之精，亦始自程子”[③]。他的这些观念和言论，表明他尊崇宋学、信奉道统的基本学术立场。

然而，乾嘉汉学对有清一代学风产生了极大影响，同样，对郭嵩焘的学术道路也是如此。因而，他对宋学的道德性理和汉

①〔清〕郭嵩焘：《郭嵩焘日记》第4卷，湖南人民出版社，1983年，第204页。

②〔清〕郭嵩焘：《〈礼记质疑〉自序》，《郭嵩焘诗文集》，岳麓书社，1984年，第23页。

③〔清〕郭嵩焘：《〈中庸章句质疑〉序》，《郭嵩焘诗文集》，岳麓书社，1984年，第25页。

学的考据训诂采取一种兼容的态度，肯定二者不可偏废。他说："圣人之道，其迹存乎名物象数之末，而其精究乎天人。"① 一方面，他认为儒家之道"其迹存乎名物象数之末"，故而肯定汉学的考据训诂也是十分重要的；另一方面，他认为儒家之道"其精究乎天人"，更是肯定宋学的道德义理十分重要。所以，他对汉学、宋学各执一端的做法持批评态度，他与许多湖湘学人一样，"疾近世汉学、宋学之分，以为民物度数，先王所以立教，而学必先识其大，未可偏胜。故其学于六艺故训，地理沿革，古今山水源流，历代法制、氏族，金石篆隶，靡不研通，而一本于立身行己"②。他充分肯定了汉学和宋学各自的学术价值。一方面，郭嵩焘本人是一个在考据训诂方面很有成就的经学家，人称其"以封疆大吏退归田里而精治经学，则昔之经师所未有也"③。他曾著有《礼记质疑》《中庸章句质疑》《大学章句质疑》及《毛诗余义》《尚书疑义》等经学著作。另一方面，他又认为这种考据训诂是在儒家经典中寻求道德义理的基础，提出"国朝乾、嘉以来，标立汉学、宋学之名，以所得训诂古义寻求义理之所归，其言深当经旨，多所发明"④。所以说，对于郭嵩焘来说，尽管他推崇汉学，重视考据训诂，但是其最终目的仍是在于"寻求义理"，回到社会生活的躬行实践

---

①〔清〕郭嵩焘：《〈中庸章句质疑〉序》，《郭嵩焘诗文集》，岳麓书社，1984 年，第 25 页。

②〔清〕郭嵩焘：《罗研生墓志铭》，《郭嵩焘诗文集》，岳麓书社，1984 年，第 445—446 页。

③〔清〕陈澧：《礼记质疑·序》，《续修四库全书》第 106 册，上海古籍出版社，2002 年，第 213 页。

④〔清〕郭嵩焘：《王实丞〈四书疑言〉序》，《郭嵩焘诗文集》，岳麓书社，1984 年，第 27 页。

之中，他认为义理是不能离开名物象数的。他相信："言性理者，兼综博览，通知古今之变，亦岂不由学问之深哉？"[1]郭嵩焘对汉学、宋学的兼容态度，尤其是他在寻求经典中的道德义理时，对考据训诂的强调和重视，使得他建立了以汉学为主要特征的学术形态。他在治学时追求汉学实事求是的朴学精神，所以他的《礼记质疑》一书被评价为"折衷群经，淹贯三礼，括历代制度之大，得诸家训诂之通，实兼秦蕙田、王引之二家所长，卓然礼学大师"[2]。

郭嵩焘兼容汉、宋之学，使得他的理学观、道统观发生了重大的变化。他的汉学形态深刻地影响了他的道统观。首先，从"学"的层面上看，郭嵩焘之学虽是以探寻义理、服膺圣道为宗旨，但是他以汉学的考据训诂为义理、圣道的基础，就打破了宋儒对儒经、道统的垄断，使得过去那些僵化的义理系统、凝固的道统观念受到了强烈的冲击。郭嵩焘在研治儒经时，能够客观、公正地对宋儒提出批评，敢于质疑最有权威性的朱熹《四书集注》，著有《中庸章句质疑》《大学章句质疑》。他认为"《章句》之书，求之过密，析之过纷"[3]，同时指出其中一些解释不符合经典原意。其次，从"道"的层面看，他对儒经的新的诠释系统，引发变革的不仅是"学"，亦可能是"道"。他既然能够突破宋儒对义理系统和道德观念的垄断，那么就开启了一种新的可能，即"道"的变化。

---

①〔清〕郭嵩焘：《〈中庸章句质疑〉序》，《郭嵩焘诗文集》，岳麓书社，1984年，第26页。

②〔清〕郭嵩焘：《玉池老人自叙》卷首，《续修四库全书》第552册，上海古籍出版社，2002年，第3—4页

③〔清〕郭嵩焘：《书〈中庸章句质疑〉后》，《郭嵩焘诗文集》，岳麓书社，1984年，第125页。

第二节　道与实学

郭嵩焘不仅仅是一个兼综汉宋的儒家学者，更是一位倡导实学的政治家、外交家。他的学术是他的经世实践学的思想指导，而他的经世实践又是他的学术的拓展和实现。郭嵩焘是如何在倡导理学、坚守道统的前提下，实现对经世实学的兼容的呢?

毫无疑问，郭嵩焘像许多理学家一样，认为道、理是宇宙的根本法则，也是人们必须追求的人文理想，他说:“古之君子求尽乎道者，尽乎理之宜焉而已。宜于己，弗宜于人，非道也。”①“君子尝达观远识，远天下古今于一心，而衡之以理。”②从这些主张看起来，他完全是一个宋儒的忠实阐释者。但是，他在论述“道，“理”时，异常突出地强调了“诚”与“幾”的重要性:

> 鄙人近数年颇有悟于《周易》言幾之旨，以为道非诚不立，非幾不行，事之大小，天下之治乱，皆有幾者行其间，天也，固人也。③

他肯定了“道”是宇宙间的普遍法则，但是，“道”必须通过“诚”方能立于宇宙，通过“幾”方能行之于天下，于是，郭嵩焘信仰的“道”，因此而转化为一种求实效、讲实行的经世务实之学。

所谓“诚”，在宋明理学那里，曾被阐释为真实、实在。郭

①〔清〕郭嵩焘:《送李申甫方伯西归序》，《郭嵩焘诗文集》，岳麓书社，1984年，第277页。

②〔清〕郭嵩焘:《郭嵩焘日记》第1卷，湖南人民出版社，1981年，第506页。

③〔清〕郭嵩焘:《复罗小溪》，《郭嵩焘诗文集》，岳麓书社，1984年，第167页。

嵩焘所尊崇的王船山，更是以“实”“实有”释“诚”，他说：“诚也者实也；实有之，固有之也。”[1] 郭嵩焘受此影响，也是以“实”释“诚”，他常说：“人须是有实际，至诚所动，金石为之开。”[2] 他所谓的“至诚”，也就是“有实际”，质而言之，就是务实。要如何才是务实呢？他主张通经致用。所谓通经，当然首先要通过训诂考据的手段，掌握经典中的性理天道。但由于这种性理天道实存于社会生活的日用之常、国家政治的治乱兴衰之中，故应在社会政治的致用中得到落实。所以，郭嵩焘的实学首先是指通经致用的实学，他认为先王所遗留的经典就包含着这些经世致用的原则，他说：

> 古者学校崇四术、立四教，顺先王《诗》《书》《礼》《乐》以造士，所以节民性而兴民德，一本于《经》。自周之衰，圣人修明纂述，以教万世。三代典章制度散佚无征，犹得存其遗文，以知质文升降之数、因革损益之宜、因家所以治乱兴衰，既得备知其故，而又以窥理道之精，达人事之变，以蕲至于察人伦、明庶务，下至起居日用之常、进退揖让之节，莫不备于其中。[3]

从儒经中既能“备知其故”，又能“窥理道之精”，而最后仍应落实于社会的“人事之变”“进退揖让之节”可见，务实、致

①〔明〕王夫之：《洪范三》，《尚书引义》卷四，《船山全书》第 2 册，岳麓书社，2011 年，第 353 页。

②〔清〕郭嵩焘：《郭嵩焘日记》第 1 卷，湖南人民出版社，1981 年，第 526 页。

③〔清〕郭嵩焘：《重建湘水校经堂记》，《郭嵩焘诗文集》，岳麓书社，1984 年，第 526 页。

用是郭嵩焘研经考史的目的。他十分重视《礼记》的研究，是因为“窃论《礼》者征实之书，天下万世人事之所从出也。得其意而万事可以理，不得其意则恐展转以自牾者多也”[①]。他不仅仅是倡导这种思想方法，而且是身体力行。他在政务活动中大量运用儒家经典中的经验、方法与思想，如他为筹军饷而使用的“厘金”制度就来之于《周礼》，甚至他还引用《周礼》来论证对外开放的必要性。这都证明郭嵩焘的道统观念对经世实学的兼容。

所谓“幾”，来源于《周易》：“幾者动之微，吉之先见者。”(《周易·系辞传》)指天道运动变化的征兆。宋明儒家释“幾”时，更加注重从人的内在善恶动机、心理活动来阐发。而郭嵩焘对“幾”作了实学意义的阐发，他将“幾”看作是经世致用的实践活动中所必须掌握的客观情势和变化规律。他认为，“幾”是理、道的体现，“审幾”能够获得对天下大局、人事变化的把握，他说：“理天下之剧，应人事之变，莫先于审幾。幾者，动之微，而理势之自然者也。”[②]由于“幾”是天下之剧、人事之变的体现，故而成为人们从事各种社会生活实践能否成功和有实效的关键，他说：“诚者，本也；神者，用也；幾者，介乎动静之间。大而治国平天下，小而处置一事，皆有幾者存其间，顺之而得，逆之而失，其初甚微，其流而为功效，相去判然。”[③]他认为只要掌握了“幾”，就不仅仅可以“知天下之势”[④]，具有“大局之远识”[⑤]，而且可以在大至治国平天下、小至处置具体事务，均可取得成

①〔清〕郭嵩焘：《〈礼记质疑〉自序》，《郭嵩焘诗文集》，岳麓书社，1984年，第23页。

②〔清〕郭嵩焘：《郭嵩焘日记》第2卷，湖南人民出版社，1981年，第35页。

③〔清〕郭嵩焘：《致曾中堂》，《郭嵩焘诗文集》，岳麓书社，1984年，第172—173页。

④〔清〕郭嵩焘：《郭嵩焘日记》第1卷，湖南人民出版社，1981年，第500页。

⑤〔清〕郭嵩焘：《郭嵩焘日记》第1卷，湖南人民出版社，1981年，第506页。

效、获取实功。郭嵩焘是晚清时期一个能够审时度势、具有卓越经世才能的封疆大吏和外交使臣，显然得益于他能够“审幾”。他的《日记》中大量记载着他在担任地方官吏、策划湘军出兵、聘任外交大使时如何“迫其幾”而获得成功的事例。他在《日记》中讲到经世实践和审幾的关系时说：“圣人之治天下，幾而已矣。幾者，动之微，吉之先见者也。公于时丞也，毅然请以身任，销患于未然，其知幾者哉。”①

由此可见，郭嵩焘所信奉的理学、道统，必须经过上述“幾”才能实现，即所谓“道非诚不立，非幾不行”。但是，一经“诚”“幾”的“立”和“行”，其道就转型为一种经世实学，以至人们很少将郭嵩焘看作是道学家，而看作是实学家。

更加值得注意的是，郭嵩焘为了“积诚以化乎天下”“研幾以成天下之务”，并使“和诚”“研幾”的结果能够获得“实事求是之效”，以至于引起了道统观念的演变，他的经世实学中有着大量与理学、道统观念不相容的东西。这一点，在下面所要讨论的对西学的兼容方面，体现得更加明显。

第三节　道与西学

郭嵩焘的思想兼容汉学、实学，一定程度上改变了其道学的形态，但考据训诂、经世致用均是儒家思想传统本身所能包容的，从广义上来讲，它是补充而不是改变儒家道统。但是，当郭嵩焘试图去兼容西学、西政时，情况就大不相同了。

---

①〔清〕郭嵩焘：《郭嵩焘日记》第2卷，湖南人民出版社，1981年，第125页。

汉儒董仲舒曾云:“天不变，道亦不变。”[①] 然而，郭嵩焘认为，晚清时期的“天”在发生重大变化，故而必将引起“道”的变化。郭嵩焘说：

> 西洋之入中国，诚为天地一大变。其气机甚远，得其道而顺用之，亦足为中国之利。[②]

自鸦片战争以来，西方的文化思想、政治势力、经济活动强行进入中国，从而引发中国社会政治、经济、文化的剧变，整个中国出现了“天地一大变”，这种“天”的变化，势必引起“道”的变，郭嵩焘深刻地意识到了这一点，尤其是在他出使英法，获得对西方更多的了解之后。他异常大胆地赞扬西学，希望将它们补充到中国来，这种对“西学”的引进，不可能不影响到“道”的层面。

郭嵩焘对西学采取开放、兼容的方针，来源于“积诚”“研幾”以掌握天下大势的思想方法和“实事求是之效”的社会功利态度，譬如他说:“尝论天下事只坐一‘幾’字。非徒大政之行、大变之生，知幾之君子所必争也,……周子屡言幾，诚哉其知天人之变而妙理势之通者也。”[③] 正由于观察到“天人之变”与理势之然，故而他坚决主张从各个方面学习西学、西艺乃至西政。

首先，他主张学习西方的科学技术并将西方科技纳入中国的实学中来。他在出使英、法时，经常将西方的科学技术称为“实学”，他甚至将“实学”与西语的“科学”等同起来，提出“实

---

①〔汉〕班固：《董仲舒传》，《汉书》卷五十六，中华书局，1962 年，第 2519 页。

②〔清〕郭嵩焘：《复李次青》，《郭嵩焘诗文集》，岳麓书社，1984 年，第 225 页。

③〔清〕郭嵩焘：《与周寿山》，《郭嵩焘诗文集》，岳麓书社，1984 年，第 153 页。

学，洋语曰赛莫〔英〕斯〔science〕”[①]。他认为西方的科学技术完全合乎中国实学所要求的实事求是，他说：“西人格致之学，所以牢笼天地，驱役万物，皆实事求是之效也。”[②]他这样说，就是希望将西方科学技术引入到中国来。所以，他积极倡导教育改革，通过创办学习西方科技的学校、发展留学生教育等手段，使西方科技补充到中国的文化教育中来。他在出使英国时曾建议仿效西方学校“求为征实致用之学”，他说：“至泰西而见三代学校之制犹有一二存者，大抵规模整肃，讨论精详，而一皆致之实用，不为虚文。宜先就通商口岸开设学馆，求为征实致用之学。”[③]他回国后，又通过创办思贤讲舍和恢复湘水校经堂，将西方的算学、天文、制造等科技内容纳入其课程之中。他还主张留学生出国学习要以学习西方的科学技术为根本，提出“欲令李丹崖携带出洋之官学生改习相度煤铁及炼冶诸法，及兴修铁路及电学，以求实用”[④]。这些主张，表达出他对西学中科技方面的兼容。

其次，郭嵩焘又主张学习西方以通商为本的经济制度。他在和西方国家交往中，发现西方人以工商为本的经济制度与中国以农为本的经济制度反差十分强烈，并认识到商品经济的发达会带来国家的富强。他说：“西洋以行商为制国之本，其经理商政，整齐严密，条理秩然。”[⑤]他认为正由于“行商为制国之本”，所

①〔清〕郭嵩焘：《郭嵩焘日记》第3卷，湖南人民出版社，1982年，第173页。

②〔清〕郭嵩焘：《郭嵩焘日记》第3卷，湖南人民出版社，1982年，第766页。

③〔清〕郭嵩焘：《致沈幼丹制军》，《郭嵩焘诗文集》，岳麓书社，1984年，第196页。

④〔清〕郭嵩焘：《伦敦致李伯相》，《郭嵩焘诗文集》，岳麓书社，1984年，第191页。

⑤〔清〕郭嵩焘：《郭嵩焘日记》第3卷，湖南人民出版社，1982年，第120页。

以西洋才能富强起来，他相信："所以能致富强，非无本也。"[①]在比较中、西经济制度的不同时说："窃观西洋为商贾为本计，通国无不〔一？〕闲；中国重士而轻视农工商三者，乃至一家一邑之中，有职业者不逮百分之一。"[②]所以，他主张中国也应以工商为本，以使国家富强。尤值得注意的是，郭嵩焘与那些仅仅注重发展官办工商业的洋务派不同，而是同时积极倡导发展民营资本主义企业。他曾提出："窃谓造船、制器当师洋人之所利以利民，其法在令沿海商人广开机器局。"[③]他相信只有通过民族资本主义企业的发展，才能全面推动中国的近代化进程。

最后，郭嵩焘还进一步深入到政教的政治体制方面要向西方学习，这是他的见解的过人之处。他认为西方社会发达的原因不仅是因为科技、商贾，还在于朝廷政教，他说："嵩焘窃谓西洋立国有本有末，其本在朝廷政教，其末在商贾，造船、制器，相辅以益其强，又末中之一节也。故欲先通商贾之气以立循用西法之基，所谓其本未遑而姑务其末者。"[④]具体而言，他主张学习西方，改良政治体制。他在出使英、法时考察了西方的政治制度，对西方的民主、法治的制度作了充分的肯定，认为"西洋民气之通，下情无不上达者"[⑤]。他还指出西洋"各国士民皆得与议其得失，此风最为可尚"[⑥]。当然，他并不主张全面学习西方，而是希望在保持中国传统君主制的前提下做一些政治上的改良，包括

①〔清〕郭嵩焘：《郭嵩焘日记》第 3 卷，湖南人民出版社，1982 年，第 120 页。

②〔清〕郭嵩焘：《郭嵩焘日记》第 4 卷，湖南人民出版社，1983 年，第 320 页。

③〔清〕郭嵩焘：《郭嵩焘奏稿》，岳麓书社，1983 年，第 341 页。

④〔清〕郭嵩焘：《郭嵩焘奏稿》，岳麓书社，1983 年，第 345 页。

⑤〔清〕郭嵩焘：《郭嵩焘日记》第 3 卷，湖南人民出版社，1982 年，第 620 页。

⑥〔清〕郭嵩焘：《郭嵩焘日记》第 3 卷，湖南人民出版社，1982 年，第 680 页。

“正朝廷以正百官，大小之吏择人而任之”①，其目标是实现“君与民交相维系”。

由上可见，郭嵩焘是主张在科学技术、经济制度、政治体制等各个方面向西方学习。然而，他又是一个信奉儒家道统观念的人，他只是希望以中学去兼容西学。然而，中学的道统观和西学有着不相容处，当他试图兼容西学时，他不得不修正他的道统观，于是，他的道论发生了重大变化。

首先，他认为“道”作为一种具有人文价值理想的“政教风俗”，并不是哪个民族、地域专有的。譬如三代时期，中国是“有道”的；而秦汉以后，则陷入“无道”的局面。这原本是宋明理学道统观的版本，这时，却成为郭嵩焘论证“道”非一个民族、地域专有的依据。他说：“秦汉以后之中国，失其道久矣。天固旁皇审顾，求所以奠定之。苟得其道，则固天心之所属也。茫茫四海，含识之人民，此心此理，所以上契于天者，岂有异哉？”② 他认为，只要是人民的“此心此理，所以上契于天者”，那个地域、民族的人民就是“有道”，否则就是“无道”。按此标准，秦汉以后的政教风俗出现了严重的问题，故而是“失其道久矣”。

其次，他在考察西方的“政教风俗”之后，肯定了西方国家在此方面的合理性。譬如他肯定西方的政治体制，认为“泰西立国之势与百姓共之。国家有所举废，百姓皆与其议；百姓有所为利害，国家皆与赞其成而防其患”③。相反，中国的政治体制则是“民与民争则扰，上与民相匿则溃。扰者，势有（所）不能行；

①〔清〕郭嵩焘：《郭嵩焘奏稿》，岳麓书社，1983 年，第 340 页。

②〔清〕郭嵩焘：《郭嵩焘日记》第 3 卷，湖南人民出版社，1982 年，第 814—815 页。

③〔清〕郭嵩焘：《铁路后议》，《郭嵩焘诗文集》，岳麓书社，1984 年，第 555 页。

溃者，情有所不能交达也”[①]。显然，中国君、民之间不能“交相维系”，是中国所以衰微的原因。他认为，欧洲各国的政教已经表现出明显的优势，他说：“自汉以来，中国教化日益微灭，而政教风俗，欧洲各国乃独擅其胜，其视中国，亦犹三代盛时之视夷狄也。”[②]这种观点，已经意味着欧洲各国在政教方面的“有道”。他在另一个地方说得更加明白：“三代以前，皆以中国之有道制夷狄之无道。……自西洋通商三十余年，乃似以其有道攻中国之无道，故可危矣。”[③]他肯定西方政教的“有道”，在当时实在是石破天惊之语。

但是，值得注意的是，郭嵩焘将西学、西政纳入自己所述的“道统”时，并没有放弃他的中国文化本位的立场，他因而又是儒家道统的继承者。一方面，他和所有的儒家学者一样，坚持圣人主政的三代时期是“有道”的，即所谓“三代以前，皆以中国之有道制夷狄之无道”。而三代的所谓“有道”，无非是“君与民交相维系”之类，是儒家理想的王道政治。可见，当他肯定西方的政教时，主要是着眼于儒家王道理想的标准和立场。因此，他理想的政治体制并非民主共和制，而是君主立宪制。另一方面，郭嵩焘在强调政教为本、肯定西方的政治体制时，更加强调“风俗人心”，提出“风俗人心为立国根本”[④]。这种将“风俗人心”看作是政教是否修明、国势是否强盛的根本的观点，正是儒家学者，尤其是宋明理学家的基本观点。当中国正处衰微之时，他主张全力以赴做“风俗人心”方面的工作，而他在做这方面工作的

---

①〔清〕郭嵩焘：《铁路议》，《郭嵩焘诗文集》，岳麓书社，1984年，第554页。

②〔清〕郭嵩焘：《郭嵩焘日记》第3卷，湖南人民出版社，1982年，第439页。

③〔清〕郭嵩焘：《郭嵩焘日记》第3卷，湖南人民出版社，1982年，第548页。

④〔清〕郭嵩焘：《郭嵩焘日记》第3卷，湖南人民出版社，1982年，第948页。

思想资源，也正是从周敦颐到王船山这些理学家如修养心性、变化气质等方面的思想。如他指出：“君子立身行己有本原，而学有根柢，然而必其心之定，视听言动之专一，而后道以凝焉。守之视听言动以养心，存之心以应事，宋儒之学所以内外兼摄而纯实无弊也。”[1] 因此，他对乾嘉以来学术界“一意诋毁宋儒”十分不满，认为晚清的人心风俗之坏，亦与此有关。可见，郭嵩焘在这些重要的问题上，又表明他坚持理学传统、儒家道统的立场。

①〔清〕郭嵩焘：《郭嵩焘日记》第 1 卷，岳麓书社，1981 年，第 385—386 页。

第十三章

谭嗣同的《仁学》之道

谭嗣同（1865—1898），字复生，号壮飞，湖南浏阳人。近代中国著名的维新运动领导人之一。维新运动失败后，他谢绝了出走逃生的劝告，说："今日中国未闻有因变法而流血者，此国之所以不昌也。有之，请自嗣同始。"后慷慨就义，年仅三十四岁。他不仅是维新政治运动的领袖，亦是晚清一位著名学者，在梁启超《清代学术概论》中被称为"晚清思想界一彗星"而列有专章，代表作为《仁学》。

谭嗣同殉难九十天后，梁启超在为其所作的《校刻浏阳谭氏仁学序》一文中写道："《仁学》何为而作也？将以光大南海之宗旨，会通世界圣哲之心法，以救全世界之众生也。"应该说，谭嗣同慷慨赴死、以身殉道、杀身成仁的思想根源，正体现在其《仁学》之道的精神价值之中。

这里主要解析谭嗣同《仁学》之道在中国文化转型过程中的特点及其思想价值。

第一节 原道的内在动力

在中国传统思想中，“道”是形而上者，它不同于属于形而下的万事万物。各家各派均以“道”为宇宙的本原、世界的法则和人文的终极意义。道论从总体上体现中国人对宇宙的形上向往和对人生的终极关怀，同时深刻地表达出中华民族的文化精神，因此，道论是数千年生生不息、绵延不绝的中华文化的精华之所在。正因为道论在中华文明史上的重要地位，它对中国思想文化体系的构成、中国人的安身立命的依托均极其重要。所以说，中华文化要能够振兴，中华文明要能够光大，就离不开道论的新的开拓。

谭嗣同是 19 世纪末中国的维新运动的核心成员之一，他几乎是全身心地投入到这场旨在推动中国近代化、使中华民族走向繁荣富强的政治运动，但是就在他致力于维新运动的同时，他亦在“往复上下，穷天人之奥”①，希望通过“会通世界圣哲之心法”，为 19 世纪末的中国和世界建立起一种新道论，这就明确表现出他对“道”的期冀和探求。他认为存在一个代表宇宙法则、人文意义的普遍之道，他说：“而圣人之道，果为尽性至命，贯彻天人，直可弥纶罔外，放之四海而准。”② 谭嗣同在《仁学》中对宇宙本体的探讨，其实也是为了思考、寻求这一能够“贯彻天人”，“弥纶罔外，放之四海而准”的“道”，建立起一种新道论。

谭嗣同正处于复杂多变的维新运动之中，这位缠身于维新政治旋涡的斗士，为什么在此关键时刻会对这种往往由冷静哲人所

---

① 梁启超：《仁学序》，载〔清〕谭嗣同：《谭嗣同全集》（增订本），中华书局，1981 年，第 373 页。

②〔清〕谭嗣同：《报贝元征》，《谭嗣同全集》（增订本），中华书局，1981 年，第 200 页。

为的“形而上学的沉思”如此关注呢?

维新运动是一场旨在推动中国近代化的政治运动，维新运动的现实目的，就是在政治、经济、文化、教育各个方面进行全面变革，建立起一整套资本主义制度，从而使中华民族得以振兴和自强。维新运动力求进行政治制度的变革，建立近代立宪的政治制度；兴办民族资本主义企业，发展工商贸易，建立近代资本主义经济制度；发展科学技术、文化教育，从而促进资本主义的经济发展和政治改革，最后达到民族自强的目的。所以说，维新运动的动因主要是形而下的器物层面的世俗要求和现实利益。但是，包括谭嗣同在内的维新运动的领袖人物们认识到，要能动员全民族的力量深入投身于这场维新的运动，就必须使全国人民具有一种深厚、恒久的精神动力，也就必须使这种形而下的世俗要求和现世利益上升为一种终极关怀与形上向往，使这些世俗的社会法则成为一种超越的宇宙法则，使近代的政治目的、经济目的获得一种永恒的终极意义。特别是在这样一个有着数千年道学系统的中华民族，久远而深厚的道学一直是人们安身立命的根本、思想文化的根基。因此，这就迫使从事社会变革运动的维新志士不仅关心形而下之器，同时也关心形而上之道。

所以，尽管谭嗣同是如此倾心于道论的探寻，而其根本原因自然在于对“器”的变革的要求。他相信形而上之道必须依存于形而下之器，同时认为“器”的变化必然引起“道”的变化，他说:

圣人之道，果非空言而已，必有所丽而后见。丽于耳目，有视听之道；丽于心思，有仁义智信之道；丽于伦纪，有忠孝友恭之道；丽于礼乐征伐，有治国平天下之道。……

夫苟辨道之不离乎器，则天下之为器亦大矣。器既变，道安得独不变？[①]

谭嗣同致力于变“器”也包括变“法”，他认为“夫法也者，道之淆赜而蕃变者也。三代儒者，言道必兼言治法”[②]。既然“器”“法”均要发生变革，那么，与“器”“法”一体的“道”也就会有相应的变化。

但是，由于“道”被规定为宇宙法则和终极意义，所以，“器”变又总是依据于“道”。谭嗣同在政治上倡“平等”，在经济上主张发展工商，但他认为所谓“平等”、通商其实均体现了仁道的规定和必然。他主张“仁以通为第一义”，而且又认为“通之义”以“‘道通为一’为最浑括”。[③]也就是说，政治上的平等，经济上的发展工商，其实均依据于仁道之“通”的要求。如他解释“通商”一事说：“夫仁者，通人我之谓也；通商仅通之一端，其得失已较然明白若此。故莫仁于通，莫不仁于不通。”[④]这样，“通商”也成为“仁通”“道通为一”的体现。这就使得维新变法的世俗价值、现实利益具有道论的依据，成为宇宙法则、终极意义的体现。

由此可见，谭嗣同在《仁学》中对道论的探讨，绝不仅仅因为他个人对形而上之道的兴趣。毫无疑问，他广泛汲取了古今中外的各种哲学、宗教的思想，而且，这些“世界圣哲之心法”对

①〔清〕谭嗣同：《报贝元征》，《谭嗣同全集》（增订本），中华书局，1981年，第197页。
②〔清〕谭嗣同：《报贝元征》，《谭嗣同全集》（增订本），中华书局，1981年，第200页。
③〔清〕谭嗣同：《仁学界说》，《谭嗣同全集》（增订本），中华书局，1981年，第291页。
④〔清〕谭嗣同：《仁学二十三》，《谭嗣同全集》（增订本），中华书局，1981年，第328页。

他的新道论有深刻的影响。但是，他的形而上之道是与形而下之器紧密相连的，他的哲学睿识、宗教情怀和维新变法的民族利益和资本主义发展是不可分离的。这是我们理解谭嗣同新道论的首要前提。

第二节　“以太—仁”的相互诠释

谭嗣同为了建立一种新道论，在《仁学》中广泛汲取了古今中外各种哲学宗教思想，以期“会通世界圣哲之心法”。尽管他的哲学思想比较庞杂，但是，“以太”与“仁”，应该是《仁学》中新道论的两个最重要、最关键的范畴。

“以太”来源于西方的自然哲学、自然科学，它被用来说明自然界本原性的物质媒质。早在古希腊时期毕达哥拉斯学派就已提出这个概念，以后的笛卡儿、牛顿、麦克斯韦等也都运用这个概念来说明自然现象。为了说明宇宙的本原，谭嗣同汲取了“以太”这个概念。他认为，整个宇宙的本原，就是来自于这个叫作“以太”的原始物质，他说：

> 遍法界、虚空界、众生界，有至大、至精微、无所不胶粘、不贯洽、不管络，而充满之一物焉，目不得而色，耳不得而声，口鼻不得而臭味，无以名之，名之曰“以太”。[1]

谭嗣同相信自己找到了统一宇宙世界的本原物质。他认为世

---

①〔清〕谭嗣同：《仁学一》，《谭嗣同全集》（增订本），中华书局，1981年，第293页。

界上的一切，包括人的身体和耳目感官，以及日月星辰、声光电热、风雨霜雪、山河动植物等一切自然现象，均可以归之于“以太”，并且可以还原为“以太”。所以，他认为整个宇宙世界就是由“以太”构成的，他说：“剖其质点一小分，以至于无，察其为何物所凝结，曰惟以太。”[①]“以太”是19世纪西方自然科学所肯定的一种本原性物质，谭嗣同吸取了当时的自然科学成果，将其诠释为一种宇宙本性的哲学范畴，以建立一种唯物论的一元论，将无机界、有机界、人及社会存在均还原为这种本原性物质。

“仁”来源于中国古代的儒学。在原始儒学那里，“仁”主要是一个伦理道德范畴。孔子就是建立了以“仁”为核心的思想体系，“仁”是一种道德规范体系，同时也是一种道德情操和思想境界。儒家学者希望寻找仁道的内在源头和外在依据，他们从人的内在心性中找到仁的源头，从精神权威的天道找到超越性的客观依据，从而使儒家的仁学走向本体化。谭嗣同以“仁学”命名这部重要著作，表明了他对“仁”的社会道德意义与宇宙本体意义的双重继承和发展。首先，从人文意义而言，孔子的仁学包括了以人为本和仁者爱人的观念，谭嗣同继承了仁学的这一思想传统，他提出：“‘仁’从二从人，相偶之义也。”[②]在阐发“仁”的本义时，他是从“二人相偶”的人本观念出发。所以他亦承认“仁”与伦常、礼仪的关系，认为“夫礼，依仁而著，仁则自然有礼”，“礼与伦常皆原于仁”。[③]可见，谭嗣同所阐发的仁

①〔清〕谭嗣同：《仁学一》，《谭嗣同全集》（增订本），中华书局，1981年，第294页。

②〔清〕谭嗣同：《仁学·自叙》，《谭嗣同全集》（增订本），中华书局，1981年，第289页。

③〔清〕谭嗣同：《仁学十四》，《谭嗣同全集》（增订本），中华书局，1981年，第312页。

学，继承了儒家以人为本和仁者爱人的人文意识。但是，不同的是，儒家所讲仁爱是有等级差别的，君臣、父子、夫妇、兄弟之间以及邻里、国人之间的爱是不同的。谭嗣同将这种差等之爱归之于“名”，他说：“仁之乱也，则于其名。”[①] 他认为，由于“以名为教”，结果是“君以名桎臣，官以名轭民，父以名压子，夫以名困妻，兄弟朋友各挟一名以相抗拒，而仁尚有少存焉者得乎？”[②] 谭嗣同对“仁”的改造，就是强调以“平等”来阐明仁的精义。他认为“仁以通为第一义”[③]。“通之象为平等”[④]，“平等者，致一之谓也。一则通矣，通则仁矣”[⑤]。谭嗣同以“通”“平等”来解释仁，使得仁学发生了一个质的变化，成为一个具有近代人文意义的观念。

谭嗣同也继承、发展了“仁”学的形上论意义，并且对“仁”的本体意义作了更多的关注和创发。宋明儒家在“仁”学中将宇宙之生生不息的本质归之为仁，主张仁者应达到万物一体的境界，故而已具本体意义，程颢、程颐主张“仁者，以天地万物为一体”[⑥]，“仁者，浑然与物同体”[⑦]，这里所言的“仁”均具有宇宙本体的意义。谭嗣同亦肯定仁者与天地万物一体的精神境

---

①〔清〕谭嗣同：《仁学八》，《谭嗣同全集》（增订本），中华书局，1981 年，第 299 页。

②〔清〕谭嗣同：《仁学八》，《谭嗣同全集》（增订本），中华书局，1981 年，第 299 页。

③〔清〕谭嗣同：《仁学界说》，《谭嗣同全集》（增订本），中华书局，1981 年，第 291 页。

④〔清〕谭嗣同：《仁学界说》，《谭嗣同全集》（增订本），中华书局，1981 年，第 291 页。

⑤〔清〕谭嗣同：《仁学界说》，《谭嗣同全集》（增订本），中华书局，1981 年，第 293 页。

⑥〔宋〕程颢、程颐：《二先生语二上・元丰己未吕与叔东见二先生语》，《河南程氏遗书卷第二上》，《二程集》，中华书局，2004 年，第 15 页。

⑦〔宋〕程颢、程颐：《二先生语二上・元丰己未吕与叔东见二先生语》，《河南程氏遗书卷第二上》，《二程集》，中华书局，2004 年，第 16 页。

界，他说：“仁者寂然不动，感而遂通天下之故。”[①] 但是，谭嗣同在论述仁的本体意义时，主要是以“通”来加以界定的。他认为“仁以通为第一义”，仁具有第一义的“通”，故而有可能使天地万物、人伦社会不至于产生“隔”和“塞”，并能够“通天地万物人我为一身”[②]。也就是说，仁由于具有通的根本要义而具有宇宙本体意义，他说：

> 夫仁，以太之用，而天地万物由之以生，由之以通。星辰之远，鬼神之冥漠，犹将以仁通之；况同生此地球而同为人，岂一二人之私意所能塞之？[③]

正由于仁具有“通”之义，故而“以太”必须借助于仁通而实现这种宇宙的统一性。

本来，从其原初意义上讲，“以太”主要是具有天道意义的概念，而“仁”则是具有人道意义的概念。但是，中国的道论从来就主张天道与人道合一，谭嗣同《仁学》的根本宗旨，也是要将其人文理想（人道）上升为一种永恒的宇宙之道（天道），故而需要将“仁”与“以太”结合而建构起一种新的道论体系。这样，“仁”的普遍感通，同时也就是“以太”的“胶粘”“贯洽”“管络”；而“以太”所以能够成为统一天地自然、人伦社会的宇宙本体，又完全在于“仁”的“感通”和“心力”的扩展。然而，当他对“以太”和“仁”的关系作诠释时，由于着意点不同，故而说法亦有不一。当他着意于其新道论体系中的人文理想

①〔清〕谭嗣同：《仁学界说》，《谭嗣同全集》（增订本），中华书局，1981年，第292页。
②〔清〕谭嗣同：《仁学五》，《谭嗣同全集》（增订本），中华书局，1981年，第297页。
③〔清〕谭嗣同：《仁学四》，《谭嗣同全集》（增订本），中华书局，1981年，第297页。

的终极意义时，他更强调“仁”的本体地位，他说：“仁为天地万物之源，故唯心，故唯识。”[①]“仁以通为第一义。以太也，电也，心力也，皆指出所以通之具。”[②]“以太也，电也，粗浅之具也，借其名以质心力。”[③]他肯定“仁”是天地万物之源，肯定仁的本体地位，并认为“以太”则只是仁“所以通之具”“粗浅之具”。另一方面，当需要强调道论体系中宇宙本体的客观存在时，他则提出“以太”是天地万物的本原，而“仁”“心力”等则只是以太的功用。他说：“学者第一当认明以太之体与用，始可与言仁。”[④]“夫仁，以太之用，而天地万物由之以生，由之以通。”[⑤]这样，“以太”才是本体，而一切人文意义的“仁”“兼爱”“慈悲”“爱人如己”等等，均只不过是“以太”的功用和体现。谭嗣同对“以太”与“仁”的诠释中的矛盾，可以理解为是他的道论的内在结构性矛盾的体现。他以“以太”“仁”的结构来建构其新道论。从他建构新道论的目的性来看，是为了实现平等、自由、博爱的人文追求，要实现这一目的就需要强调这种人文意义的终极性和绝对性，故而需要强调“仁”道的本体性。另外，从他道论的科学体系要求来看，他必须首先承认大全世界的客观性，故而他必须将代表这种客观性、科学性的“以太”作为宇宙的本原存在。故而，他在诠释“以太”与“仁”的关系时不自觉地出现矛盾的说法。

---

①〔清〕谭嗣同：《仁学界说》，《谭嗣同全集》（增订本），中华书局，1981年，第292页。

②〔清〕谭嗣同：《仁学界说》，《谭嗣同全集》（增订本），中华书局，1981年，第291页。

③〔清〕谭嗣同：《仁学界说》，《谭嗣同全集》（增订本），中华书局，1981年，第291页。

④〔清〕谭嗣同：《仁学一》，《谭嗣同全集》（增订本），中华书局，1981年，第295页。

⑤〔清〕谭嗣同：《仁学四》，《谭嗣同全集》（增订本），中华书局，1981年，第297页。

第三节　新仁学之道的特点

谭嗣同对“以太”与“仁”的本体论的诠释，表达出一个明确的愿望，那就是结合中学与西学，联结传统与现代，统一科学知识与人文信仰，以为近代中国建立起一个新道论。这确实构成了近代中国一种非常特殊并具特色的道论体系。20 世纪以来，中国的哲学界、文化界所出现的诸多学术思潮和文化论战，可以看到，他们往往是执着于中学与西学、传统与现代、人文与科学的二元对立与冲突。如果我们能够重新冷静反思这一 19 世纪末的“不中不西，即中即西之新学派”（梁启超语），无疑会给我们许多重要的启示。

谭嗣同在《仁学》中所建立的新道论，体现出了下列特点：

（一）中学与西学的融通

谭嗣同的道论既是中学的，又是西学的。显而易见的是，“仁”是中学的。“仁”是中国古代的重要道德观念，以孔子为代表的儒家学说，就是一种以仁为核心的道德哲学和政治哲学。谭嗣同以“仁学”来命名自己的著作，并且在其《自叙》中首先训释“仁”学的古义，提出：“‘仁’从二从人，相偶之义也。‘元’从二从儿，‘儿’古人字，是亦‘仁’也。‘无’，许说通‘元’为‘无’，是‘无’亦从二从人，亦‘仁’也。故言仁者不可不知元，而其功用可极于无。”[①] 他从“仁”字的古义中阐发出其“二人相偶”的伦理意义和“元”“无”的本体意义。另外，“以太”则来之于西学，“以太”说产生于古希腊的自然哲学，并经过西方近代自

①〔清〕谭嗣同：《仁学·自叙》，《谭嗣同全集》（增订本），中华书局，1981 年，第 289 页。

然科学的进一步发展，故而具有西学的深刻传统和背景。谭嗣同汲取了“以太”及其相关的自然科学知识，他用“以太”去说明宏观的天体自然，包括地球、太阳、月亮、行星及其之间的引力关系；还用“以太”去说明微观的自然世界，认为：“然原质犹有六十四之异，至于原质之原，则一以太而已矣。”[①] 总之，他的“以太”说已经涉及西方近代的物理、化学、天文、生物等各门自然科学知识。

由于谭嗣同的新道论是建立在“仁”与“以太”相结合的基础上，这种结合当然也是中学与西学的结合。但是，如果我们再进一步思考，又会发现谭嗣同新道论对中西学的结合不仅仅在此。可以看到，他对“仁”的诠释时融进了西学，对“以太”的阐发时又融进了中学，从而实现了中西学的融通。

“仁学”是中学的，体现了鲜明的中国传统思想文化的特点。但是，谭嗣同诠释“仁”的意义时，却在解构仁学、批判礼教的基础上，融进了西学的观点。平等、自由、博爱是西方近代的重要伦理观念和政治原则，这种观念和原则又是以资本主义的经济关系、经济活动为基础的，谭嗣同认为“仁”的表现就是“平等”，他在《仁学界说》中反复强调，“仁以通为第一义”“通之象为平等”“平等者，致一之谓也。一则通矣，通则仁矣”。他批判“三纲”“五伦”“名教”，并指出这些政治伦理观念违背了“仁”的平等原则。但他十分欣赏“五伦”中有关朋友一伦，认为：“五伦中于人生最无弊而有益，无纤毫之苦，有淡水之乐，其惟朋友乎。顾择交何如耳，所以者何？一曰‘平等’；二曰‘自由’；三曰‘节宣惟意’。总括其义，曰不失自主之权而已

①〔清〕谭嗣同：《仁学十一》，《谭嗣同全集》（增订本），中华书局，1981 年，第 306 页。

矣。”[1]他肯定朋友一伦是因为它体现了平等、自由的原则。谭嗣同还从西方的商业贸易互利中引申出“相仁之道”，认为“故通商者，相仁之道也，两利之道也，客固利，主尤利也”[2]。这样，谭嗣同的“仁学”虽是中学的，却融入了西学的人文理念。

同样，“以太”虽然是一个西方自然科学概念，有着深厚的西学背景，但是，谭嗣同在利用这一概念时，融入了更多的中学观念。当他在阐释“以太”的形态及其特征时，分明利用了中国古典哲学中的“气”的思维框架。从老庄到《周易》，从周敦颐、张载到王船山，均是以“气”作为宇宙的本原性特质，特别是张载、王船山，建立起完备的以气为本的宇宙本体论。当谭嗣同建立以“以太”为宇宙本原的本体论时，他继承、发展了中国传统的气本论哲学。譬如，他认为“以太”是“目不得而色，耳不得而声，口鼻不得而臭味，无以名之”，就相当于老庄的“道”“气”，周敦颐的“太极”，张载的“太虚”。他以天地万物统一于“以太”，来论证平等、仁爱，认为“若夫不生不灭之以太，通天地万物人我为一身，复何亲疏之有？”[3]这亦同于张载《西铭》以天地一气来论证民胞物与的仁爱。同时，他的“以太之动机，以成乎日新之变化”[4]，亦继承了《周易》“天行健，君子以自强不息”的精神。由此可见，谭嗣同以中学的观念与思维模式来阐释“以太”，从而使得他的“以太”观念中学化了。

---

①〔清〕谭嗣同：《仁学三十八》，《谭嗣同全集》（增订本），中华书局，1981年，第349—350页。

②〔清〕谭嗣同：《仁学二十三》，《谭嗣同全集》（增订本），中华书局，1981年，第327页。

③〔清〕谭嗣同：《仁学十四》，《谭嗣同全集》（增订本），中华书局，1981年，第312页。

④〔清〕谭嗣同：《仁学十九》，《谭嗣同全集》（增订本），中华书局，1981年，第321页。

由于谭嗣同在建构道论时，将中学融入了西学，又将西学融进了中学，形成了一种中西融通的组合。尤值得一提的是，他认为中、西之学本来是互通的，故而坚信“平等”“自由”等观念虽由西方传入，但为中学所有，他说：

> 西人悯中国之愚于三纲也，亟劝中国称天而治：以天纲人，世法平等，则人人不失自主之权，可扫除三纲畸轻畸重之弊矣。固秘天为耶教所独有，转议孔教之不免有阙漏，不知皆孔教之所已有。大《易》之义，天下地“泰”，反之“否”；火下水“既济”，反之“未济”；凡阳下阴，男下女吉，反之凶且吝。是早矫其不平等之弊矣。[①]

他认为原始儒学中已包含平等、自由的理念。另一方面，他亦认为中国的圣人之道“尤非中国所私有也”[②]，因为西方人的衣食住行、百工器用、社会伦常和中国人也是相宜和一致的。就以中西差别最大的人伦而言，“在人言之，类聚群分，各因其厚薄以为等差，则有中外之辨，所谓分殊也。若自天视之，则固皆其子也，皆具秉彝而全畀之者也，所谓理一也。夫岂天独别予一性，别立一道，与中国悬绝，而能自理其国者哉？”[③]他认为真正的“道”就应该没有中西之别，而普遍适用于全世界、全人类。可见，他不仅通过对历史文献的重新解释，同时还从天道、人性等

①〔清〕谭嗣同：《仁学三十九》，《谭嗣同全集》（增订本），中华书局，1981 年，第 351 页。

②〔清〕谭嗣同：《报贝元征》，《谭嗣同全集》（增订本），中华书局，1981 年，第 197 页。

③〔清〕谭嗣同：《报贝元征》，《谭嗣同全集》（增订本），中华书局，1981 年，第 199—200 页。

本性论的角度，证明中学、西学根本上就是相通的。

（二）传统与现代的融通

谭嗣同的道论是一种从古代到近现代的转型形态，故而他一方面保留着大量传统的东西，另一方面则又大量吸收近代的新思想，力求实现传统与现代的融通。

谭嗣同在建构其新道论时，首先是努力继承传统的思想文化，希望从传统的儒学、墨学、道学、佛学及基督教中开掘其新道学的思想文化资源，他在论述“仁学”时，明确列出了相关的人物和典籍，他说：

> 凡为仁学者，于佛书当通《华严》及心宗、相宗之书；于西书当通《新约》及算学、格致、社会学之书；于中国书当通《易》《春秋公羊传》《论语》《礼记》《孟子》《庄子》《墨子》《史记》，及陶渊明、周茂叔、张横渠、陆子静、王阳明、王船山、黄梨洲之书。①

除算学、格致、社会学之书外，其他著作、人物的思想，均是传统的思想文化之类，均可纳入传统学问的范围。在《仁学》一书中，谭嗣同运用自如地使用了佛学、老庄之学、儒学、墨学、基督教等各宗各派的思想理论，来建构他的“仁学”体系。与此同时，他又努力在当代自然科学、社会科学中汲取新思想。上面所列的书目中，也包括了算学、格致、社会学这些可列为“新学”方面的书籍。谭嗣同在建构“仁学”体系时，大量运用了最新的

①〔清〕谭嗣同：《仁学界说》，《谭嗣同全集》（增订本），中华书局，1981年，第293页。

自然科学和社会科学的思想，尤其是他通过诠释“以太”这一新的概念建构其宇宙本体论，大量引证了天体物理学、化学、生物学、解剖学等新知识来论证宇宙本体，同时还引证了政治学、经济学、伦理学方面的新观念、新思想来论证“平等”的原则和“仁通”的哲学。

由此可见，谭嗣同并不认为“旧学”与“新学”、传统与现代之间存在着不可调和的矛盾，相反，他认为二者之间的结合是一个无须怀疑的原则。在他的《仁学》中，“旧学”与“新学”、传统与现代均融汇成一个新道学的整体。尤值得注意的是，在他的道学体系中，“新”与“旧”、传统性与现代性并非某种固定的属性，而是处于一种不断转化的过程，并通过这种转化而实现了它们之间的融通。

如他所创立的“以太”宇宙本体论，就是要建构一种力图以近代自然科学为基础的宇宙论哲学。所以，他大量地汲取和引进新的科技知识，引证着包括声、光、电以及化学元素、生物解剖学等方面的知识，这些知识系统均是旧学所不曾有的，体现出“新学”的风貌。但是，谭嗣同所建立的道论的思维方式、理论体系又是传统的。由于他将“以太”以及物理学、化学、生物学的近代科学知识纳入“仁学”体系之中，使它们成为传统的“天人合一”思维模式的宇宙本体论的组成部分。因此他以“以太”为体，而以“仁”“兼爱”“性海”“爱人如己”等为用，这样，“以太”就失去了其近代自然科学的“新学”特点，而更加具有中国传统哲学中“气”“太极”“真如”“天道”的特征。可见，具有近代“新学”特点的“以太”和传统思想观念仁、兼爱可以相互诠释，从而使得“新学”能够和传统融通。

与此同时，谭嗣同在建构道论时大量运用中国古典哲学的概念与思想，从墨学、老庄之学、佛学以及孔孟儒学及宋明理学中引证、运用了大量的传统思想。在他的道论体系中占重要地位的“仁”与“心力”，就分别来自于儒学和佛学。但是，由于谭嗣同将“仁”“心力”纳入他的新道学体系之中，这样，“仁”“心力”已经不等同于传统学术中那个概念，从价值内容来说，“仁”已经具有“平等”和通商互利等近代内容，其“心力”则包含着近代个性解放的意义。“仁”“心力”均由传统意义的概念转化为一个具有近代意义的概念。尤其饶有趣味的是，当谭嗣同以传统的“仁”“心力”去诠释“以太”的宇宙本体时，这时，宇宙本体不是某种可以脱离主体性的自然客体，而是一种主体与客体、人的存在的主体性精神，这种与人的生命力、创造性等主体性相关的本体论，更加具有现代哲学精神。由此可见，谭嗣同道学体系中，将传统思想转化成近现代思想，实现了传统与现代的融通。

（三）人文精神与科学理性的融通

20 世纪以来，中国思想领域出现了一个明显的趋向，就是科学主义和人文主义各自建构了主旨迥异、思想不同的哲学本体论。自 20 世纪初，科学主义思潮开始成形，经过 20 年代的“科玄论战”之后，科学主义和人文主义哲学分野明确化。科学主义强调以实证和经验为基础的科学方法、科学原理，认为科学可以解决宇宙人生的根本问题，哲学本体论必须以科学方法、科学原理为基础。人文主义思潮则认为科学理性是追求外部知识之真的学问，而只有哲学才能解决宇宙人生的根本问题，故而强调本体论（玄学）的人文意义。科学主义和人文主义的论战及他们各自建构自己的本体论哲学，构成了 20 世纪中国哲学界的一大景观。

谭嗣同出生在 19 世纪末，他的道论尚处于一种试图将科学理性与人文价值联姻的阶段，而没有像 20 世纪的哲学界那样，或者是走向科学主义的极端，将科学尊奉为一种全方位的价值体系，甚至使科学成为一种新的信仰；或者是走向新儒家的人文主义极端，企图通过恢复“道统”，以重新建立儒学的价值系统与思想信仰。故而在谭嗣同的新道论体系中，并没有出现后来所出现的那种应然和必然、人文与自然、经验和超验的二元划分。我们可以发现，谭嗣同总是力求实现科学性与人文精神的统一。一方面，他执着于近代人文精神的追求，他之所以要研究“仁学”，首先就在于对“仁”所体现的人文理想的向往。梁启超曾指出:“仁者，平等也，无差别相也，无拣择法也，故无大小之可言也。此烈士所以先众人而流血也。”[①] 他认为谭嗣同为之流血的“仁”的人文理想，就是平等、自由、博爱的近代伦理精神与政治原则，就是通商互利的资本主义经济发展。与此同时，谭嗣同还从传统的儒学、佛学、墨学中探寻，企图建构一个“会通世界圣哲之心法”的人文理想。然而，谭嗣同的人文理想不但不是与科学理性相割裂的，反而是以这种科学理性为思想前提。如他将这种人文理想的“仁”建立在科学理性的“以太”的基础上。从科学理性的角度而言，“以太”是一种不生不灭的原始物质，他说:“然原质犹有六十四之异，至于原质之原，则一以太而已矣。一故不生不灭；不生故不得言有；不灭故不得言无。”[②] 将宇宙构成归结为一种不生不灭的原始物质，这是一种科学理性的观点。但是，谭嗣同却从“以太”的不生不灭，力图证明天地万物

① 梁启超：《仁学序》，载〔清〕谭嗣同：《谭嗣同全集》（增订本），中华书局，1981 年，第 374 页。

②〔清〕谭嗣同:《仁学十一》,《谭嗣同全集》(增订本)，中华书局，1981 年，第 306 页。

人我本为一体，反对人们之间有亲疏、贵贱，倡导平等、博爱的人文价值，他说："若夫不生不灭之以太，通天地万物人我为一身，复何亲疏之有？亲疏且无，何况于乱？"[①] 他倡导维新变法的人文追求，同样是宇宙法则的体现，他说："日新乌乎本？曰：以太之动机而已矣。"[②] 这都体现出谭嗣同的"仁学"力求实现科学理性与人文理想的统一和融通。

但是，也需要指出的是，谭嗣同力图融通科学理性与人文价值，其思想基础仍是传统哲学的宇宙本体论。他还没有认识到科学理性与人文价值本身所具有的深刻悖论。事实上，要真正实现科学理性与人文价值的融通，必须以对这种悖论的深刻体认为前提，这样才可能站在人类学术体论的高度，完成科学理性与人文价值的整合。

谭嗣同的道论是中国古典哲学近代化的一种尝试，所以，它在许多方面还显得粗糙、简单，其内在矛盾尚没有充分展开。然而，正是这种过渡型的新道论，留下了许多值得深一层思考的东西。时代在呼唤我们，为新世纪的文化建构一个新道论。因为我们不会仅仅满足于小康的经济生活，我们还渴求"道"。我们应该将中华民族的现代化、人类文明的高度发展与形上向往、终极关怀结合起来而建立新时代的道论。而且，这种新道论应该是中学与西学、传统与现代、人文价值与科学理性的融通。

---

①〔清〕谭嗣同：《仁学十四》，《谭嗣同全集》（增订本），中华书局，1981 年，第 312 页。

②〔清〕谭嗣同：《仁学十九》，《谭嗣同全集》（增订本），中华书局，1981 年，第 319 页。

第十四章
金岳霖重建形而上学之道

哲学是人类对宇宙与人生等根本问题的关注与思考而建立的理论体系，本是人类高级文明形态的一种普遍性精神现象，表达出人类的普遍化的理性特点。然而，具体的哲学家却是产生于不同文明形态、思想体系、学术传统之中，具有不同文化形态与学术理路，表达出不同民族的历史传统与精神气质。近百年中国哲学的学科建设过程中，涌现出一大批杰出的哲学家，他们通过学习引进欧美哲学后开始致力于中国哲学的建构。所以他们往往是一批既对欧美哲学进行了全面学习，又能够深入挖掘本民族哲学资源，最终以回应人类普遍性哲学问题的哲学家。毫无疑问，金岳霖就是其中最优秀的代表人物之一，哲学家张申府肯定金岳霖是中国哲学界第一人。

金岳霖（1895—1984），湖南长沙人，中国著名哲学家、逻辑学家、教育家，中国科学院哲学社会科学部委员，中国科学院哲学研究所一级研究员。本文重点考察金岳霖的《论道》，这一部书能够真正代表他努力实现中西哲学的融通，建构一个能够体现中国哲学精神传统，并回应人类普遍性哲学问题的形而上学。《论道》作为金岳霖本人最为看重的哲学著作，究竟是如何实现中西哲学的融通，以回应人类普遍性哲学问题的呢？

第一节 形而上学之道的哲学背景

“中国哲学”是一个近代西学东渐而形成的学科体系，已经有百年历史。一批早期留学欧美的学者接受了西方的哲学思想，开始从事“中国哲学”的学科建设。这一新的学科包括两种形态。第一种是哲学史家所写的“中国哲学史”，学者们希望在中国传统学术体系中寻找与西方哲学相对应的学术体系，包括诸子学、经学，尤其是其中注重形而上思辨的宋代道学、义理之学等具体的学派，这就是“中国哲学史”的研究与写作，如胡适、冯友兰等均有《中国哲学史》类的著作传世。第二种是哲学家从事“中国哲学”的哲学体系建构，作为一名哲学家，他们往往既有西方哲学的学术背景，又有中国学术的深厚基础。他们致力于一种新的哲学体系建设，就成为一种现代中国哲学体系，早期代表著作有冯友兰的《新理学》与金岳霖的《论道》。金岳霖的代表作《知识论》《逻辑》《论道》，共同支撑起他的全部哲学系统。《论道》是他的“元学”即形上学体系，能够真正代表他努力实现中西哲学的融通，并回应人类普遍性哲学问题的形而上学。《知识论》是他的认识论体系，《逻辑》是他的逻辑学体系。

金岳霖于1917年获得美国宾夕法尼亚大学学士学位，1918年获得美国哥伦比亚大学研究院硕士学位，1920年获得美国哥伦比亚大学博士学位，1920—1921年曾经任教于美国乔治城大学。1925年12月回归中国，任教于清华大学。1937年抗战爆发后，金岳霖随清华师生南下，回到湖南老家，在衡山一边教书一边写作。衡山是南宋初年湖湘学派的理学重镇，理学家们在此思考和重建中国传统的天人之道。八百年之后，金岳霖继续在此思考“无极而太极”的中国文化之道，他在此成功完成了其形而上学之道的代表著作《论道》。在同一个时间同一个地方，冯友兰则完成了其《新理学》。这两部著作有一个共同的学术旨趣，就是通过对宋代道学的“接着讲”，实现中西哲学的融通，并建构一个既体现中国哲学传统精神、又具有现代哲学意识的形而上学之道体系。

金岳霖作为系统受过西方哲学教育的哲学家，对整个西方哲学史有深入的了解。但是他的哲学代表著作却是以《论道》命名，而且他的《论道》提出了一系列重要范畴，包括无极、太极、幾、数、理、势、情、性等等，均是来自于中国传统哲学范畴。金岳霖为什么要以中国传统的“道”以及无极、太极等传统哲学范畴，来构建自己的哲学体系？这里既有西方哲学的原因，也有中国哲学的原因，故而具有作为人类普遍哲学的共同价值。它们都是金岳霖从事元哲学创造的精神力量，引导他开始从事具有现代人类哲学价值的形而上学之道的建构。

金岳霖之所以要以“道”来建构其哲学体系，首先缘于“道”在中国人的思想世界、价值信仰方面的重要地位。关于“道”的文明意义，他有过精要的解释：“每一文化区有它底中坚思想，每一中坚思想有它底最崇高的概念，最基本的原动力。……中国底中坚思想似乎儒墨道兼而有之。中国思想我没有究研过，但生于中国，长于中国，于不知不觉之中也许得到了一点子中国思想的意味与顺于此意味的情感。中国思想中最崇高的概念似乎是道。所谓行道、修道、得道，都是以道为最终的目标。思想与情感两方面的最基本的原动力似乎也是道。成仁赴义都是行道；凡非迫于势而又求心之所安而为之，或不得已而为之，或知其不可而为之的事，无论其直接的目的是仁是义，或是孝是忠，而间接的目标总是行道。”[①] 金岳霖比较了世界上中国、印度、希腊三个代表性的古文明，肯定能够代表中国文化的中坚思想就是“道”，“道”既是中国思想家最高的理性追求，也是中国人终极存在的情感依托。作为一个中国哲学家，金岳霖自然会选择“道”作为自己的最高的精神追求与情感依托。

金岳霖通过《论道》这本书表达出对中国文化之道的仰慕和归属，确实与他能够在“道”中体会到一种精神力量和情感依托有关。金岳霖从事《论道》的写作恰好是抗日战争开始的 1937 年，他只能够南下到湖南参加长沙临时大学，他将自己满腔的爱国精神与民族情感，倾注到他的哲学著作写作之中，希望在自己充满爱国主义精神的《论道》中，找到自己的精神归属。与他处于同一精神状态的哲学家冯友兰，则在写作《新理学》。《论道》与《新理学》是两部重要的中西哲学融合的现代中国哲学著作，有着共同的历史背景。冯友兰对他们二人的写作背景有详细的回忆。他说：

> 1937 年中日战争开始。我同金先生随着清华到湖南加入长沙临时大学。文学院设在南岳，在那里住了几个月，那几个月的学术空气最浓，我们白天除了吃饭上课以外，就各自展开了自己的写作摊子，金先生的《论道》和我的《新理学》都是在那里形成的。从表面上看，我们好像是不顾国难，躲入了“象牙之塔”。其实我们都是怀着满腔悲

① 金岳霖：《论道》，商务印书馆，2017 年，第 17—18 页。

> 愤无处发泄。那个悲愤是我们那样做的动力，金先生的书名为《论道》，有人问他为什么要用这个陈旧的名字。金先生说，要使它有中国味。那时我们想，哪怕只是一点中国味，对抗战也可能是有利的。[①]

冯友兰的这一段回忆十分重要。金岳霖作为从事西方哲学和逻辑学研究的学者，为何选择中国哲学的“道”，作为他建构哲学体系的最高范畴和最终依据，并作为自己情感与精神的归属？其中的“中国味”是十分关键的。对金岳霖而言，他能够在自己的家乡，在周敦颐、胡安国、胡宏等湖湘之地的乡贤原道之处，继续从事道的思考和探索，就显得更加具有重要意义。金岳霖在《道、自然和人》最后一章指出：“在情感上，我多少与中国哲学的风格与情怀相近，坦率地说，我喜爱我将要陈述的观点。”[②]他陈述的这个观点，即是中国传统哲学的天人合一的观点。应该说是具有理智与情感的双重精神动因。金岳霖还说：“但在人事底立场上，我不能独立于我自己，情感难免以役于这样的道为安，我底思想也难免以达于这样的道为得。”[③]这些说法，表明了金岳霖以“道”为依归的文化原因。

然而，抗日战争期间金岳霖在湖南从事《论道》的写作，不仅仅是一种民族情感依托的需求，同样也是一种哲学深度的理性思考的结果，特别是他深入思考西方哲学的结果。金岳霖本人留

① 冯友兰：《怀念金岳霖先生》，《三松堂全集》第 13 卷，河南人民出版社，2000 年，第 438—439 页。

② 金岳霖：《道、自然和人》，《金岳霖文集》第 2 卷，甘肃人民出版社， 1995 年，第 722 页。

③ 金岳霖：《论道》，商务印书馆，2017 年，第 18 页。

学英美多年，深受西方文化教育的熏陶，尤其深受英美逻辑实证主义哲学影响。他在治学过程中一直深为西方科学主义哲学中的“休谟问题”而感到苦恼。英国哲学家休谟总是怀疑由经验观察产生的特称判断过渡到归纳推理的全称判断的科学合理性，但是，对它的怀疑必然导致对全部科学理论的怀疑，导致科学根基的动摇。所以，休谟的怀疑精神亦引起金岳霖的精神痛苦。一个中国哲学家能够产生这一种精神痛苦，其实应该理解为他面临和承担了人类的普遍性哲学难题。金岳霖之所以要从事道形而上学的元学建构，其实为了解决中西哲学面临的不同问题、同时各自对形而上学有不同贡献，故而需要将两种哲学融通而展开的研究。金岳霖站在时代的思想高度，通过融通中西哲学以解决形而上学重建的问题，应属于回应人类问题的世界现代哲学的一个组成部分。

金岳霖在《论道》这部重要著作中，将科学主义对经验基础、逻辑分析的思想与中国传统关于“道”的思想与智慧结合起来，建构了一部既具有西方理性精神，又包括中国哲学智慧的新道论，以回应这一普遍性哲学难题。金岳霖的原道是通过一个重要哲学命题而展开的，即“道是式—能”。金岳霖为什么要以“式—能”作为“道”的核心范畴，由此展开其道形而上学呢？如果完全按照理学的形而上学，可以追随朱熹的理气论，即以“理—气”展开其形而上学的论证；如果完全按照古希腊的形而上学，可以追溯亚里士多德的“形式－质料”展开其形而上学的论证。金岳霖的道形而上学是将中西哲学结合起来，他既要吸收古希腊的哲学精神，又要归依中国文化道的哲学智慧，故而创造了“式—能”的哲学范畴，以表达他心目中道形而上学的元哲学。因为“式—能”作为元哲学范畴，完全是中西哲学思想与智慧融合的结果。从字面看，“式”主要来源于西方哲学，更具有希腊哲学所谓“形式”的特点；而“能”则更具中国哲学的特点，包括佛学的“能”以及儒学道学之“气”的特点。金岳霖《论道》通过对“式—能”的逻辑分析，展开了一种兼含中国哲学与西方哲学的道形而上学的理论建构。他对自己之所以使用“能”的范畴有一个说明，他说：“‘能’字在本文里不过是为行文底方便所引用的名字而已。这个字我得之于周叔迦先生。我以为它是很‘好’的名字，它可以间接地表示 X 是活的动的，不是死的静的，一方面它有‘气’底好处，没有‘质’底坏处；另一方面它又可以与‘可能’联起来，给‘可能’以比较容易抓得住的意义。”[①] 进一步考察，“能”所以“好”，是因为“能”范畴避免了西方传统哲学的“质料”范畴具有明显的机械论缺陷。按照金岳霖的解释，“能”是“活动”，用英文表示即“activity”，这明显不同于亚里士多德的“质料”，也不同于近代欧洲的物理的、机械的物质范畴。“能”具有积极的、活跃的、主动的、内因的等系列本质特征，恰好体现出中国哲学的智慧和长处；而“质料”作为消极的、惰性的、被动的、外因的本质特征，是西方元哲学限于困境的重要原因。

由此可见，金岳霖之所以能够圆满完成建构形而上学之道的元哲学，其实是中西哲学融合的结果。但是，在金岳霖的形而上学之道的哲学体系中，西方哲学与中国哲学作出的思想贡献是不一样的，它们在这一形而上学体系中的地位也是不一样的。如果进一步深入考察，会发现他的形而上学之道的一些重要特点，金岳霖的中国哲学的立场与世界哲学的视野，导致他在建构形而上

① 金岳霖：《论道》，商务印书馆，2017 年，第 22 页。

学之道现代中国哲学时的鲜明思想特点和独特哲学贡献。

第二节　形而上学之道的西学思想

金岳霖形而上学之道的元哲学是中西哲学结合的产物，所以他的《论道》一书虽然以中国哲学的“道”命名，但是其内容却有着深刻的西方文化背景和西学依据，并主要体现为西方哲学与逻辑学。一方面，金岳霖之所以致力于形而上学之道的元哲学建构，其问题意识来源于西方哲学；另一方面，他的形而上学之道的元哲学建构得以完成，其论证方式又来源于他从西方文化那里学来的逻辑学。

金岳霖作为一个研究西方哲学、逻辑学的著名学者，他之所以要建构形而上学之道的元哲学体系，其问题意识的来源，似乎不是中国文化与哲学，而是西方文化与哲学。金岳霖本人留学英美多年，深受西方科学主义文化教育的熏陶，尤其深受英美逻辑实证主义哲学影响。如前所述，金岳霖在治学过程中一直深为西方科学主义哲学中的“休谟问题”而感到苦恼。休谟怀疑由经验观察产生的特称判断过渡到归纳推理的全称判断的科学合理性，但是，对它的怀疑必然导致对全部科学理论的怀疑。所以，金岳霖在《论道》的绪论中写道：“休谟底因果论有一时期使我非常为难。上面已经说过我受了时代底影响，注重归纳，注重科学。休谟底议论使我感觉到归纳说不通，因果靠不住，而科学在理论上的根基动摇。这在我现在的思想上也许不成一重大的问题，可是，在当时的确是重大的问题，思想上的困难有时差不多成为情感上的痛苦。但是，我对于科学的信仰颇坚，所以总觉得休谟底说法有毛病。以后我慢慢地发现休谟底缺点不在他底因果论本身，而在他底整个的哲学。”① 休谟具体观点背后的“整个的哲学”，既是指休谟的经验主义哲学体系，也是指整个欧洲的科学主义和逻辑实证主义哲学传统。虽然欧洲哲学的科学主义与逻辑实证主义对现代西方哲学和人类哲学的发展作出了杰出的贡献，但是也留下了必须重新思考、另谋出路的重要问题。金岳霖勇于面对这一世界性哲学难题。他随清华师生南下时，在衡山一边教书一边写作思考。金岳霖在此思考“休谟问题”时，他终于发现要解决这一难题，需要借助于中国文化之道。他在《论道》中表达出对中国文化之道的仰慕和归属，这一种中国传统哲学的回归，不完全是情感的推动，更是在深入反思西方科学主义和逻辑实证主义哲学传统的基础上的一种深度的理性思考与理性选择的结果。当然，这一问题意识的来源虽然是欧洲哲学传统，而思考和解决这一问题的意义，却完全超越具体的哲学家个人、学派和学术传统，而是具有人类哲学思想发展的普遍性意义和价值。特别是金岳霖能够从东方哲学传统中引入哲学智慧和思想资源，更加有益于人类普遍哲学精神的建设和发展。

金岳霖希望通过中国哲学之“道”，以解决西方哲学面临的难题。但是，他也十分清楚中国哲学的不足。所以，金岳霖确立《论道》的目标主要是建构以“道”为本体的现代中国哲学，但是他同时意识到，“道”要能够重新成为现代中国哲学中的思想核心和哲学基础，必须吸收西方的哲学、科学、逻辑学。所以他需要把西方哲学的理性主义精神引入中国传统的“道”的概念内，在继承中国传统哲学的基础上，实现中国传统哲学的现代重

① 金岳霖：《论道》，商务印书馆，2017 年，第 5 页。

建。考察金岳霖的《论道》以及相关的哲学著作，会发现他主要是从西方的哲学、科学以及逻辑学中，吸收了大量思想营养，才得以为中国哲学之道建构一个形而上学的现代哲学框架。

这里简要讨论金岳霖《论道》对西方形式逻辑的学习和运用。金岳霖希望将中国传统文化之道，建构成现代中国哲学的形而上学。既然是现代中国哲学，就必须合乎现代哲学的基本要求。他说:“我很赞成冯先生的话，哲学根本是说出一种道理来的道理。但我的意见似乎趋于极端，我以为哲学是说出一个道理来的成见。”① 而要能够讲出“道理”，就必须借助于形式逻辑。建立现代哲学本体论意义的“道”，必须借助于形式逻辑，如果不能够将道本体论建立在合乎逻辑论证的基础上，这一个形而上学就没有牢固的理论基础。金岳霖还进一步指出:“哲学主要与论证有关，而不是与这里或那里任意拼凑的一些思想有关。……当论证支持一种信念的时候，哲学就开始有话要说。但是论证包括分析和综合，其中前提和结论起着重大作用，而且如果哲学主要与论证有关，那么逻辑就是哲学的本质。”② 逻辑与哲学于此紧密关联，但是中国传统哲学却有一个明显特点或者说缺陷，就是逻辑学不发达。金岳霖要建立其形而上学之道，不得不面临这一重要问题。金岳霖也承认中国哲学逻辑意识不强，他说:“中国哲学家没有一种发达的认识论意识和逻辑意识，所以在表达思想时显得芜杂不连贯，这种情况会使习惯于系统思维的人得到一种哲学上料想不到的不确定感，也可能给研究中国思想的人泼上一瓢

① 金岳霖:《审查报告二》，载冯友兰:《三松堂全集》第2卷，河南人民出版社，2000年，第615页。

② 金岳霖:《金岳霖全集》第六卷，人民出版社，2013年，第450页。

冷水。”[①] 与此同时，金岳霖又认为，中国哲学家在思考问题、论证问题时，虽然没有自觉、发达的逻辑意识，但是也在不自觉地运用逻辑。他说：“中国哲学家没有发达的逻辑意识，也能轻易自如地安排得合乎逻辑；他们的哲学虽然缺少发达的逻辑意识，也能建立在已往取得的认识上。意识到逻辑和认识论，就是意识到思维的手段。”[②] 其实，金岳霖是将逻辑与逻辑体系作了区分，他说：“逻辑系统是逻辑底具体的表现，逻辑系统的意义随逻辑系统而异。可是，系统虽多，而逻辑不二。”[③] 中国哲学家虽然没有发达的逻辑意识，但是他们许多重要的哲学思想还是合乎客观的逻辑，只是没有通过自己的逻辑系统，将这些深刻的哲学体系很好地表达出来。

所以，为了弥补中国文化之道在逻辑论证上的不足，金岳霖特别引入了西方逻辑分析方法，他希望通过西学的逻辑学法则来重建形而上学之道，这样就可以克服中国传统道学的逻辑论证的不足，完成一个符合现代逻辑的形而上学哲学体系。金岳霖所建构的形而上学之道，其最基本的逻辑构造，是以对“能”与“式”的逻辑设定为出发点的。他在《论道》第一章首先指出其形而上学之道的基本命题：“道是‘式—能’。”“道有‘有’，曰式曰能。”[④] 金岳霖之所以能够确立形而上学之道的元学体系，必须通过“式—能”的逻辑分析论证，才能够真正完成。所谓“式”，其实就是宋儒讲的“一理”，它表达的就是客观的“唯一逻辑”。所以，金岳霖其实是在引入西方的逻辑系统，对“式—

① 金岳霖：《中国哲学》，《哲学研究》1985 年第 9 期。

② 金岳霖：《中国哲学》，《哲学研究》1985 年第 9 期。

③ 金岳霖：《论道》，商务印书馆，2017 年，第 23 页。

④ 金岳霖：《论道》，商务印书馆，2017 年，第 20 页。

能”展开元哲学的论证。金岳霖肯定，“式—能”是紧密联系的，他论证说：“式”既是析取地无所不包的可能，则“式”外无可能；“式”外无可能，所以“式”外无“式”。他在通过对“式—能”的逻辑分析之后，最终确立了形而上学的基本逻辑，他说：“总而言之，道为道，物为物，物有生死而道无终始。道无终始亦即式与能无终始；式与能无终始，因为无无能的式无无式的能，所以同时也是式无终始，能无终始。”①显然，金岳霖运用逻辑学来论证中国文化之“道”，但不能够将此理解为他将西学的逻辑学强加到中国文化之道，而是希望从中国哲学所具有的客观逻辑展示出来，因为他坚信：“逻辑系统是逻辑底具体的表现，逻辑系统的意义随逻辑系统而异。”②中国哲学的逻辑系统虽可能不同，而逻辑则一。所以，金岳霖在运用来自西方的逻辑系统的时候，并不认为这与中国文化之道会有什么违和感。

由上可见，金岳霖建构的形而上学之道，并不是中国传统哲学的重复叙述，而是一种中国现代哲学的创新。而金岳霖之所以能够圆满完成这一具有现代哲学意义、人类普遍哲学意义的创造，首先得益于对西方哲学的全面学习与吸收。他既能够从西方哲学那里发现现代哲学面临的问题，也能够吸收西方哲学、逻辑学的思考和论证方法，以完成形而上学之道的建构。如果说，宋代理学之所以能够推动儒学的哲学重建，离不开宋儒对佛学的全面吸收的话，那么，金岳霖之所以能够实现中华文化之道的重建，同样是因为他对西方哲学全面吸收的结果。

① 金岳霖：《论道》，商务印书馆，2017年，第33页。

② 金岳霖：《论道》，商务印书馆，2017年，第23页。

第三节　形而上学之道的中学根基

尽管从理性主义视角而言，金岳霖建构形而上学之道的问题意识源于西方现代哲学，其论证“道”而讲的道理也离不开对西方形式逻辑的运用，但是道形而上学作为一种哲学形态却完全是现代中国哲学。现代中国哲学虽然特别强调吸收西方现代哲学，但是其文化精神却是中国的，来自于中国传统哲学的基本哲学范畴、思维方式、价值理念，可以理解为中国传统哲学的现代转型。应该说，金岳霖的形而上学之道，完全是具有中国文化特质的中国哲学形态。

首先探讨金岳霖的形而上学之道具有的中国哲学的哲学范畴、思维方式、价值理念。中国哲学的成熟形态是宋代理学，又称道学。理学的最重要范畴包括道器、无极太极、理气、心性、体用等等。而金岳霖在《论道》一书中，通过对宋儒理学体系得以建立的一系列哲学范畴的重新诠释，进而吸收了这些中国哲学的思维方式、价值观念，建构了一个以传统中国哲学范畴为框架的现代中国哲学体系——形而上学之道。首先金岳霖将自己最重要的著作，也就是元哲学的形而上学著作以《论道》名之，他解释说：“不道之道，各家所欲言而不能尽的道，国人对之油然而生景仰之心的道，万事万物之所不得不由，不得不依，不得不归的道才是中国思想中最崇高的概念，最基本的原动力。”[1]既然选择以“道”来建构元哲学，而中国哲学之道从来不是一个孤立的范畴，而是与其他一系列哲学范畴有着密切联系的网状关系的范畴系统。所以，金岳霖在《论道》一书中，将宋代理学的核心哲

① 金岳霖：《论道》，商务印书馆，2017 年，第 18 页。

学体系中，“无极”的“有理而无势”“未显的理仍为理”，其实均体现出宇宙规律性的客观法则特点，而他的“太极”是个体通过“尽性”而实现的“绝对的目的”，故而又体现出与人的意志、情感相通的目的性特征，那么，体现目的性的价值理念就进入到本体论范畴“太极”之中。所以，金岳霖说：“果然综合地说太极，太极底真是太极本身，太极底善与美也就是太极本身，太极本身总是太极本身，所以它们没有分别。我们要知道在日常生活中，真、善、美有分别，因为它们都是相对的，它们所相对的既不同，它们本身也有分别。太极是绝对；势归于理也可以说是万归于一。在这种情形之下真就是美，美就是真，而它们也都是善。”[①] 宋儒理性主义的“理”既是天理，又是人性，故而是天人合一之理；宋儒的“理”，既能够代表自然之真与道德之善，同时也能够体现天人和谐之美。可以发现，金岳霖诠释的“太极”，完全继承了宋儒的哲学精神。

金岳霖继承了宋儒的哲学精神，但是将其发展为一个合乎现代理性主义精神的现代性形而上学的元哲学。对于金岳霖而言，他从周敦颐那里引进的“无极而太极”，其实是一个将宇宙规律性与目的性统一起来的哲学思想，这正是理学家们希望建构的一套天人合一之道的哲学。所以，金岳霖的形而上学之道又体现出中国哲学的一个重要特点，即追求天人合一之道。他对于自己创建的元学有一个明确的哲学旨趣，追求“天地与我并生，万物与我为一”的最高精神境界，他说：“我现在要表示我对于元学的态度与对于知识论的态度不同。研究知识论我可以站在知识论底对象范围之外，我可以暂时忘记我是人，凡问题之直接牵扯到人

---

① 金岳霖：《论道》，商务印书馆，2017年，第231页。

者我可以用冷静的态度去研究它，片面地忘记我是人适所以冷静我底态度。研究元学则不然，我虽可以忘记我是人，而我不能忘记‘天地与我并生，万物与我为一’，我不仅在研究底对象上求理智的了解，而且在研究底结果上求情感的满足。”[①] 近代西方哲学的最大特点，是以追求知识、改造自然为目的，故而是主体和客体的二元化分离。而中国传统哲学的最大特点，是强调主体的自我与客观的天地万物在本体论的一致。所以，金岳霖希望建构的元学，其实是依据于中国文化之道，这是一个破除主体与客体的二元对立天人合一之道。这正如金岳霖所说：“如果我们从元学底对象着想，则万物一齐，孰短孰长，超形脱相，无人无我，生有自来，死而不已，而所谓道就是合起来说的道，道一的道。”[②]

由此可见，金岳霖建构元哲学的形而上学之道，既源于一种理性主义精神，也源于一种中华文化的情感需求。关于理性主义精神，我们在上一节已经作了讨论，而关于民族情感的问题，金岳霖也有明确的表达。他说：“多数熟悉中国哲学的人大概会挑出‘天人合一’来当作中国哲学最突出的特点。‘天’这个词是扑朔迷离的，你越是抓紧它，它越会从指缝里滑掉。这个词在日常生活中用得最多的通常意义，并不适于代表中国的‘天’字。如果我们把‘天’了解为‘自然’和‘自然的神’，有时强调前者，有时强调后者，那就有点抓住这个中国字了。这‘天人合一’说确是一种无所不包的学说；最高、最广意义的‘天人合一’，就是主体融入客体，或者客体融入主体，坚持根本同一，

① 金岳霖：《论道》，商务印书馆，2017 年，第 18 页。

② 金岳霖：《论道》，商务印书馆，2017 年，第 19 页。

泯除一切显著差别，从而达到个人与宇宙不二的状态。”[①] 金岳霖对形而上学之道的论证和诠释，均鲜明体现出现代人类哲学正在思考和需要解决的难题，为了化解人类与自然的尖锐矛盾冲突，化解人类社群之间的矛盾与冲突，化解人的身体与心灵之间的矛盾与冲突，需要重建一个合规律性和目的性的新形而上学。金岳霖以自己的全部智慧和才智从事形而上学之道的建构，就是为了服务于这一人类现代哲学的普遍问题。

金岳霖作为一位以西方哲学、逻辑学为专业的著名学者，而他所建构的元哲学体系是形而上学之道，故而和现代新儒家冯友兰、贺麟成为同道中人。冯友兰说：“金岳霖在英国剑桥大学说过：‘哲学是概念的游戏。’……这个提法说出了哲学的一种真实性质。试看金岳霖的《论道》，不就是把许多概念摆来摆去吗？岂但《论道》如此，我的哲学体系，当时自称为‘新统’者，也是如此。我在《新原道》中，自称我的哲学体系为‘新统’，是由四组概念组成的：第一组是理，第二组是气，第三组是道体，第四组是大全，金岳霖在《论道》中所摆出来的概念就很多了，但也不外乎这四组。他所说的‘可能’，相当于我所说的‘理’；他所说的‘能’，相当于我所说的‘气’，这是显而易见的。”[②] 贺麟在 40 年代也认为：“冯友兰先生的《新理学》与金先生的《论道》，在基本概念上是相同的。冯先生所谓理，相当于金先生所谓式，冯先生所谓气，相当于金先生所谓能。由无极之气到太极之理，所谓‘无极而太极’的过程，形成‘流行’的实际事物的世界，两人的说法也是相同的。”[③] 他们似乎都已经发现，金岳霖

① 金岳霖：《中国哲学》，《哲学研究》1985 年第 9 期。

② 冯友兰：《三松堂全集》第 10 卷，河南人民出版社，2000 年，第 655 页。

③ 贺麟：《当代中国哲学》，南京胜利出版公司，1947 年，第 13 页。

在游学西方之后，最后又回归中国文化之道。但是笔者认为，现代学界似乎更应该关切的是，金岳霖将中国文化之道纳入现代中国哲学的建构，除了希望自己能够得到一种传统精神、民族情感的满足之外，更关注这一哲学形态的人类普遍哲学的理性精神、情感满足。

第十五章

李泽厚的新内圣外王之道

李泽厚是湖南长沙人，中国当代著名哲学家，巴黎国际哲学院院士。李泽厚在青少年时期求学于湖南时就一直保持着对哲学问题的强烈兴趣，这应与湘学中的原道传统的深刻影响有关。李泽厚的研究领域十分广泛，包括美学、哲学、中国思想史、西方哲学等，但是，我们发现，贯穿他的学术思想的核心仍是“道”的问题。他在20世纪末的时候发表的《说儒学四期》是一篇值得注意的论文，他在文中提出一个明确的目标，就是“重新建构‘内圣外王之道’”。[1]李泽厚有时又将这一“内圣外王之道”称为“人类学历史本体论”。“道”是中国文化关于终极存在的称谓，而“本体”则是西方哲学对终极存在的称谓，这两个概念是可以相互诠释的，可见，李泽厚所建构的新道论兼容中西学知识体系，如果用中国的知识学范畴界说，即是所谓“新内圣外王之道”；如果用西学的知识学范畴界定，则是所谓“人类学历史本体论”。因此，他所重新建构的新的“内圣外王之道”，其思想来源包括中西之学。一方面它来之于中国传统文化，它是在继

① 李泽厚：《说儒学四期》，《己卯五说》，中国电影出版社，1999年，第31页。

承了原典儒学（孔、孟、荀）、第二期儒学（董仲舒）、第三期儒学（周、张、程、朱）的传统基础上的新发展；另一方面，同样要广泛吸收西学，这些西学思想包括马克思主义（生产力是社会存在根本、个人发展论、心理建设论）、自由主义、存在主义及后现代的各种思想。[①] 所以，李泽厚在表述他的原道思想时，既可以用中学的范畴表述，那就是天道、人道、人心、道心、天人合一、体用一源、内圣、外王、性情；也可以用西学的范畴来表述，那就是自然人化、人自然化、积淀、文化心理结构、社会性道德与宗教性道德、历史与伦理的二律背反等等，其核心范畴是“人类学历史本体论”。总之，李泽厚数十年漫步中西思想文化的各个领域，其内心深处仍是一种对道的强烈渴望和不懈弘扬，他的原道思想体现出 20 世纪人文主义的开阔视野，故而，他应是 20 世纪人文主义原道的代表人物之一。

第一节 “新儒学”的身份确认与思想统合

李泽厚一生涉猎的领域十分广阔，不同时期的思想聚焦也往往发生变化，故而学界对他的定位也不太确定。他曾经分别被学界称作是“新康德主义者”“新马克思主义者”“新儒家”。李泽厚从事学术生涯的数十年间，正是中国历史和思想发生巨大变迁的特别历史时期，他的思想焦点往往会随着时代而不断改变。在当代多元化价值观念、学术思潮中，李泽厚究竟可以归为哪一家呢？

① 详见李泽厚：《说儒学四期》，《己卯五说》，中国电影出版社，1999 年。

首先，说李泽厚是“新马克思主义”，确实是有道理的。李泽厚对有人问他是否是马克思主义者，曾经作出“yes and no”的回答。他说“no”的理由有很多，因为他并不赞成马克思主义的阶级斗争、暴力革命、剩余价值等学说；而他说“yes”的理由只有他认为最重要的一条，就是他赞同历史唯物主义的基本原理：制造与使用工具的群体实践活动是人类起源和发展的决定性因素，制造工具、科技、生产力和经济是自古至今人类社会生活的根本基础。也就是说，他不赞成“革命”的马克思主义，而赞成“建设”的马克思主义。但是他又认为，要补充和完善马克思历史唯物论工具本体的不足，需要借助儒学的心性论与康德的主体性哲学。[①] 所以，李泽厚精心建构的主体性实践哲学，不仅仅是继承、弘扬了马克思主义，还是一种补充和发展马克思历史唯物主义的“新马克思主义”。

其次，将李泽厚称为“新康德主义”，也有充分理由。李泽厚出版了在学界影响很大的《批判哲学的批判》，在系统研究康德的基础上希望回归康德。他在一次重要的国际学术会议上提出“要康德，不要黑格尔”[②]，学界有人还认定“可将李泽厚的主体性实践哲学称之为新康德主义”[③]。一方面，李泽厚系统阐发了康德的主体性哲学的启蒙意义，肯定其认识论、道德论、审美论对挖掘人类主体内在生命、建构人类文化心理结构的重要贡献。李泽厚特别肯定康德哲学所追求的普遍性和理想性，比强调特殊、

① 李泽厚：《儒学、康德、马克思三合一》，《社会科学报》，2016 年 12 月 15 日。

② 许景行、顾伟铭：《纪念康德、黑格尔学术讨论会在北京召开》，《哲学研究》，1981 年第 10 期，第 73—79 页。

③ 薛富兴：《新康德主义：李泽厚主体性实践哲学要素分析》，《哲学动态》，2002 年第 6 期，第 34—37 页。

现实的反普遍性具有更久长的生命力。另一方面，李泽厚又强调康德的不足，需要将马克思历史唯物主义关于人类起源的实践论哲学引入康德研究，以解释康德人类先验理性的来源，使康德的精神主体性获得人类学的支撑。① 由于李泽厚以马克思的历史唯物主义、儒家的外王之道，弥补了康德主体性哲学的不足，故而其康德主义又具有"新"的特点和意义。

本文立足于李泽厚思想成熟的晚年，主张李泽厚是当代新儒家类型之一。李泽厚本人对"新儒家"身份有认同。1993 年李泽厚在回答《原道》杂志访谈"如果把您称为新儒家，您愿意吗"的提问，他直接回答："愿意。但不是现在港台那种新儒家。"② 虽然李泽厚将自己与港台新儒家区别开来，但是他还是同意认同"新儒家"身份。李泽厚数十年漫游古今中西不同学术领域，最后认同"新儒家"身份，而其"新儒学"则集中在他希望完成的"人类学历史本体论"的哲学体系。

李泽厚的思想体系虽然尤其地强调中、西、马思考的结合，但三者并不是平分秋色的。在李泽厚从事学术研究的七十年内，恰恰是中国历史、中国思想发生巨变的时代，尽管李泽厚的哲学思考一直保持着一贯的连续性，但是密切关注时代变革、希望从历史大势中探寻哲理的文化关切，使得他的思想具有鲜明的时代性。所以李泽厚在不同历史阶段，其中、西、马的思想视角、思想地位略有不同。粗略地说，20 世纪 50 年代至 60 年代的李泽厚，其思想视角是以马克思主义为主导；而在 20 世纪 70 年代至 80 年代，他似乎更为关注西学的启蒙意义，故而西学视角更为

① 李泽厚：《儒学、康德、马克思三合一》，《社会科学报》，2016 年 12 月 15 日。

② 李泽厚：《思想学术问答》，《李泽厚学术文化随笔》，中国青年出版社，1998 年，第 273 页。

明显；而20世纪90年代至21世纪，他的思想视角发生了一些转移，更为强调中国思想的普世价值和未来意义。他在2010年、2011年还先后出版了对话录《该中国哲学登场了》《中国哲学如何登场》。

所以，如果我们进一步探讨李泽厚的主导思想，还是更应该关注他晚年的主导思想，尽管他一生均是强调中、西、马思想的结合，而他晚年更加强调中国思想的重要地位。他在2015年出版的《由巫到礼 释礼归仁》一书中明确表示："人类学历史本体论以孔夫子为主，吸收和消化Kant（康德）与Marx（马克思）。"[①] 在孔子、康德、马克思三者之间，他明确自己是以孔子为主而吸收和消化康德与马克思，与宋代新儒家以孔子为主而吸收和消化老庄与释迦牟尼的学术建构路径十分接近。他称这一思想体系就是"新内圣外王之道"，以此表明这一学术体系代表了他的"新儒学"。李泽厚为什么要将自己的思想体系看作是以孔夫子为主，吸收和消化康德与马克思呢？晚年李泽厚完成的"新内圣外王之道"学术体系表明，他开始拥有新儒家的身份，体现出他对原典儒学周孔之教的道统认同。李泽厚认为，代表儒家思想"真骨血""道统之精"的"实用理性""乐感文化""情感本体""一个世界"，均根源于继承了华夏文化中悠久巫史传统的"周孔之道"。

国际哲学界其实早已关注和认同李泽厚与儒学哲学的重要关系。2014年10月，世界儒学文化研究联合会（The World Consortium for Research in Confucian Cultures）在美国夏威夷大学举办了"儒学价值观与变革中的世界文化秩序"的首届会议，会

① 李泽厚：《由巫到礼 释礼归仁》，生活·读书·新知三联书店，2015年，第238页。

议上有一个小组专门讨论李泽厚与儒学的关系。第二年 10 月，在世界儒学文化研究联合会的支持下，又在夏威夷大学开了一个“李泽厚与儒学哲学”的专门的小型会议。会议最后出版了论文集《李泽厚与儒学哲学》，主编安乐哲、贾晋华在《导论》中认为：“李泽厚的全部著作肯定能成为儒学哲学在当代持续演进的思想资源。”[①] 这一本论文集作者来自于东亚、北美、欧洲的十个不同国家与地区。

要了解李泽厚重建“内圣外王之道”的新儒家思想，必须进入到他的“儒学四期”的思想主张之中，进而考察这些思想蕴含着的新儒学思想及其道统论。

第二节　儒学四期说

首先考察李泽厚的儒学四期说。牟宗三、杜维明的“新内圣”道统论与他们的儒学三期说密切相关，而李泽厚针锋相对，提出儒学四期发展的观点。李泽厚进一步解释说，这不仅仅是一个儒学的历史分期问题，其实包含着对儒家思想体系的整体认知、历史演变以及现代传承紧密相关的一系列重大问题；当然，这一个问题也会涉及李泽厚的哲学体系与儒学的继承关系问题。为了解决上述一系列问题，李泽厚晚年专门撰写了文章《说儒学四期》，系统阐述了他对儒学分期的看法。

李泽厚承认他的儒学四期说缘起于牟宗三、杜维明的儒学三期说。牟宗三、杜维明将儒学发展分为三期：孔孟创建儒学，是

① 安乐哲、贾晋华编：《李泽厚与儒学哲学》，上海人民出版社，2017 年，第 2 页。

儒学第一期；孟子死后儒学不得其传，宋明儒者继承孔孟而重建儒学，成为儒学第二期；清三百年儒学又失其传，熊十力、牟宗三等开始继承宋儒道统，推动儒学的复兴和发展，就成为儒学第三期。这一分期说也包含了他们对儒家道统论以及道统传承的理解。李泽厚认为牟宗三、杜维明的儒学三期说既有理论上的困难，又有实践方面的问题。从理论上说，牟宗三、杜维明以心性论的内圣之道来概括儒学是"失之片面"，李泽厚也不赞成牟宗三的"内圣开外王""超越而内在"的说法，认为它们存在"更为重要的理论困难"。所以，李泽厚将港台新儒家看作是宋明理学在现代的"隔世回响"，认为儒学要复兴的话，必须在宋明理学之外"另辟蹊径，另起炉灶"[①]。

李泽厚强调，儒家哲学不仅仅是内圣之道，而应该是完整的"内圣外王之道"，他以此为依据将儒学及道统发展分为"四期"。

李泽厚认可的第一期儒学是指孔子孟子荀子，肯定他们的思想代表了原始儒学的"内圣外王之道"。牟宗三、杜维明继承了宋明理学以内圣之道为依据，将持性恶论、礼法论等外王之道的荀子排斥在儒家道统之外。而李泽厚的儒学分期说以内圣外王之道为依据，荀子代表了早期儒学中发展了外王之道的重要方面，完全应该纳入到他理解的儒家道统之中。李泽厚在《孔子再评价》《荀易庸记要》两篇文章中指出，孔子继承了周公的文化传统，并以仁释礼，创建了修身与治平、正心诚意与齐家治国、内圣与外王相对统一的儒学，就是后人说的"内圣外王之道"。在孔门后学中，孟子发展了孔子注重道德修身的内圣之道，建立起儒家的道德主体性，并发展出尽心、养气一套内向的工夫论；而

① 李泽厚：《说儒学四期》，《己卯五说》，中国电影出版社，1999 年，第 13 页。

荀子则发展了孔子注重以礼治国的外王之道，荀子大讲刑政、并称礼法，成为从战国到秦汉的过渡人物。将先秦孔孟荀思想统一起来，就构成儒学第一期的“内圣外王之道”。

李泽厚认为，汉代董仲舒继承、发展了先秦儒家之道，构成儒学第二期发展。汉代儒家“将先秦原典儒学的基本精神，移植到法家政刑体制内，进行了‘转化性的创造’，使之成为这一体制的灵魂和基石”[①]。李泽厚认为汉代儒学将孝慈、仁义、德政、王道等原始儒家的重情观念通过天人宇宙图式，移入到法家政刑体制内，从而形成了“儒法互用，礼法交融”的汉代儒学形态。如何看待这一种“儒法互用，礼法交融”的儒学形态？从宋代儒家到现代新儒家对这一种“外王之道”往往持批评和否定的态度，认为汉代儒学完全背离了孔孟之道的儒学道德精神。但是学界历来就有不同的看法，如历史学家陈寅恪就认为：“二千年来华夏民族所受儒家学说之影响，最深最巨者，实在制度法律公私生活之方面。”[②]与陈寅恪的看法相一致，李泽厚也是从这一个角度肯定汉代儒学，他不仅充分肯定汉代儒学对华夏民族的文化心理结构的构造和形成起到了某种决定性作用，而且对这一种“儒法互用，礼法交融”的现代意义也做出了充分肯定。他相信通过转化性创造的“儒法互用”形态，可以探讨一条比以原子式个人主义为基础、以理性与契约来维持国家秩序更为圆满的现代化道路。

牟宗三、杜维明认为宋代儒家心性之学传承了孔孟之道，故而将其看作是儒学发展的第二期。李泽厚也认为宋明儒学在面

① 李泽厚：《说儒法互用》，《己卯五说》，中国电影出版社，1999年，第80页。

② 陈寅恪：《冯友兰中国哲学史下册审查报告》，《陈寅恪史学论文选集》，上海古籍出版社，1992年，第511页。

对佛老之学的挑战，入室操戈以吸收和改造释道哲理，重建了儒学的“内圣之道”，故而代表了儒学的第三期发展。李泽厚对宋明儒学发展阶段有着肯定的评价，认为宋明儒学提出的理气心性等各种不同的宇宙论、心性论哲学，其实质都是为了建构儒家的伦理主体性，希望将儒家伦理“提到‘与天地参’的超道德的本体地位”①。李泽厚对宋明儒学的评价也是立足于华夏民族的文化心理结构的构造和形成，肯定这一思想在中华民族注重气节、重视品德、以理统情、自我节制等建立主体意志结构方面的实际历史影响。他认为宋明理学在哲学理论上把道德自律、意志结构，“提扬本体论的高度，空前地树立了人的伦理学主体性的庄严伟大。在世界思想史上，大概只有康德的伦理学能与之匹敌或相仿”②。但是，李泽厚也批评宋明儒学的片面性，就是使内圣之道脱离外王之道。与此同时，李泽厚认为熊十力、牟宗三是传承宋明儒学的内圣之道而来，并没有新的发展，所以他在《略论现代新儒家》一文中，认为现代新儒家代表人物及其思想，如熊十力的“践履”、梁漱溟的“修己”、冯友兰的“境界”、牟宗三的“圆善”，传承的仍然是宋明理学的“内圣之道”，故而只是“现代宋明理学”，即宋明新儒学与“现代新儒学”其实均是儒学第三期。

李泽厚认为当代儒学面临第四期复兴和发展，其目标应该是重新建构“内圣外王之道”，即通过回归先秦原典儒学，回应、同化现代西方的自由主义、马克思主义、存在主义以及后现代理论等各种思想资源，推动儒学第四期的发展。李泽厚将未来的第四期儒学称为“新内圣外王之道”，或者称之为“人类学历史本体

① 李泽厚：《宋明理学片论》，《中国古代思想史论》，人民出版社，1985年，第220页。

② 李泽厚：《宋明理学片论》，《中国古代思想史论》，人民出版社，1985年，第256—257页。

论”。这一种新儒学避免了儒学第二期仅仅发展儒家外王之道、儒学第三期仅仅发展儒家内圣之道的片面性，以求回归、复兴孔子为代表的原典儒学的“内圣外王之道”。李泽厚将这四期儒学的基本范畴和思想特点作了一个简要的概括，他说：

> 如果说，原典儒学（孔、孟、荀）的主题是“礼乐论”，基本范畴是礼、仁、忠、恕、敬、义、诚等等。……第二期儒学（汉）的主题是“天人论”，基本范畴是阴阳、五行、感应、相类等等，极大开拓了人的外在视野和生存途径。……第三期儒学（宋明理学）主题是“心性论”，基本范畴是理、气、心、性、天理人欲、道心人心等等，极大地高扬了人的伦理主体，……那么，第四期的儒学主题，对我来说，则将是“人类学历史本体论”，其基本范畴将是自然人化、人自然化、积淀、情感、文化心理结构、两种道德、历史与伦理的二律背反等等。①

由此可见，李泽厚之所以将儒学第四期看作是“新内圣外王之道”或“人类学历史本体论”，恰恰是他毕生从事不同领域学术研究的全面概括和系统总结。他毕生的学术研究，其实也就是儒学第四期发展的哲学建构，这是他同意“新儒家”身份认同的基本原因。

① 李泽厚：《说儒学四期》，《己卯五说》，中国电影出版社，1999 年，第 30 页。

第三节　内圣外王之道的重建

尽管李泽厚自己认同“新儒家”的学术身份，但是在当代中外学界仍然很少人将他作为新儒家看待。甚至十分关注李泽厚与儒家思想密切关系的安乐哲也认为：“李泽厚是一位具有广阔的全球兴趣的、自成一格的哲学家，不应被削足适履以求符合任何现有的中国或西方派别。”[①] 故而必须进一步解释李泽厚的“新儒家”身份。

李泽厚以毕生精力完成的学术体系表明，他拥有现代哲学家与新儒家两重身份，我们从他的哲学体系拥有“人类学历史本体论”与“新内圣外王之道”两个不同命名就可以看出来。作为现代哲学家，他的哲学体系则应该称为“人类学历史本体论”，这是一个非常“哲学”化的名称，体现出李泽厚对以康德为代表的西方世界一系列哲学问题的回应；作为新儒学人物，他将自己的学术体系称为“新内圣外王之道”，体现出他对原典儒学周孔之教的道统认同。但是，李泽厚还是选择以《人类学历史本体论》作为书名，而未考虑以“新内圣外王之道”为书名。而且从该书的内容和形式来看，会发现这一本书的内容体系也与康德的三大批判有关，即通过对认识论、伦理学、存在论（建立新感性的审美形而上学），以回答康德以来世界哲学界面临的思想困境。李泽厚思考的问题、使用的范畴、建构的体系，均表明他是一位深受西方康德、马克思、海德格尔哲学思想影响的现代哲学家。

既然如此，李泽厚为什么要将自己的人类学历史本体论看作是以孔夫子为主，吸收和消化康德与马克思呢？李泽厚在参加在美国夏威夷大学召开的“李泽厚与儒家哲学”发言提纲中解

---

① 安乐哲、贾晋华编：《李泽厚与儒学哲学》，上海人民出版社，2017 年，第 2 页。

释了这一原因，他说："历史本体论所继承的是中国儒家哲学的'神'——生存智慧（度，proper measure）、实用理性（pragmatic reason）、历史意识（strong consciousness of history）、乐感文化（cultrue of optimism）、仁学结构（the structrue of humaneness，见拙文《孔子再评价》）、情本体（emotion as substance）、关系主义（guanxi-ism）等等，而非'形'——仪式、制度、服饰、词语、章句、讲疏等等。"[①] 李泽厚表明，他作为一个现代的"新儒家"学者，并不在意儒家礼仪或经学注疏等外在之"形"，而继承的是儒家思想之"神"，就是分散在《人类学历史本体论》中的情感本体、度的艺术、乐感文化、仁学结构等代表儒家思想精髓的内容。就理论体系的"形"而言，李泽厚建构的体系是具有西方现代哲学特征的"人类学历史本体论"；就其这一体系的"神"而言，则体现出以孔子思想核心为基础的"新内圣外王之道"。质而言之，李泽厚建构的"新内圣外王之道"，恰恰体现在他以儒家思想传统解决现代人类面临的哲学问题和现实困境。李泽厚在《人类学历史本体论》中大讲他的新儒学思想，显然是希望以儒家"内圣外王之道"的基本精神建构其未来中国或人类的哲学基础，他将这一学说看作是对儒家道统的真正继承。

所以，我们需要进一步探讨李泽厚提出的"内圣外王之道"和"新内圣外王之道"，二者密切相关但有很大不同：前者是他理解的儒家思想传统的实质和整体，后者是他追求的儒学第四期发展目标。

首先讨论李泽厚认可的儒家"内圣外王之道"。李泽厚对儒

① 李泽厚：《有关"人类学历史本体论"》，《人类学历史本体论》附录，青岛出版社，2016年，第649页。

学的整体看法是："'内圣外王'是儒学的主要课题。"[①] 故而学界往往以"内圣外王之道"来概括儒学。但是从宋明理学到港台新儒家有一个共通的主张，就是强调"内圣"的根本性、至上性、优越性，并在"内圣之道"的哲学建构方面作出了积极贡献。李泽厚认为宋明理学将原典儒学的"周孔之道"改造为"孔孟之道"是偏离了儒家"内圣外王之道"的完整性，主张回归原典儒学的"周孔之道"。他认为儒家思想的精髓和道脉，其实均源于周公奠基、孔子完成的"内圣外王之道"，这一个过程分成两步："第一步是'由巫到礼'，周公将传统巫术活动转化性地创造为人际世间一整套的宗教—政治—伦理体制，使礼制下的社会生活具有神圣性。第二步是'释礼归仁'，孔子为这套礼制转化性地创造出内在的人性根源，开创了'壹是皆以修身为本'的修齐治平的'内圣外王之道'。"[②] 李泽厚认为，代表儒家思想"真骨血""道统之精"的"实用理性""乐感文化""情感本体""一个世界"，均根源于继承了华夏文化中悠久巫史传统的"周孔之道"。

由周公、孔子奠定的"内圣外王之道"，在后来的两千多年儒学史中得到进一步的发展，但是往往是一种片面性发展。如先秦时期"荀子和孟子，是孔子的两翼：一个由外到内，另一个从内到外。"[③] 孟子重视"内"，发展出一套内圣之道；荀子之所谓"外"，发展出一套外王之道。李泽厚不满宋明理学、现代新儒家对荀子的否定或偏见，因为荀学不仅决定和影响了汉代儒学，而且构成儒学的第二期发展，即将先秦原典儒学的道德精神与法家政刑体制结合起来，使儒学成为一种儒法互用的政治儒学。而

---

① 李泽厚：《说儒法互用》，《己卯五说》，中国电影出版社，1999 年，第 72 页。

② 李泽厚：《由巫到礼 释礼归仁》，生活·读书·新知三联书店，2015 年，第 141—142 页。

③ 李泽厚：《为儒学的未来把脉》，《世纪新梦》，安徽文艺出版社，1998 年，第 137 页。

宋明儒学继承了孟子的内圣之道，将“周孔之道”改为“孔孟之道”，建构出一种儒道（兼佛）互补的心性儒学。李泽厚坚持认为，不能够像宋明理学家那样，仅仅是肯定孔、孟、周、程、朱、陆、王的内圣一派才是儒学正统，必须将孔、荀、董、王、陈、叶、黄的外王一派合起来，才能够构成完整的儒家内圣外王之道。在中国思想史上，儒家一直居于核心与主体地位，尽管儒家的外王之道吸收了法家、阴阳家、兵家等不同流派的学说，儒家的内圣之道吸收了道家、佛教等不同流派的学说，但是均是将它们补充到以周孔之道为核心的儒家“内圣外王之道”体系中。

其次再讨论李泽厚倡导的新儒家的“新内圣外王之道”。将儒学归结为“内圣外王之道”，其实只是李泽厚作为一个思想史家对儒学的知识建构与历史描绘，而将未来儒学四期发展勾勒成“新内圣外王之道”，则体现出一个以“新儒家”自期的李泽厚对未来儒学的展望和自己“继绝学”的文化承担。前者只需要“形而上学沉思”式的哲人智慧，后者则需要具有重建“天下有道”理想的士君子情怀。李泽厚明确表达，他之所以提出“儒学四期”的问题，源于中国传统儒家正面临近代以来从欧美带来的现代化挑战。与他之前的现代新儒家一样，李泽厚首先肯定西方近代思潮对儒家外王之道挑战的严峻性。由欧美传入的现代化思潮包括科学技术、民主政治、市场经济，以及与之相关的个人主义及其权利、自由、平等的观念，对传统儒家的外王之道构成最强有力的挑战。中国如果希望实现现代化，就必须接受现代科技、民主政治、市场经济，那么儒家外王之道显然已经不适应现代化的要求而面临淘汰的结局。港台新儒家基本上是不认可儒家的外王之学，他们希望将儒家传统的内圣之学与现代化的科学、民主的“新外王”结合起来。但是，李泽厚的新儒学不同。一方面他认为儒家的外王之道其实包含着强大的生命力，故而在迎接现代化挑战之后仍然可以纳入“新外王之道”。另一方面他又认为儒家的内圣之道同样面临现代化的挑战，现代新儒家的内圣之道通过应对基督教神学、精神分析学、存在主义以及各种后现代主义思潮挑战之后，方可以纳入“新内圣之道”。

李泽厚一直有一个基本信念，就是中华民族在数千年的历史中，不断积淀和形成一种十分稳定的“文化—心理”结构，从而建构出一种巨大的时空实体。李泽厚的儒学史、中国思想史研究，就是要挖掘中华民族“文化—心理”结构的思想史根源。他反复论述的儒家传统如“实用理性”“乐感文化”“情感本体”“一个世界”，就是这一“文化—心理”结构的不同体现，其源头可以追溯到周孔之道的巫史传统中。李泽厚要对这一思想传统进行“转化性创造”，为中国的现代化完成走出一条新的道路。他期望“新内圣外王之道”的兴起是“第二次文艺复兴”，他说：“面对当前如洪水般的悲观主义、反理性主义、解构主义，儒学是否可以提供另一种参考系统，为创造一个温暖的后现代文明作出新的‘内圣外王之道’（由某种乐观深情的文化心理结构而开出和谐健康的社会稳定秩序）的贡献呢？从而，儒学命运难道不可以在崭新的解释中获得再一次生存力量和世界性的普泛意义吗？”①

还有一点值得补充，就是李泽厚所谓“新内圣外王之道”的普遍意义。现代新儒家往往将儒学复兴与中华民族复兴联系起来，但是李泽厚还关注第四期新儒学的人类意义，这或许是他将第四期新儒学又称为“人类学历史本体论”的原因之一。李泽厚

① 李泽厚：《初拟儒学深层结构说》，《己卯五说》，中国电影出版社，1999年，第188页。

曾经将他的“新内圣外王之道”的重建，理解为人类的“第二次文艺复兴”。他在《答高更（Paul Gauguin）三问》中提出：“第一次文艺复兴是回归希腊，把人从神学、上帝的束缚下解放出来，然后引发了宗教改革、启蒙运动、工业革命等等，理性主义、个人主义盛行，也导致今日后现代的全面解构。我希望第二次文艺复兴将回归原典儒学，把人从机器（高科技机器和各种社会机器）的束缚下解放出来，重新确认和界定人是目的，发掘和发展个性才能。由‘道始于情’而以国际和谐、人际和谐、宗教和谐、民族和谐、天人和谐、身心和谐为标的，使人类走向光明的未来。这就是‘为生民立命，为往圣继绝学，为万世开太平’（张载），但这又仍然需要人类自身的努力奋斗。”[①] 由此可见，李泽厚期望的儒学四期发展，之所以需要同化现代和后现代的种种思想资源，他显然是希望这一新的哲学体系能够为未来的人类社会作出贡献。

第四节　新道统论

“新儒学”理论建构总是与道统论建构联系在一起。宋代新儒家创建了道统论，而现代新儒家则传承了宋儒的道统论话语。李泽厚似乎没有“道统”话题的专论，但是，他自我认同的新儒家身份注定会对道统思想作出积极回应。李泽厚的道统思想，其实是他新儒学思想的核心精神。

余英时曾经提出：“自熊十力起，新儒家都有一种强烈的道统意识，但是他们重建道统的方式则已与宋明以来的一般取径有

① 李泽厚：《答高更（Paul Gauguin）三问》，《人类学历史本体论》，青岛出版社，2016年，第13页。

所不同。”[1]余英时将现代儒家的道统论区分为“狭义”和“广义”两种：熊十力、牟宗三以复兴儒家心性论为宗旨，是一种狭义道统观；钱穆等历史学家以研究和复兴中国文化传统为宗旨，是一种广义的道统观。按照余英时的这一分法，李泽厚对儒学的研究和传承，主要是思想文化的广义视角。他特别关注中华民族的“文化—心理”结构，注意探讨儒学的“大传统”和“小传统”的结合，尤其是强调儒学是一种内圣外王之道，故而李泽厚的新儒学包含着一种广义的道统观。现代新儒家中，张东荪也是立足儒家内圣外王之道的广泛视角，特别是“新外王”的建构方面，明显不同于熊十力、牟宗三的心性道统论，而学界也认同张东荪的广义道统论。

考察李泽厚的道统论思想，可以从更加广阔的思想文化视角探讨儒学复兴的现代意义。那么，李泽厚是如何通过他的“儒学四期”“新内圣外王之道”，以表达一个新儒家学者的广义道统意识呢？与宋儒或港台新儒家一样，李泽厚的道统意识体现在下列三个方面：

（一）作为一种具有道统意识的儒家学者，李泽厚对儒家思想有一种强烈的文化认同感，希望复兴其核心文化价值；特别是在面对新的历史剧变、西方文明的挑战时，能够回归儒家传统。

李泽厚在从事中国古代思想文化史的研究过程中，越来越认同以儒学为主体的中国思想文化。面对现代西方纷纭复杂各种学术流派、文化思潮，李泽厚逐渐发现它们存在的问题，他希望从儒家的内圣外王之道找到解决问题的答案。李泽厚将对未来中国或世界文化的构想称为“新内圣外王之道”，他认为，儒学的

① 余英时：《钱穆与新儒家》，《余英时文集》第5卷，广西师范大学出版社，2006年，第24页。

“一个世界”“情理结构”“实用理性”“乐感文化”均是能够化解现代西方思想困境的重要思想。他呼唤在西方宗教与哲学面临困境时，“该中国哲学登场了”。而且，李泽厚希望回归的儒家传统是上古时代的原典儒学。

宋儒否定汉代儒学而回归孔孟之道寻求道统，这一道统仅仅是内圣之道；而李泽厚则从孔孟之道回归周孔之道，因为周孔之道包含了内圣外王之道的道统。李泽厚还进一步从“巫史传统”来说明周孔之道的源头，他认为周公“制礼作乐”，创造了一套“宗教—政治—伦理”的制度体系；而孔子“释礼归仁”，为这套礼乐制度创造出内在的心性根源，最终完成了修齐治平的内圣外王之道。他强调：“周、孔使中国传统从人文和人性两个方面在相当早的时代获得了一条实用理性之途。”“有周、孔才有内圣外王。”① 儒学中的特质以及有生命力的思想诸如“一个世界”“情理结构”“实用理性”“乐感文化”，其实均与此周孔之道有关，21 世纪的新儒学应该是内圣外王之道的全面复兴。

（二）李泽厚之所以是“新”儒家，还因为他不是固守儒家传统不变的学者，而是敢于大胆学习吸收现代化过程中出现的种种新的思想，推进儒学的转化性创造，重建一种复活文化生命力的新儒学。

李泽厚认为，汉代儒学敢于吸收法家、阴阳家、兵家的不同思想，才得以完成儒学二期的发展；宋代儒学出入释老，大胆吸收佛学、道家的不同思想，才推动了儒学三期的发展。而近代以来，儒家文化遇到前所未有的思想挑战，儒学要能够在全球范围内的现代化运动中不变成博物馆中的“历史遗存”，还能够成为

① 李泽厚：《由巫到礼 释礼归仁》，生活 · 读书 · 新知三联书店，2015 年，第 142 页。

影响中国和世界的思想文化，就必须多维度地学习吸收影响现代世界的各种思潮、流派的重要思想。李泽厚期望的儒学四期发展，其实是同化现代和后现代的种种营养和资源，包括自由主义、马克思主义、存在主义、精神分析学、后现代主义、基督教神学等等。李泽厚坚持儒家道统必须是完整的“内圣外王之道”，在他重新建构的“人类学历史本体论”中，就广泛吸收了世界范围内的各种现代思想、后现代思想。

李泽厚还提出一个饱受争议的“西体中用”思想。新儒家大多持“中体西用”观念，即以中国儒家内圣之道为体，以西方的科学民主为外王之道为用。其实，李泽厚所说的“体用”内涵发生了重要变化，他反复强调自己所谓的“体”是一种“新解”，“体”不是“中学”或“西学”，他说：“‘体’应该指‘社会存在的本体’，即人民大众的衣食住行、日常生活。”[①] 他还以“形神”关系来说“体用”关系，即人的社会存在、日常生活是“体”，也可以看作是“形”；而思想文化是“用”，可以看作是“神”。[②] 中国人接受西方现代化生活方式其实是从“形”而言，而坚持和传承以儒学为主的中国文化却是“神”。他认为“中体西用”论者引进的“西用”，其实与他的“西体”有相通之处。他说：“‘西体中用’通由‘中体西用’的方式和理论以实现自己，整个‘中体西用’成为‘西体中用’之‘中用’过程中的组成部分或阶段。”[③]

（三）李泽厚作为一个保持道统意识的儒者，并不会是一个

---

① 李泽厚：《再说“西体中用”》，《世纪新梦》，安徽文艺出版社，1998年，第175页。

② 李泽厚：《再谈理性与本能》，《人类学历史本体论》，青岛出版社，2016年，第145—146页。

③ 李泽厚：《有关“西体中用”》，《人类学历史本体论》附录，青岛出版社，2016年，第652页。

置身世外的纯粹哲学家，而是像儒者一样承担社会责任和文化使命，拥有宋儒“为天地立心，为生民立命，为往圣继绝学，为万世开太平”的人文情怀。

李泽厚通过他的“儒学四期”“新内圣外王之道”的论述和展望，表达了他对儒家“道统”的建构和承担。李泽厚是写了大量哲学、美学、思想史著作的哲学家，又是一个有着强烈现实人文关怀的儒者。他认为自己表述的内圣外王之道源于周孔之道，这就蕴含着一个思想前提：他希望“转化性创造”而建构的“新内圣外王之道”，才真正继承了这一“道统”。李泽厚之所以要通过复兴周孔之道以构建新儒家的“新内圣外王之道”，而不是采取打破传统、重建一种新文化思想的“革命”路线，源于他在思想文化上的长期主张，文化建设只能够在继承中华优秀传统文化基础上实现“转化性创造”。读他的《人类学历史本体论》，可以发现他为儒学四期发展而从事“转化性创造”的苦心。可见，李泽厚的道统论与牟宗三的道统论有相通之处，就是均认定从孔子以来就建立了一个代表儒学基本精神并且从古代一直延续下来的“道统”，并且他们均将自己的学术看作是这一“道统”的传承和发展。但是，他们的道统论又存在很大的差别，牟宗三认为道统是“内圣之道”的统绪，而李泽厚强调完整的“内圣外王之道”。

而且，李泽厚还进一步从儒学的表层结构和深层结构思考儒学的复兴。他认为儒学不仅仅是一套经典学术、精英思想，同时还是一种“百姓日用而不知”的文化心理、风俗习惯。李泽厚强调：“儒学之所以能成为华夏文化的主流、骨干，主要在它已化为民族的文化心理状态。正因为此，不但在‘大传统’中，而且也在‘小传统’中，儒学都占居统领地位。”[①] 所以，李泽厚不仅仅是从纯学术的表层结构研究儒学，还从儒学的深层结构研究儒学，即探讨普通中国人的“文化—心理”结构中的儒学。他认为儒学的“大传统”与“小传统”之间是互动的，主张从事儒学“大传统”研究的学者要能够使儒学“小传统”由日用而不知的“文化—心理”转化为一种自觉意识、理性认知，以指导儒学深层结构的建设和发展；另外，儒学“小传统”的“文化—心理”也能够支持儒学“大传统”获得生生不息的顽强生命力。

在20世纪末出版的《说儒学四期》一文的结束语中，李泽厚表达了他自己对未来儒家文化复兴的殷切期望：“儒门淡薄，已近百年；贞下起元，愿为好望。”[②]

---

① 李泽厚：《初拟儒学深层结构说》，《己卯五说》，中国电影出版社，1999年，第180页。

② 李泽厚：《说儒学四期》，《己卯五说》，中国电影出版社，1999年，第31页。

结　语

道统与中华文化的返本开新

本书探讨湘学学统与中华道统之间的关系，希望从源远流长的湘学发展脉络中挖掘中华文化的道统意义。由于过去学界对道统问题一度存在有偏见，往往将道统论理解为狭隘的学术宗派或思想僵化。为了深化对本书主题的理解，故而拟在结语中对道统问题作一些思想上的澄清。其实所谓“道统”，如果从中国思想文化历史过程来考察，恰恰是一种中华文化的返本开新。将中华文化返本开新的文化主体意识发展成为一种文化自觉与理论概括，这才是道统论的思想核心。

所以，为了进一步总结湘学学统与中华道统的问题，本书拟通过结语，对道统与中华文化返本开新以及马克思主义中国化等相关的几个重要问题作进一步讨论，这些问题既涉及对道统作中华文化返本开新意义上的理解，更涉及中华文化主体意识、马克思主义中国化等重要问题，而湘学传统对这些问题均有杰出的贡献。特别是马克思主义中国化的过程中产生了毛泽东思想，而毛泽东思想的形成过程就有湖湘文化背景与湘学传统的深刻影响。所以，本书在结语中主要讨论下列三个问题：其一，道统与中华文化返本开新，以澄清道统的中华文化主体性意义；其二，湘学与中华文化返本开新，以进一步概述湘学在传承中华道统、中华文化返本开新方面的杰出贡献；其三，马克思主义中国化与中华文化返本开新，初步讨论毛泽东思想的形成过程，考察湘学的返本开新精神对马克思主义中国化的深刻影响。下面分别讨论。

一、道统与中华文化返本开新

中国思想传统中一直有一个深刻而独特的理念：道统。追溯道统思想形成和发展的过程，必须注意春秋战国与两宋这两个时期：道统思想起源于春秋战国时期，道统理论完成于两宋时期。

春秋战国时期是中国思想史的黄金时代，这一时期产生了影响文化中国两千多年的各种思想学说，学界往往称这一历史时期为“哲学突破”“轴心时代”。但是，先秦诸子的思想学说并不是凭空兴起的，而是可以追溯到三代时期的王官之学，诸子百家也往往将自己的思想归结为三代时期的圣王，诸子各派都声称自己的学说就是上古的内圣外王之道。所以，诸子百家的思想突破时期，也是道统观念起源的历史时期。尽管诸子百家的立说各异，但是他们都声称自己的学说是圣王之道，可以说这就是中华道统思想的最早来源，同时也特别体现出中华文化返本开新的文化特征。尽管诸子百家都有道统思想萌芽，但是只有孔子创立的儒家学派的道统思想最为成熟、系统和完善，其产生的历史影响也最大。《汉书·艺文志》追溯孔子创建的儒家学派是“游文于六经之中，留意于仁义之际，祖述尧舜，宪章文武”。[①] 这段话包括后

①〔汉〕班固：《汉书》卷三十，中华书局，1962年，第1728页。

来儒家道统论的三个基本元素：道统的文献典籍《六经》、道统的核心价值仁义、道统的人物谱系尧舜文武。显然，孔子的儒家学派就是通过上述三个道统要素建构起来的，而其他学派的道统思想均不具有儒家学派这样的文献根基与系统思想。春秋战国时期儒家提出的这一道统思想，其实就是希望为未来中华文明构建思想基础。这一思想基础一方面必须要"返本"，整理《六经》以继承有久远历史传统的尧舜文武之道；另一方面必须要"开新"，倡导"仁义"的核心价值以维系"天下有道"的和谐世界。可见儒家道统的思想核心，既能够总结有着两千多年历史的礼乐文明传统和思想精髓，传承上古时期圣王的核心思想理念；又能够根据春秋战国以后的时代需求，创造出能够满足重大历史变革后对新思想的需求。早期儒家最终实现了华夏文化的返本开新，两汉时期建构完成了以儒家为主体、兼容其他不同学派思想的文明体系。由此可见，早期儒家提出先王之道的道统思想，并不是回归上古时代的文化保守，而是为了推动和完成中华文化返本开新的文化重建。西汉开始建立起以儒家为核心的大一统中华文明，其实就是早期儒家道统思想中返本开新的文化成果。

东汉时期外来的佛教逐渐渗透到国家政权、士大夫群体、民间社会等不同阶层，到隋唐时期佛教达到大盛。佛教的强势发展，逐渐对中国核心文化的儒学构成严重挑战。随着儒佛之争的不断深入，唐宋变革时期的儒家士大夫领袖人物继承原始儒学的道统思想，正式提出了"道统"概念与道统学说。唐宋之际儒家士大夫大讲道统论，首先是基于佛老思想大盛的文化挑战，他们希望重新回归孔孟之道的儒家文化，在此基础上吸收佛老之学的思想精华，完成中华文化之道的历史重建。可见宋代道统论的发展成型，本来就是中华文化返本开新意识的体现。

最早强烈呼吁、并重新提出道统问题的人物，就是唐中叶致力于复兴儒家文化的韩愈。韩愈推出著名的《原道》一文，论述了他的道统思想。为了强调儒家之道的文化根基，韩愈特别强调中华大地源远流长的儒家之道的传授谱系，即“尧以是传之舜，舜以是传之禹，禹以是传之汤，汤以是传之文、武、周公，文、武、周公传之孔子，孔子传之孟轲。轲之死，不得其传焉”。[①] 韩愈继承早期儒家的道统理念，强调中华文化的核心思想是从尧舜传之孔孟的“道”，并强调这一道统的核心思想其实就是“仁义”。因此他所谓“原道”，就是要确立以儒家“仁义”为核心的中华之道。韩愈认为自孟子以后的一千多年此道统已经断绝，故而才有魏晋隋唐以来佛教的鼎盛及对儒家思想的冲击，他由此表明了自己将要继承儒家道统、复兴儒学的文化使命。韩愈建立的“道统论”，鲜明地表达了中唐以后儒家士大夫回归孔孟之道的文化返本意识，对宋代理学的开新产生了很大的影响。

但是，“返本”必须与“开新”结合起来，才能够得到早期儒家道统思想的精髓和真传。到了北宋，很快就形成了一股中华道统返本开新的思潮。宋初著名儒家士大夫范仲淹、胡瑗、孙复、石介、欧阳修等人，就是这一思潮的主要推动者。他们纷纷继承韩愈的思想传统，致力于批判佛老、复兴儒学并建构道统论，以推动中华文化主体性重建。孙复通过唐宋古文运动“文以载道”而宣扬道统论，他力辟背离儒家正统的佛老之学。他认为佛老之学背离了作为中华文化主体的儒家道统，力图通过弘扬中华文化主体意识而返本孔孟之道。为了强调中华文化必须确立自己的主体性，石介专门著有《中国论》一文，以表达了他希望返

① 〔唐〕韩愈著，马其昶校注，马茂元整理：《韩昌黎文集校注》卷1《原道》，上海古籍出版社，1986年，第18页。

本中华文化的目的。他说："非君臣、父子、夫妇、兄弟、宾客、朋友之位，是悖人道也。苟天常乱于上，地理易于下，人道悖于中，国不为中国矣。"[①] 石介的《中国论》显然是为了确立中华文化的主体性，希望返本孔孟之道而确立儒学在中华文化体系中的核心地位。所以，他通过倡导道统论，强调返本中华文化的历史本源，他说："夫尧、舜、禹、汤、文王、武王、周、孔之道，万世常行，不可易之道也。"[②] 他重新强调儒家道统的授受脉络，其实包含着抵御佛道宗教、返本中华文化之道的意义。

宋儒道统思想的开新意义，在北宋诸大儒那里得到充分体现。特别是被称为北宋五子的周敦颐、张载、程颢、程颐、邵雍，他们不仅返本尧舜之道、孔孟之道，同时大胆吸收佛道思想，为早期儒学重建了一个宏大而系统的理学体系，他们因此而被列入道统谱系之中。当然，宋儒"道统"概念的正式确立与道统论的系统完成，则是在理学集大成的朱熹。他不仅通过返本而重新确立孔孟之道在中华文化中的主体地位，同时通过吸收佛老之道而开创出"致广大，尽精微"理学思想体系。朱熹也是新儒家道统论的奠基人和完成人，他在《四书章句集注》的序言中，从道统谱系、经典文本、思想内涵三个方面，全面而系统地重建新儒家的道统论。朱熹道统论的成功之处，是将儒家道统谱系与新确立经典体系统一起来。"道统"这个词在朱熹以前出现过，但是只有他才真正赋予这个概念以系统思想和创新学术。朱熹于淳熙十六年（1189）在《中庸章句序》中使用"道统"来表达他

①〔宋〕石介著，陈植锷点校：《徂徕石先生文集》卷10《中国论》，中华书局，1984年，第116-117页。

②〔宋〕石介著，陈植锷点校：《徂徕石先生文集》卷5《怪说下》，中华书局，1984年，第63页。

的学术创造，并且从几个不同方面对其做了详细论证，因此朱熹被学界看作是宋学道统论的真正完成者。朱熹将《论语》《大学》《中庸》《孟子》确立为经典体系，必须确立这四部书是如何承接三代先王之道的，他在《序》中强调《四书》在传承三代先王之道的道统论意义。从朱熹所述的道统论来看，道统授受分为三个阶段，即上古圣王、春秋战国的孔孟、宋代的程朱。这是朱熹在《四书》诸《序》中论述道统人物谱系的特点。

道统论不仅强调中华文化的返本，更要追求中华文化的开新，所以朱熹倡导道统论并不意味着他固守传统不变，更不会排斥对外来文化的吸收和引进。朱熹完成理学体系的集大成建构，一方面是确立了孔孟儒学在理学思想体系中的主体地位，另一方面却是大量吸收佛道思想，在理气论、心性论、格物致知论方面均吸收了佛老之学。孔子创建的仁学则是儒家哲学的早期形态，而朱熹以理释仁则是儒家哲学的成熟形态。朱熹通过以理释仁的创造性诠释，将“仁”提升为一种普遍、永恒的宇宙精神，使得早期儒家作为道德准则的“仁”理性化、普遍化、形而上化为“理”，推动了仁学的形而上学建构。没有朱熹对佛学、道家宇宙论、心性论、修身论的全面吸收，就不可能有理学的天理论、心性论、致知论哲学体系的完备和深刻。

综上所述，从春秋战国到两宋时期，“道统”由一种文化理念到一种系统的学说，体现出中国思想体系的一步步成熟和定型，同时也体现出中华文化主体思想通过返本开新而一步步成熟和定型。如果说，春秋战国时期诸子并起时，儒家通过道统理念的返本开新而确立了自己在中华文化中主体地位的话；两宋时期道统学说成型，却是宋儒面临佛教的挑战而复兴儒学和重建儒学的结果，其道统论既凸显中华文化有悠久的传承历史和深刻的思想内涵，同时又能够积极吸收外来文化而实现返本开新。特别值得指出的是，直接提出“道统”概念、系统建构道统学说的朱熹、张栻等理学家，他们既是坚定传承从尧舜文武、孔曾思孟到周程张邵之道的传统文化传人，又是善于学习、吸收佛老思想的理学大家。道统学说在强调中华文化返本的同时，也推动中华文化的开新，这是中国思想文化生生不息的根本原因。

二、湘学与中华文化返本开新

湘学兴起于两宋，大盛于清代后期，这两个时期恰恰是外来文化引入、社会结构发生变革的重要历史时期，中华文化面临严重挑战，文化主体性问题日益严峻。这两个时期的特殊历史机遇，恰恰是推动了湘学兴起和湘学大盛。从古代到近代，一批批湘学人物能够既秉持中华文化主体意识，又积极吸收外来文化，最终推动了中华文化的返本开新，这是湘学学统能够承载中华道统的根本原因。

两宋时期，由于中华文化长期面临外来佛教文化的挑战，如何汲收外来佛教文化的智慧与价值，实现中华文化返本开新，已经成为两宋以后儒家士大夫必须承担的最大文化使命。宋代湘学能够崛起，就在于它勇敢承担、积极参与了两宋以后中华文化传统的返本开新，并在吸收佛老思想的基础上实现中华文化的主体性重建，即建立一个既汲收佛道文化的智慧与价值，又能够回归尧舜之道、孔孟之道的主体性文化，从而完成中华文化的历史重建。理学思潮的形成和发展过程，大体包括北宋理学兴起、南宋理学集大成、明清之际理学总结的几个阶段。湖湘之地向来被学术界视为“理学重镇”“理学之邦”，就在上述理学思潮的几个阶段，均涌现了一些重要的学者、学派，成为这几个不同阶段的标志性人物。

北宋是理学的兴起并成型阶段，出现了著名的“北宋五子”，在这五位奠基理学的著名学者之中，周敦颐排第一，被尊为理学开山、道学宗主。周敦颐在理学史或中华文化史上的最大贡献，就是他不像韩愈那样仅仅呼唤返本儒家之道，而是能够“出入释老”，最终将佛教、道教的思想文化精华汲收到儒家文化体系中而实现文化开新。这样，他不仅仅是坚持了儒家文化在中华文化中的主体性地位，由于他又将佛、道精华汲收到儒家文化体系之中，故而大大丰富了儒家思想内涵，最终推进了中华文化的主体性重建。周敦颐的代表著作《太极图说》《通书》，被后学认为是为儒家价值体系“穷源探本”而完成了儒家形上学体系的建构。南宋初年，周敦颐被湖湘学派胡宏、张栻推崇为“道学宗主”，列为能够传承孔孟道统的宋儒第一人。胡宏从道学建构的意义来诠释《通书》的普遍性意义，认为“故此一卷书，皆发以示人者，宜度越诸子，直与《易》《诗》《书》《春秋》《语》《孟》同流行乎天下”。[①] 经过胡宏对周敦颐及其《通书》的诠释，不断强化了周敦颐之学所具有的中华道统意义。张栻进一步将濂溪之学放在一个道统传承的背景下，肯定周敦颐“以孔孟之遗意复明于千载之下，实自先生（周敦颐）发其端”，于是，“学者始知夫孔孟之所以教，盖在此不在乎他。学可以至于圣，治不可以不本于学，而道德性命初不外乎日用之实。”[②] 可见，周敦颐之学的出

①〔宋〕胡宏：《周子通书序》，《胡宏集》，中华书局，2009 年，第 161—162 页。

②〔宋〕张栻：《道州重建濂溪周先生祠堂记》，《新刊南轩先生文集》卷十，《张栻集》第 3 册，中华书局，2015 年，第 907 页。

现，代表了崛起的湘学为中华文化的返本开新所作的贡献。

南宋是理学集大成的发展阶段，湖湘学派的主要代表人物胡安国、胡宏、张栻等是一个庞大的学者群体，他们的主要学术活动、教育活动均是在湖南，当时的学界就将这一既有学术授受关系、又有相同学术旨趣的学者群体称之为“湖湘学”“湖南派”。胡安国一家均是南宋初年的知名学者，史称他们“并以大儒树节南宋之初，盖当时伊洛世适，莫有过于文定一门者”[①]。此后，张栻在长沙岳麓书院传播湖湘之学，他本人就是一位在理学学术上的“一世学者宗师”[②]。张栻对道统论作出了重要贡献，他不仅是理学家群体中最早提出“道统”的学人，还为确立周敦颐的道统地位作出突出贡献。他在为周敦颐《通书》作《跋》时说：“惟先生生乎千有余载之后，超然独得夫《大易》之传，所谓《太极图》乃其纲领也。推明动静之一源，以见生化之不穷，天命流行之体无乎不在。”[③]他强调《太极图说》的纲领地位，其实是为了强调理学的创新成就，包括理学的宇宙论、心性论等。张栻在后来修建濂溪祠、刊刻周敦颐著作时，无不凸显《太极图说》的重要性，并把它作为儒家道统承续的代表作品。他为南康军、韶州新建濂溪祠作《记》时，均首先要大讲他的《太极图说》对道学的贡献：

> 惟先生（周敦颐）崛起于千载之后，独得微旨于残编断简之中，推本太极，以及乎阴阳五行之流布，人物之所

① 李肖聃：《湘学略·衡麓学略第二》，《李肖聃集》，岳麓书社，2008年，第14页。

②〔宋〕陈亮：《与张定叟侍郎》，《陈亮集》卷二十一，中华书局，1974年，第322页。

③〔宋〕张栻：《通书后跋》，《新刊南轩先生文集》卷三十三，《张栻集》第4册，中华书局，2015年，第1272—1273页。

> 以生化，于是知人之为至灵，而性之为至善，万理有其宗，万物循其则，举而措之，则可见先生之所以为治者，皆非私知之所出，孔孟之意于以复明。[①]

张栻之所以大力表彰周敦颐的道学思想与道统地位，就是强调《太极图说》对新儒学返本开新作出的学术贡献。

明清之际是理学的总结时期。明清之际出现了一种总结、反思理学的文化思潮，王夫之就是其代表人物之一。王夫之一方面继承了两宋时期的周敦颐、张载、湖湘学派的学术传统，另一方面他又总结反省了明代以来理学中出现的问题。他坚持的文化使命是“六经责我开生面”，即在坚持回归中国传统原典《六经》的基础上，实现中华文化的更新与创造，从而实现了新的历史条件下的中华文化主体性建构。船山坚信作为一个追求文化理想的儒家学者应该“以人存道”，他说：“是故儒者之统，孤行而无待者也；天下自无统，而儒者有统。道存乎人，而人不可以多得，有心者所重悲也。虽然，斯道恒天垂地而不可亡者也，勿忧也。”[②] 他认为儒者应该通过对“道统”的执着追求而实现“儒者有统”。王夫之承担一种“以人存道”的道统使命，代表了中华文化返本开新意识。他一方面由周敦颐、张载、朱熹，进而返本于孔孟《四书》、三代《六经》的中华文化之道，另一方面他坚持“开生面”精神，并成为宋明理学形成以来最有学术创新、思想贡献的学术思想，他又根据历史发展和时代演变的趋势作出学

---

①〔宋〕张栻：《南康军新立濂溪祠记》，《新刊南轩先生文集》卷十，《张栻集》第3册，中华书局，2015年，第916页。

②〔清〕王夫之：《读通鉴论》卷十九，《船山全书》第10册，岳麓书社，2011年，第569页。

术创发，对中国近代思想转型产生重大影响。

通过对上述几个阶段的考察，湘学的崛起源于他们传承了中华文化返本开新精神，致力于中华文化的主体性重建。湖湘理学及其相关的道统思想，代表了中华文化返本开新与主体性重建的重要成果。

晚清湖湘文化大盛，湘学成为近代中国最有影响的地域学术形态，涌现出一大批杰出的湘学人物。近代湘学之所以取得这么辉煌的学术成就，同样与湖湘学人能够致力于中华文化的返本开新密切相关。晚清面临“三千年未有之变局”，强势的西方近代文明创造出全球化资本主义体系，他们通过近代科技、商品、文化撞开中国国门。作为中华文化的创造者、承传者的中华民族，为了能够在全球化资本主义体系中生存下来，就需要从物质文化、制度文化、精神文化方面学习西方文化。但是，如果仅仅靠引进外来文化而舍弃自己文化来完成近代化，必然会出现中华文化的主体性危机。近代湘学是由一批坚守返本开新思想理念的学人所开创，他们成为推动中华文化重建的杰出代表。

近代湘学的兴起，魏源无疑是其中倡导“睁眼看世界”的第一人，他首先提出“师夷长技”的主张。魏源编写了《海国图志》，并声称此书“为师夷长技以制夷而作”，对晚清中国学习西方文化的近代化运动，产生了深远的历史影响。但是，他主张学习西方，同时又坚守中华文化之道。他在写作《海国图志》后反问：“然则执此书即可驭外夷乎？曰：唯唯，否否！此兵机也，非兵本也；有形之兵也，非无形之兵也。”[①] 魏源所说的“兵本”“无形之兵”是什么呢？恰恰就是中华文化之道。魏源所看

①〔清〕魏源：《海国图志原叙》，《魏源全集》，岳麓书社，2021年，第2页。

重的“兵本”“无形之兵”来之于中国传统的经典文献之中，这些经典就包含着中华文化的主体精神。尽管魏源对“夷之长技”能够采取文化开放的态度去学习引进，而其内心对中华文化之道的自信从未改变。他对欧美民主政治、议会制度的欣赏，也更多地从“大道之行，天下为公”及三代之治的儒家士大夫社会理想角度的观察与思考，西方社会的君民关系并没有否定、反而坚定了他对中华文化之道的信念。

洋务大臣郭嵩焘对西方文化有了更加直接、更加深入的了解，对西方近代文明加以学习、引进的态度也更加明确。尽管郭嵩焘对西方近代文明十分欣赏，认为从科学技术到政教风俗均值得中国学习引进，譬如他说：“嵩焘窃谓西洋立国有本有末，其本在朝廷政教，其末在商贾，造船、制顺，相辅以益其强，又末中之一节也。”①但是，他仍然坚持中华文化价值的主体意识，他对近代西方文明所取得的成就，也往往将其纳入到中华文化之道的视角加以评判，他说：“西洋立国自有本末，诚得其道，则相辅以致富强，由此而保国千年可也。”②尽管他认定西洋立国能够“得其道”，故而能致富强，但他所理解的“得道”又包含在他对中华文化之道的价值认定上。郭嵩焘一直认为，尧、舜、禹的时代，圣人君临天下，实现了“大道之行，天下为公”，故被他称之为“有道”之世。在郭嵩焘的内心世界中，“有道”是一个民族文明发达完善的标准，也是一个民族国家强盛的根本原因，因而，“道”是一种普遍性文化价值。他认为三代时期的中国是“有道”的，即如他所说：“圣人之道，其迹存乎名物象数之

①〔清〕郭嵩焘：《郭嵩焘奏稿》，岳麓书社，1983 年，第 345 页。

②〔清〕郭嵩焘：《郭嵩焘日记》第 3 卷，岳麓书社，1982 年，第 137 页。

末，而其精究乎天人。”[①] 他深信儒家的圣人之道是能够“究乎天人”的普适性文化，近代西洋文明强盛起来，就在于西洋民族在追求、实现“有道”，而秦汉以后的朝廷则与之相反，“失其道久矣”，[②] 故而需要回归三代时期的圣人之道。郭嵩焘将中华文化的近代化视为一个“得其道”的过程，这既是通过对西方近代文明的学习而“得道”的过程，也是一个回归中华文化之道的过程。

继郭嵩焘之后，谭嗣同则是一位主张从器物、制度到思想等各个方面全面推动中华文化近代化的湖湘士大夫。从近代化阶段而言，郭嵩焘还属激进的洋务派，谭嗣同则属激进的维新派。他们虽然同属激进派，但在推动中华文化进代化过程中，却共同强调中华文明的普遍性意义，仍然坚持以中华文化为主体性而实现近代化。尽管谭嗣同对中国传统的纲常名教思想与中国传统的君主专制制度做了最严厉的批判，但是他的批判并没有引向对中国传统文化的全面否定。相反，他力图建构一个以中华文化之道为主体而兼容西方自由、民主、平等的近代思想文化，这就是他的新仁学体系。为了坚持中华文化主体性的近代化建构，他特别强调中华文化核心的孔子仁学、圣人之道的普遍性价值。他反对将圣人之道局限于中土的看法：“尝笑儒生要意尊圣人，秘其道为中国所独有，外此皆不容窥吾之藩篱，一若圣人之道反足行于中国者。尊圣人乎？小圣人也。盖圣人之道，莫不顺天之阴陟，辛人之自然，初非有意增揽于其间，强万物以所本无而涂附之也。”[③] 谭嗣同认为，西方近代的民主制度能够实现“大公至正，彬彬唐、虞揖让之风”，在他们的心目中，中国传统“圣人之道”

①〔清〕郭嵩焘：《郭嵩焘诗文集》，岳麓书社，1984 年，第 204 页。

②〔清〕郭嵩焘：《郭嵩焘日记》第 3 卷，岳麓书社，1982 年，第 815 页。

③〔清〕谭嗣同：《报贝元征》，《谭嗣同全集》，中华书局，1981 年，第 199 页。

是一种具有普遍性意义的价值理念，因为这种价值理念不仅是曾经主导三代时期的中国，同时还可以是近代西方的民主政治的价值基础，可见，中国传统的价值系统中包含着古今中外得到普遍性认同的价值系统。谭嗣同将这样一部旨在倡导中华近代化文化理念的书命名为《仁学》，可见他是要坚持以孔子的仁学为核心来兼容西方文化，即要建构一套以中华文化为主体而兼容西方近代文化的思想体系。也就是说，西方近代的许多重要价值理念，包括自由、平等、博爱等等，其实均是与仁学的价值体系相贯通的，故而可以通过对中国传统仁学重新诠释，来实现中华文化的近代化建构。

在辛亥革命后，进一步倡导通过返本开新而推动中华文化近代化转型的是著名学者、教育家杨昌济。杨昌济既深爱湘学传统的影响，对道统传承有深厚的使命感；又是一位思想开放而致力于推动中国近代化的思想家。杨昌济是在“道南正脉”的岳麓书院读书学习，为了拓展自己的思想视野而留学日本、英国，学成回国后主要从事教育与学术研究。杨昌济的文化教育背景独特，既有很强的中华文化主体意识，又有改革开放吸收西方现代文明的眼光，故而他在致力于中华文化的近代化转型时，特别强调要坚持中华文化的主体性。杨昌济在1914年10月曾发表《劝学篇》，系统地阐发了他的中华文化返本开新理念，是近代学人中有关这一问题中特别具有文化自觉的重要文献。他强调，在中华文化近代化过程中，必须以本国的民族文化、民族精神为主体，靠全盘移植外来文化的近代化道路是不可取的，他特别指出：“夫一国有一国之民族精神，犹一人有一人之个性也。一国之文明，不能全体移植于他国。”① 杨昌济主张挖掘中华文明的传统资源，他主张中国近代化应该是中华文明的主体性建构的完成。他说：

> 且夫学问非必悉求之于他国也。吾国有固有之文明，经、史、子、集义蕴闳深，正如遍地宝藏，万年采掘而曾无尽时，前此之所以未能大放光明者，尚未谙取之之法耳。今以新时代之眼光，研究吾国之旧学，其所发明，盖有非前代之人所能梦见者。②

杨昌济肯定中华文化有着“万年采掘而曾无尽时”的恒常价值与普遍意义，问题是如何将其发掘出来？杨昌济认为“以新时代之眼光”来研究传统文化，其实也就是激活中华文化恒常价值与普遍意义的返本开新。

从文化视角考察中国近代史，会发现这一时期既是一部为推动现代化而不断引进西方现代文化的历史，也是一部推动中华文化主体性重建的历史。中华文化的现代重建其实包括两个方面：其一，中华民族由浅入深地学习与引进来自西方的现代化文化，包括现代化的科学技术、政治制度、思想观念，使中国现代化发展与引进外来现代化文化紧密联系在一起。中国的现代化运动曾经经历了洋务思潮、维新思潮、辛亥革命思潮、新文化思潮等一系列现代化新思想的引进，这里的每一个新思潮都与引进外来现代化文化密切相关。其二，中华民族必须以一种强烈的文化主体

---

① 杨昌济：《劝学篇》，《杨昌济集》第 1 册，湖南教育出版社，2008 年，第 73 页。

② 杨昌济：《劝学篇》，《杨昌济集》第 1 册，湖南教育出版社，2008 年，第 76 页。

意识重建中华文化之道，以推动古老的中华文化获得复兴的机遇。在现代化进程中，中华民族一直坚持将中华文化传统与引进外来现代文化结合起来，使得这一过程最终体现为中华文化主体性的重建。从上述两个时期来考察，会发现湘学之所以能够兴起和大盛，恰恰是因为两个时期的杰出湘学学者，他们能够秉持中华文化返本开新精神，积极吸收外来文化，最终推动了中华文化的发展和重建。

三、马克思主义中国化与中华文化返本开新

讨论马克思主义中国化与中华文化返本开新问题，应该继续联系中国现代化进程中的中西文化问题，以及近代湘学处理这一问题的思想脉络。晚清以来的中国现代化运动，一直存在着一个值得深思的现象：一方面，那些先进的中国人会通过积极引进外来文化以推动中国现代化进程，包括引进外来的科技文化、制度文化、思想文化；另一方面，推动他们致力于现代化的精神动力，却是中华文化的家国情怀、天下有道、大同理想的精神理念。所以，为了推动中国现代化，他们会返本于中华文化的核心价值理念。如中国传统的“大同”理念，就成为推动中国现代化的精神动力。一代代先进中国人努力将“大同”理念与现代化目标结合起来，从谭嗣同的维新派，到黄兴、蔡锷的革命派，再到毛泽东、蔡和森等早期共产主义者，几代湖湘知识群体均持中国传统的“大同”理念来推动中国的现代化运动。尽管“大同”理念的思想内涵会发生变化，但是作为最高社会理想一直在发生重要作用。

由于中国近代化运动一直有大同之道贯穿其中，所以，新文化运动后期很快形成强大的科学社会主义思潮。新文化运动中转化为信仰马克思主义的知识群体，大多是具有浓厚大同理想追求的左翼知识分子，他们在承担救国救民的社会责任与历史使命时，主张建立一个理想的、完美的社会形态，最终真正解决中国所面临的种种政治问题、社会问题、文化问题。在中国现代化进程中，最终选择了马克思主义。这一选择有双重意义：其一，融合中华文化的大同理想，将中华文化的返本与开新结合起来；其二，推动现代化的进程，解决旧民主主义阶段没有完成的历史任务。中国现代化进程之所以出现这一现象，就必须联系到道统论以及返本开新的中华文化主体意识。

湘学传统中的中华文化返本开新的道统意识，一直影响着湖湘大地的一批早期马克思主义者。这一思想传统对青年毛泽东、对毛泽东思想的形成，都产生深刻影响。毛泽东从接受马克思主义，到推动马克思主义中国化，最终形成毛泽东思想，都体现出马克思主义与中华文化相结合的过程中的文化主体性作用。青年毛泽东在成为马克思主义者之前，就一直有着强烈的“心忧天下”的忧国忧民情怀，他苦心思考反帝反封建的政治事业如何能够完成，探寻中国的现代化道路应该如何走。面对当时知识界、政界的精英人物提出了各种不同的救国方略，青年毛泽东似乎并没有产生强烈的思想共鸣。他认为近代以来中国知识精英、政治精英关注的那些热点问题，包括议会、宪法、总统、内阁、军事、实业、教育的问题均是枝节，不能够根本解决探寻中国之道的问题。他说：“惟此等枝节，必有本源……夫本源者，宇宙之真理。”[1] 青年毛泽东的眼界更高更远，他希望能够找到一个解决中国问题、世界未来问题的“宇宙之真理”，即从根源上解决现实和未来的“大本大源”。毛泽东认可的“大本大源”，应该既是人类的必由之路，也是宇宙自然的必然趋势和结果。青年毛泽东探求的“宇宙之真理”，既是能够救国救民的指导中国现实解放之道，也是人类未来走向的普遍之道。包括青年毛泽东在内的诸多优秀青年在新文化运动后探寻中国未来之道，他们最后之所以选择马克思主义，并不是一种偶然的历史现象，其实背后有十分深刻的中华文化作用的原因。

青年毛泽东总是表达对中国最高理想“大同圣域”的向往，他说：“彼时天下皆为圣贤，而无凡愚，可尽毁一切世法，呼太和之气而吸清海之波。孔子知此义，故立太平世为鹄，而不废据乱、升平二世。大同者，吾人之鹄也。”[2] 从这一段话，可以发现青年毛泽东受早期儒家大同思想影响。他肯定孔子是以大同社会为最高目标，同时也肯定自己的最高目标也是大同理想。1918 年 6 月，毛泽东与蔡和森等人，一度在岳麓山下筹办新村，他们希望尝试创建一个人人平等、个个自由并一起共同劳动的“新村”，这是青年毛泽东最早的实践大同活动。青年毛泽东对大同理想的精神追求和思想实践，是他后来接受马克思主义的中华文化基础和思想依据。值得关注的是，青年毛泽东还将这一大同理想追求的精神，评价为一种“大本大源”的精神。大同理想之所以能够代表一种“大本大源”的精神，是因为大同不仅代表一种人间正道的价值追求，同时还应该理解为一种宇宙的必然法则，即中国传统哲学的人道和天道合一。可见，毛泽东是从中国传统

① 毛泽东：《致黎锦熙信》，《毛泽东早期文稿》，湖南人民出版社，2013 年，第 73 页。
② 毛泽东：《致黎锦熙信》，《毛泽东早期文稿》，湖南人民出版社，2013 年，第 76 页。

思想文化中探寻中国道路的基础和依据，并理解为一种宇宙的必然法则，故而称之为“大本大源”。

从中华文化之道的角度，毛泽东对近代的那些大人物作出自己的点评，他说：“今之论人者，称袁世凯、孙文、康有为而三。孙、袁吾不论，独康似略有本源矣。然细观之，其本源究不能指其实在何处，徒为华言炫听，并无一干竖立、枝叶扶疏之妙。”① 青年毛泽东并没有从外在的政治功业评价这些政治人物，而是从他们思想理念的大本大源来点评他们，可见青年毛泽东对“大本大源”的中华文化之道是何等重视。毛泽东对康有为的《大同书》有强烈兴趣，也深受该书思想的深刻影响。但是毛泽东认为康有为的大同理想虽然美好，却并没有找到一条实现理想的现实道路。所以，毛泽东一度从中外各种不同新思潮中探寻实现大同理想的道路，他最后通过阅读《共产党宣言》等马克思主义著作，才终于找到了来自马克思主义的科学社会主义，此后，他确定了共产主义信仰。马克思的科学社会主义的最大特点，就是找到一条通过无产阶级革命、建立无产阶级政权的道路，然后探索社会主义建设的路径，就成为最后真正实现大同理想的现实道路。1949 年 6 月 30 日，毛泽东撰写了《论人民民主专政》一文，他明确指出：“康有为写了《大同书》，他没有也不可能找到一条到达大同的路。资产阶级的共和国，外国有过的，中国不能有，因为中国是受帝国主义压迫的国家。唯一的路是经过工人阶级领导的人民共和国。”② 由于资产阶级共和国的方案在中国已经破产，“经过人民共和国到达社会主义和共产主义，到达阶级的

① 毛泽东：《致黎锦熙信》，《毛泽东早期文稿》，湖南人民出版社，2013 年，第 72 页。
②《毛泽东选集》第 4 卷，人民出版社，1991 年，第 1471 页。

消灭和世界的大同”[①]，就成为毛泽东追求大同之路的必然选择。毛泽东将新中国的成立，看作是“大同”的临近。所以，当中国人民解放军占领南京时，毛泽东十分激动地写下“天若有情天亦老，人间正道是沧桑”的诗句，他认为自己从青年时代开始追求的大同理想，在经过近三十年艰苦卓绝的浴血奋战，终于迎来了改天换地的时代。可见，从大同理想到科学社会主义，这正是毛泽东苦心探寻的“人间正道”。他在另一首诗中所写“春风杨柳万千条，六亿神州尽舜尧”，就是这一“人间正道”的实现。这些发自毛泽东内心的诗句，其实体现出很深的道统意义与中华文化返本开新意义。

可见，马克思主义传入中国之后，毛泽东将共产主义理想与中国传统大同理想结合起来，发展成为社会主义现代化的最终目标。与此相关，毛泽东还将马克思的实践唯物主义与中国传统的实事求是结合起来，发展成为中国共产党的思想路线。以毛泽东为代表的老一代中国共产党人改造、运用“实事求是”思想作为“民族形式”的马克思实践唯物主义，指导中国革命和建设取得了巨大成就。毛泽东选择“实事求是”作为马克思实践唯物主义的中国化表述，并以其作为中国共产党的思想路线，其实也是中华文化返本开新意识的表达，并且具有深厚的中华文化与湘学传统的背景。“实事求是”有着十分深厚的中国思想传统基础。“实事求是”最早出自东汉史学家班固撰写的《汉书·河间献王刘德传》，书中论述的汉景帝刘启的第三个儿子、河间献王刘德的治学态度，即所谓“修学好古，实事求是。从民得善书，必为好写与之，留其真”。唐代经学家颜师古为此文作注时说：“务

①《毛泽东选集》第4卷，人民出版社，1991年，第1471页。

得实事，每求真是也。”[①] 班固、颜师古最早提出、诠释的“实事求是”，包含具体语境的特殊历史意义与思想内涵的普遍哲学意义两个方面。实事求是也一直是湘学思想的传统，南宋湖湘学派胡宏就特别强调“以实事自律”。特别是到了晚清湘学大盛之时，实事求是成为了湘学学者倡导的重要思想。在晚清汉宋兼采的学风影响下，曾国藩将汉学“实事求是”的考据学治学方法，与宋儒的“格物致知”和“即物穷理”贯通起来，其实是将实事求是的考据学方法提升出普遍思想与哲学认识论意义。湖湘学人还进一步使“实事求是”蕴含的以“实功”为目标的知识价值论凸显出来，推动了晚清“师夷长技以制夷”的思潮。如郭嵩焘以中国的“格致之学”“实事求是之效”来看待近代科学技术，他说：“西人格致之学，所以牢笼天地，驱役万物，皆实事求是之效也。”[②] 郭嵩焘从功效、功利的经世致用出发，提出学习近代科学技术。左宗棠在筹办福州船政局的奏稿中，也明确提出“求实效”与“实事求是”的密切关联。青年毛泽东在湖南长沙求学期间，特别是在岳麓书院、城南书院改制的现代学校读书时，进一步受到实事求是思想传统和教育传统的影响。他后来对“实事求是”的哲学诠释和确定中国共产党的思想路线，就是湖湘学术传统的进一步发展和提升。毛泽东吸收中国传统“实事求是”思想，是他能够创造中国化马克思主义思想的直接原因。

马克思主义哲学其实就是实践唯物主义哲学，马克思在《关于费尔巴哈的提纲》中批评了从前的一切唯物主义的主要缺点是“对对象、现实、感性，只是从客体的或者直观的形式去理解，而不是把它们当做感性的人的活动，当做实践去理解，不是

①〔汉〕班固：《景十三王传》，《汉书》卷五十三，中华书局，1962 年，第 2410 页。

②〔清〕郭嵩焘：《郭嵩焘日记》第 3 卷，岳麓书社，1982 年，第 766 页。

从主体方面去理解”[1]。马克思、恩格斯在《德意志意识形态》一文中还提出所谓“实践的唯物主义”的说法，这一“实践的唯物主义”出现的重要意义不仅仅是提出一种新的唯物主义哲学，更加重要的是，它要引导并推动人们去建立一种理想未来世界的社会实践活动。马克思的“实践唯物主义”的重要意义，恰恰也是《关于费尔巴哈的提纲》第 11 条所说：“哲学家们只是用不同的方式解释世界，问题在于改变世界。”[2]其实，毛泽东诠释的“实事求是”之所以成为中国共产党的思想路线，因为它是一种典型的中国化马克思主义思想。为了解决马克思主义普遍原理与中国革命实践相结合的问题，毛泽东将“实事求是”运用于中国革命实践，将其作为中国共产党的思想路线，而这一思想路线的理论依据就是毛泽东将马克思主义普遍原理与中国优秀传统文化相结合，从而提出中国化的实践唯物主义——实事求是。毛泽东在 1941 年《改造我们的学习》一文中，提出了“实事求是”的思想路线，并且进一步作出实践唯物主义的解释。1943 年，毛泽东亲书“实事求是”，将其作为延安中央党校的校训。正如当年马克思提出“实践唯物主义”，不仅仅是提出一种新的唯物主义哲学，更是为了将这一哲学发展成为共产主义运动的指导思想。即如马克思所说：“实际上，而且对实践的唯物主义者即共产主义者来说，全部问题都在于使现存世界革命化，实际地反对并改变现存事物。”[3]毛泽东提出的“实事求是”哲学，就像马克思实践唯物主义一样，也成为引导中国人民改变旧世界、推动历史发展的行动哲学，而且，同时使中国共产党摆脱教条主义、本本主义

①《马克思恩格斯选集》第一卷，人民出版社，2012 年，第 133 页。

②《马克思恩格斯选集》第一卷，人民出版社，2012 年，第 136 页。

③《马克思恩格斯选集》第一卷，人民出版社，2012 年，第 155 页。

的束缚，成为寻找出一条合乎中国革命实践的正确道路的指导思想，即马克思主义中国化的思想指南。

毛泽东通过《实践论》的系统论述，将马克思实践唯物主义与中国传统实践哲学结合得更加紧密，推动中国化马克思主义的一步步成熟。尽管马克思的实践唯物主义是在西方文化背景下建立和发展起来的，但是中国传统的实事求是具有与马克思实践唯物主义相通的思想特质。所以，毛泽东能够对“实事求是”作出马克思主义的诠释，将马克思的实践唯物主义与中国传统思想结合起来，成为中国化马克思主义的典范。毛泽东诠释和实践的“实事求是”，既发展了马克思的实践唯物主义，也发展了中国传统的哲学。可以说，马克思主义普遍原理与中国革命实践、中华优秀传统文化的结合，在“实事求是”中得到最重要、最完美的体现。

由此可见，作为中国化马克思主义的杰出代表——毛泽东思想，其实有着深厚的中华文化返本开新意识。毛泽东将中华文化中的大同之道、实事求是之道等核心思想，作为马克思主义中国化的重要内容，推动了马克思主义与中华优秀传统文化相结合，既体现了中华文化的返本意识，也表达出中华文化的开新精神。

后　记

二十年前，我曾经在中国社会科学出版社出版了《湘学原道录》一书，记得当时担任中国社会科学院研究生院院长、学部委员的方克立先生在他的个人文集中，还曾经肯定过这本小书。二十年后，岳麓书社认为这一本书仍然有价值，希望我重新修订出版。但是，我在修订《湘学原道录》的过程中，形成了许多新的想法，而原书已经不能够承载我的许多新的想法。所以，我改变了原来的修订原书计划，而是重新拟定全书框架结构，并大量收入、补充了我的许多新的研究成果。现在呈现在读者面前的这本书，已然不再是《湘学原道录》的修订版，而是一本新的湘学著作，故而改书名为《湘学学统与中华道统》，以更加明确这本书的学术宗旨。湖南省哲学社会科学规划基金办公室为了进一步推动湖湘文化的深入研究，将本项目列入 2024 年湖南省社科基金重大委托项目。

十分感谢岳麓书社崔灿社长、马美著总编、责任编辑周家琛等朋友的关心和支持，十分感谢湖南省哲学社会科学规划基金办公室的鼓励和支持，在他们的鼓励下，这一本书能够在较短的时间内，顺利出版。也十分感谢我的在读的博士生们，他们帮助我校对了一些书稿的引文和注释。

朱汉民

2024 年 6 月 6 日于岳麓书院文昌阁

图书在版编目(CIP)数据

湘学学统与中华道统/朱汉民著. --长沙:岳麓书社,2024.7. --ISBN 978-7-5538-2099-6

Ⅰ. B2

中国国家版本馆 CIP 数据核字 2024VD8132 号

XIANGXUE XUETONG YU ZHONGHUA DAOTONG

湘学学统与中华道统

作　　者|朱汉民
出 版 人|崔　灿
出版统筹|马美著
责任编辑|周家琛　周　艳　陈文韬
　　　　陶嶒玲　曾　倩　肖　航
助理编辑|夏楚婷
责任校对|廖　丁
书籍设计|谢　颖
营销编辑|谢一帆　唐　睿　向媛媛

岳麓书社出版发行
地址|长沙市岳麓区爱民路 47 号
承印|湖南省众鑫印务有限公司

开本|880mm×1230mm　1/32　印张|13.5　字数|320 千字
版次|2024 年 7 月第 1 版　印次|2024 年 7 月第 1 次印刷
书号|ISBN 978-7-5538-2099-6
定价|88.00 元

如有印装质量问题,请与本社印务部联系
电话:0731-88884129